中国社会科学院创新工程学术出版资助项目

审判中心主义的第二路径

马 可 ○著

中国社会科学出版社

图书在版编目(CIP)数据

审判中心主义的第二路径 / 马可著. —北京:中国社会科学出版社, 2016.9
ISBN 978-7-5161-9218-4

Ⅰ. ①审… Ⅱ. ①马… Ⅲ. ①审判-诉讼程序-研究-中国 Ⅳ. ①D925.184

中国版本图书馆 CIP 数据核字(2016)第 258468 号

出 版 人	赵剑英
责任编辑	任　明
责任校对	郝阳洋
责任印制	李寡寡

出　　版	中国社会科学出版社
社　　址	北京鼓楼西大街甲 158 号
邮　　编	100720
网　　址	http://www.csspw.cn
发 行 部	010-84083685
门 市 部	010-84029450
经　　销	新华书店及其他书店

印刷装订	北京君升印刷有限公司
版　　次	2016 年 9 月第 1 版
印　　次	2016 年 9 月第 1 次印刷

开　　本	710×1000　1/16
印　　张	16.5
插　　页	2
字　　数	266 千字
定　　价	75.00 元

凡购买中国社会科学出版社图书,如有质量问题请与本社营销中心联系调换
电话:010-84083683
版权所有　侵权必究

摘 要

十八届四中全会通过的《中共中央关于全面推进依法治国若干重大问题的决定》中明确提出了"推进以审判为中心的诉讼制度改革",对我国司法改革和刑事诉讼制度的完善具有重要的指导意义。审判中心主义意味着整个诉讼制度和活动围绕审判而建构和展开,侦查、起诉、执行都是为了使审判能够进行或者落实审判结果,审判是整个诉讼活动的中心环节和核心活动。

如果说审判中心主义的第一路径,是推动我国刑事诉讼从侦查中心主义向审判中心主义过渡;那么审判中心主义的第二路径,则是推动司法裁判权向程序法事实(项)[①]领域和审前阶段这两个方向的扩张和延伸。审判中心主义的第一路径,主要着眼于实体法事实的裁判和证明;审判中心主义的第二路径,则主要着眼于程序法事实的裁判和证明。

在我国现行刑事司法职权配置中,法院的司法裁判权仅限于审判阶段,不能在审前阶段行使,这种司法裁判权裁判的对象主要是与定罪量刑有关的实体法事项,大多数与程序性违法[②]有关的程序法事实(项)不属于其裁判的对象。其他国家的法院除去审判权之外,其司法职权往往还包括以下几种:A 在审前阶段,对侦查机关的逮捕和搜查请求进行事前司法

[①] 程序法事实,也可称为程序法事项、程序性事实或程序性事项,是指涉及当事人诉讼权利义务、在诉讼程序上具有法律意义的事实。在本书中,"程序法事实"和"程序法事项"是两个通用的概念,"程序法事实"对应于"实体法事实"的概念而提出,是更加严谨的概念,而"程序法事项"则是更易于阐释和理解的概念,本书视语境交替使用这两个概念。

[②] 程序性违法,主要是侦查人员、检察人员、审判人员,在诉讼活动中,违反了刑事诉讼法规定的法律程序,侵犯了公民的诉讼权利,情节严重的违法性行为。参见陈瑞华《刑事诉讼的前沿问题》,中国人民大学出版社2013年版,第195—243页。

审查。B 对辩方提出的侦查或检察机关的程序性违法行为进行事后司法审查①。C 对未决羁押的决定、延长和解除等事项进行司法审查。这三种职权都是与程序法事实（项）紧密相关的职权，法院对这些事实（项）的审查，其性质都是对程序法事实（项）的司法审查。

审判中心主义的第二路径，就是推进针对程序法事实（项）的司法审查的开展，推动司法裁判权向程序法事实（项）领域和审前阶段这两个方向的扩张和延伸，其主要领域就是程序法事实（项）的裁判和证明这两个问题。

在现代刑事诉讼中，程序法事实（项）扮演着越来越重要的作用。随着 2010 年《非法证据排除规定》的出台，2012 年《刑事诉讼法》的修改，以及此后一系列司法解释的颁布，我国第一次出现了程序性裁判机制，针对非法证据排除的程序法事实裁判制度（司法审查程序）第一次在我国刑事诉讼法律体系中出现，程序法事实由此成为了不同于实体法事实的新的裁判对象。程序法事实裁判②的初步确立，也使得程序法事实证明③第一次有了用武之地，第一次能够在实然状态下被运用，由此，程序法事实也成为不同于实体法事实的新的证明对象。而新的刑事诉讼法律关系因程序法事实裁判和程序法事实证明的出现而出现，新的刑事诉讼法律关系客体因新的裁判对象（审判对象）和证明对象的形成而形成。今日

---

① 笔者认为，司法审查可分为事前司法审查和事后司法审查。事前司法审查主要发生在审前阶段，主要是对侦检机关提出的程序性请求事项的审查。多为侦检机关提出实施某种强制性侦查行为的申请，由法官对实施该行为是否具有合法性，即是否符合法定条件进行审查。事后司法审查，也可称为程序性争议事项的司法审查，主要是对诉讼行为合法性的事后审查。一般由辩方提出对某一诉讼行为合法性的审查要求，由法官进行审查，有时法官也可依职权主动进行审查。如果该诉讼行为不合法，则实施程序性制裁。详见第二章第二节司法审查的概念。本处为事前司法审查，本质即不完整形式的程序性裁判，后文详述。

② 程序法事实裁判是与程序法事实证明相对应的概念，即程序性裁判，本书为了便于论述和理解，会交替使用"程序法事实裁判"与"程序性裁判"这两个概念。程序性裁判、程序性制裁和程序性辩护的一系列基本概念，见陈瑞华：《刑事诉讼的前沿问题》，中国人民大学出版社 2013 年版，第 195—243 页。对程序法事实裁判或程序性裁判的论述参见第二章第一节和第三章第一节。

③ "程序法事实证明"这一概念由本书作者在博士论文《程序法事实证明研究》中提出，并对这一问题进行了成体系的论述。程序法事实证明，是在刑事诉讼审前阶段或审判阶段，控方或辩方依照司法审查的要求提出证据，就某一程序法事实的性质问题，向裁判方进行的论证说服活动。

之程序法事实于中国刑事诉讼而言,同时担当着三个重要的角色——新的裁判对象(审判对象)、新的证明对象和新的刑事诉讼法律关系客体。程序法事实的三个载体——程序性裁判、程序法事实证明和程序性裁判法律关系,于今日中国之刑事诉讼发挥着昨日不可想象的巨大作用。

(一)程序性裁判,也可称为程序法事实裁判。在我国,法院的司法裁判权仅限于审判阶段,不能在审前阶段行使,同时,大多数重要的程序法事项不属于其裁判对象。程序法事实裁判或者说司法审查之诉将法院的司法权延伸到了审前领域和程序法事项领域。程序性裁判提供了程序法事项裁决的理论依据,有利于遏制程序性违法行为,规范侦查、检察和审判机关公权力的行使,解决广大民众所关注的司法腐败问题。

(二)程序法事实证明,是在刑事诉讼审前阶段或审判阶段,控方或辩方依照司法审查的要求提出证据,就将要实施或已经实施的某一程序法事项(诉讼行为)的合法性问题,向裁判方进行的论证说服活动。程序法事实证明把传统的刑事证明从实体法领域拓展到程序法领域,使大量的程序法事项成为证明理论发挥作用的新对象。程序法事实证明和实体法事实证明组成了刑事证明的完整体系,使证据法学的内涵得以拓展,指导司法实践的价值大大增强。由于诉讼(审判)与证明的紧密联系,程序法事实证明为程序性裁判提供了证明基础,为司法审查之诉在我国的确立提供了证明理论支持。

(三)程序性裁判法律关系,也可称为程序法事实裁判法律关系。程序性裁判(司法审查之诉)的出现导致程序性裁判法律关系的形成。程序性裁判法律关系和传统的刑事诉讼法律关系组成了刑事诉讼法律关系的完整体系。程序性裁判法律关系的形成又导致程序法事实客体的出现,程序法事实客体和传统的实体法事实客体组成了刑事诉讼法律关系客体的完整体系。程序性裁判法律关系和程序法事实客体把传统的刑事诉讼法律关系和刑事诉讼法律关系客体从实体性领域拓展到程序性领域。这二者可以有力地支持程序性裁判理论和程序法事实证明理论,为这两个理论从刑事诉讼基本范畴角度提供较为坚实的基础理论支撑,在刑事诉讼本质属性的认知上达到知其然知其所以然的效果。①

---

① 程序法事实裁判法律关系或程序性裁判法律关系,并非本书阐释重点,详见马可《刑事诉讼法律关系客体研究》,中国方志出版社 2013 年版。

本书包括引言和正文两部分，正文分为九章：

第一章审判中心主义的两条路径。首先，介绍十八届四中全会开始推进的司法改革，以及对审判中心主义的理解，阐释审判中心主义的两条路径。其二，分析审判中心主义改革的第一路径——从侦查中心主义向审判中心主义的转变，阐述审判中心主义改革的第二路径——推进针对侦查机关和检察机关程序法事项的司法审查，推动司法裁判权向程序法事项领域和审前阶段这两个方向延伸。其三，分析开辟审判中心主义第二路径的缘由。

第二章审判中心主义的第二路径——程序法事实的裁判与证明。首先，概述程序法事实，并对程序法事实进行三维度分析，即新的程序法事实裁判中的裁判对象，新的程序法事实证明中的证明对象，以及新的刑事诉讼法律关系中的诉讼客体。其二，介绍了程序法事实裁判（程序性裁判）的概念，提出了程序法事实证明的概念，解释了程序法事实的裁判与证明和实体法事实的裁判与证明的区别，着重对程序法事实的证明对象进行了体系化的分类。其三，阐述了程序法事实的裁判与证明在证据法学和诉讼法学上的重要意义。

第三章程序法事实裁判概述。程序法事实的裁判，即程序性裁判。首先，介绍其定义，分析其与实体性裁判的联系与区别，其理论枢纽地位，以及其与程序性制裁、程序法事实证明的关系。其二，对程序法事实裁判的理论基石司法审查进行阐释，介绍其概念和渊源，阐述刑事诉讼中司法审查原则的重要性，分析其与程序法事实裁判和程序法事实证明的关系。

第四章程序法事实证明概述。首先，简要介绍程序法事实证明的诸要素，即程序法事实证明的主体、程序法事实证明的证明责任、程序法事实证明的证明标准、程序法事实证明的证明方法。其二，分析程序法事实证明的价值：对实体法事实证明的扩展，为司法审查之诉提供了新的证明基础，有利于限制法官过大的自由裁量权，有利于维护犯罪嫌疑人、被告人的正当权益。

第五章程序法事实证明的证明责任。首先，分析程序法事实证明责任和实体法事实证明责任的不同——前者多遵循"谁主张谁举证"的原则，而后者的证明责任经常会发生转移。其次，以非法证据排除为例分析程序性违法引发的程序法争议事实的控辩双方证明责任。其三，分析程序法请求事实中控辩双方的证明责任，以及证明责任产生的依据。其四，分析非程序性违法引发的程序法争议事实①中控辩双方的证明责任。

第六章程序法事实证明的证明标准。首先，介绍国内证明标准研究的一般共识，阐述程序法事实证明标准的显著特点——层次性。接着分析可用于构建程序法事实证明标准体系的几种不同的证明标准。既而，分析控方提出的程序法请求事实和辩方提出的程序法请求事实的证明标准。最后，以非法证据排除为例分析程序性违法引发的程序法争议事实中控辩双方不同的证明标准，以及《非法证据排除规定》以及2012年修订的《刑事诉讼法》中存在的问题。

第七章程序法事实证明的证明方法。首先，对严格证明和自由证明的发源、差异、意义加以介绍，分析为什么一般而言应运用自由证明的方法对程序法事实加以证明，并对自由证明进行分类。其二，以非法证据排除为例分析程序性违法引发的程序法争议事实中控辩双方的证明方法，并对实践中存在的问题加以剖析。其三，以逮捕为例分析控方提出的程序法请求事实的证明方法。其四，阐明辩方提出的程序法请求事实的证明方法。最后，对非程序性违法引发的程序法争议事实中控辩双方的证明方法进行简略分析。

第八章程序法事实证明的主体，从纵横两个线索分别分析程序法事实裁判和证明的主体。首先，纵向分析刑事诉讼构造、制度、原则和司法职权配置的历史演进，讨论刑事诉讼的四次变革，着力研究第四次变革——审判者权力的扩张；其二，横向分析第四次变革后的两造当事人和证明主体，对相关的四个问题进行讨论；其三，横向分析第四次变革后的裁判主体和认证主体，对司法职权配置问题进行讨论。

第九章对程序法事实裁判和证明的建构加以展望。首先，探讨程序性

---

① 程序法事实可分为程序法争议事实和程序法请求事实，程序法争议事实（项）是指就某一程序法事实（项）的性质问题（该事项是否符合法定要求），控辩双方存在相对立的诉讼主张，需要通过程序性裁判加以确认或进行选择的重大程序法事项。程序法争议事实（项）可分为程序性违法引发的程序法争议事实（项）和非程序性违法引发的程序法争议事实（项）。非法证据排除是程序性违法引发的程序性争议事实（项）的典型代表。非程序性违法引发的程序法争议事实（项）主要包括未决羁押的决定、延长和解除等事项。程序法请求事实（项）可分为控方提出的程序法请求事实（项）和辩方提出的程序法请求事实（项）。控方程序法请求事实（项），是控方对实施某一程序法事项提出的请求，多为申请采取强制性措施。辩方程序法请求事实（项），是辩方对实施某一程序法事项提出的请求，主要是申请恢复诉讼期限、证据保全等。

裁判制度的完善，继而讨论程序法争议事实证明的模式和程序法请求事实证明的模式。最后，分析程序法事实证明建构的困难和变通的思路，并对"推进以审判为中心的诉讼制度改革"带来的机遇加以阐释。

关键词：审判中心主义　司法裁判权扩张　诉讼行为合法性　程序法事实（项）　程序法事实裁判　程序法事实证明

Abstract

"Boosting the reform of trial-centered litigation system" is proposed precisely in Decision of CPC Central Committee on Major Issues Pertaining to Comprehensively Promoting the Rule of Law, which was passed in the Fourth Plenum of 18th CPC Central Committee, and had key guidance meaning for judicial reform and perfection of criminal procedural system. Under the context of principle of trial-centered criminal procedure, the instruction of criminal procedure system and the litigious activities, including investigation, prosecution and implementation, are centered on the trial. They are designed to boost the conduct of trial and implement trial result. The trial is the key link and core activity in the whole litigation.

If promoting the transition of the national criminal procedure system from investigation-centered principle to trial-centered principle is the first way of trial-centered principle reform, the expansion and extension of jurisdiction to field of procedural matters and pre-trial stage in these two directions is the second one. As to the main purpose, the first way focuses on the judgment and proof of substantive matters, whereas the second one is mainly about procedural matters.

In our existing criminal judicial power allocation, the exercise of court's judicial power is restricted to trial stage, which means we are not allowed to judge in the pre-trial stage. The object that we judge under the existing judicial power is mainly connected to the substantial matters related to conviction and sentence, while the most procedural matters related to procedural illegality are out of its power boundary. Except for judicial power, the criminal jurisdiction in other countries also includes the following authorities: A. The ex ante judicial review on the request of arrest and search from investigative organization in the pre-trial stage. B. The ex post judicial review on the procedural illegality of investigative organization filed by the defense. C. The judicial review on the decision, extension and rescission of pre-trial custody. The review on procedural matters is the nature of court's review on these three matters, in terms of that these authorities is closely related to the procedural matters.

The main field of trial-centralism is the judgment and proof of procedural matters. Boosting the development of judicial review on procedural matters, extending and stretching of jurisdiction from the traditional area to procedural matters and pre-trial stage, that is the second way of trial-centralism.

In 2010 and 2012, Illegal Evidence Exclusion Rules and the revised new Criminal Procedure Law are issued respectively, thereafter, the series of judicial interpretations of criminal procedure laws. As those legal documents were promulgated, we have established the mechanism of judgment of procedural matters for the first time in Chinese law system. Specifically, mechanism of judgment of procedural matters (judicial review), which is established for illegal evidence exclusion, has brought fresh blood for Chinese criminal procedural system. And initial establishment of judgment of procedural matters makes proof of procedural matters practical in the realistic proceedings. Thus, procedural matters have become a new object of judgment and proof, and distinguished from substantive matters. The present procedural matters for Chinese criminal procedural law are playing two important roles—new object of judgment and new object of proof. The carriers of procedural matters, judgment of procedural matters and proof of procedural matters, are playing unimaginably significant roles in today's Chinese criminal procedural development.

Judgment of procedural matters namely is procedural judgment. In China, the court's judicial power is only applied to the trial stage, not for the pre-trial stage, meanwhile, most of significant procedural matters are out of its boundary. The judgment of procedural matters, which is also judicial review proceedings, promotes the extension of judicial power to the field of pre-trial and procedural matters. Judgment of procedural matters provides the theoretical basis for adjudication of procedural matters. Jurisdiction is also in favor of preventing procedural illegality, restricting the exercise of public power of investigation, prosecution and trial, and solving judicial corruption concerned by general public.

Proof of procedural matters is a pre-trial or trial activity, the process of prosecution or defense submits evidence to the court in accordance with the requirement of judicial review, and argues to and convinces the judge on the legality of a procedural matter that will be/has been implemented. The proof of procedural matters makes traditional proof of crime an expansion from the field of substantial law to the field of procedural law and makes massive procedural matters being the new object of theory of proof. The situation, that the proof of procedural matters and proof of substantial matters have formed the complete system of criminal proof, expands the connotation of the science of evidence law, and greatly increases the value of judicial practice instruction. Owing to the close connection between trial and proof, the proof of procedural matters provides the proof basis for judgment of procedural matters, and provides theoretical support for the establishment of judicial review proceeding in China.

This paper is consisting of the prologue and nine chapters:

Chapter I is about the principle of trial-centered criminal procedure. The first part is the introduction and interpretation of the principle of trial-centered criminal procedure reform, according to the judicial reform decision of the Fourth Plenum of the Eighteenth CPC Central Committee and the relative instructions made by Xi Jinping. In the second part, we have summarized two ways, the one is from investigation-centered principle to trial-centered principle, the other is judgment and proof of procedural matters, which is aiming to make good progress during the trial-centered criminal procedure reform. In addition, the writer analyzes a series of reasons why it needs to open up a second way of the trial-centeredness.

Chapter II introduces the second way of the trial-centered criminal procedure reform, namely judgment and proof of procedural matters. Firstly, it outlines procedural matters and analyze of it on three aspects, i. e. the new judgment objectand judgment of procedural matters, new proof object and proof of procedural matters, and new criminal procedural relationship and object. Secondly, it is defining the concept, explaining the differences between proof of procedural matters and proof of substantive matters and dividing their object of proof. Thirdly it elaborates the meaning of proof of procedural matters in both procedural law and evidence law.

Chapter III is an outline of judgment of procedural matters. The judgment of procedural matters namely is procedural judgment. The first part is an introduction of judgment of procedural matters, and discusses on its differences and connections with substantive judgment, its hub position in theory fields, its relationship between procedural sanctions and proof of procedural matters. The second part is an explanation of judicial review principle, which is the theoretical basis of judgment of procedural matters. Then this chapter introduces its conception and legal resources, expounds its importance during criminal proceeding, and analyzes its relationship with judgment of procedural matters and proof of procedural matters respectively.

Chapter IV is an outline of proof of procedural matters. Firstly, it briefly introduces the elements of proof of procedural matters which includes the subject, responsibility, standard, proving method as well as the process. Secondly, it analyzes an outlook of proof of procedural matters, i. e. expanding proof of substantive matters, providing new proof basis for complaint of judicial review, and helping to limit judge's discretion and defend rights of defense/suspect.

Chapter V is about the proof responsibility of procedural matters. First of all, it analyzes the differences between the responsibility of the procedural law and substantive law—the former one adheres to the principle of "who advocate who approve", while the responsibility of the latter one is transferred frequently. Secondly, it takes the illegal evidence exclusion rules as an example to analyze the proof responsibility of the prosecution and the defendant in procedural disputes. Thirdly, it analyzes proof responsibility of the prosecution and the defendant in procedural request. Fourthly, it analyzes proof responsibility of the prosecution and the defendant in procedural disputes caused by non-procedural violation of law.

Chapter VI elucidates proof standard of procedural matters. The first part introduces domestic general consensus on proof standard and describes the notable features of proof standard of procedural matters, which is hierarchy. Then it analyzes different proof standards that can be used to build the proof standard system of procedural matters. The second part analyzes the standards of proof of the procedural request of the prosecution and the defendant. Finally, it takes illegal evidence exclusion rule as an example to analyze its existing problems and the different proof standards of the prosecution and the defendant in procedural disputes.

Chapter VII is about proof methods of procedural matters. First of all, it introduces the origin, difference and meaning of the strict proof and free proof, then analyzes why we should use the method of free proof to prove the procedural matters, and classify free proof. Second of all, it takes illegal evidence exclusion rule as an example to analyze the existing problems and proof methods of the prosecution and the defendant in procedural disputes caused by violation of procedural law. Third of all, it takes arrest as an example to analyze the proof method of the prosecution's procedural request. The fourth part is the proof methods of the defendant on procedural request. Finally, this chapter briefly analyzes the proof methods of the prosecution and defendant on procedural disputes triggered by non-procedural violation of law.

Chapter VIII is about the subject of proof of procedural matters, which is analyzed from vertical, horizontal two pieces of latitude. Firstly, we vertically analyze the historical development of the structure, system, principle and subject of criminal proceedings and then discuss four times revolution of the criminal proceedings, especially the fourth revolution which is related to the power expansion of judge. Secondly, we vertically analyze the two parties and the main body of proof, discussing four relevant issues. Thirdly, we horizontally analyze the referee body and the main body of proof that originated in the fourth revolution, discussing the allocation of judicial power.

Chapter IX describes that we have firm confidence in the construction of judgment and proof of the procedural matters. To begin with, this chapter expounds the procedure of prove during judgment and proof of the procedural matters. Afterwards, it discusses the verification mode of procedural dispute matters and the corresponding mode of Procedural request matters. In the end, the chapter tries to probe the difficulties in judging and proving procedural matters and the resolving mechanism. We firmly believe that it will bring opportunities to boost the reform of trial-centered litigation system and analyze it in this chapter.

Key Words: Trial-centered principle / Expansion of judicial power / Legality of actions at law / Procedural matters / Judgment of procedural matters / Proof of procedural matters

目 录

引言 ……………………………………………………………… (1)
第一章 审判中心主义的两条路径 ………………………………… (4)
  第一节 审判中心主义的第一路径 ………………………………… (4)
    一 审判中心主义的理解 ………………………………………… (5)
    二 实现审判中心主义的两条路径 ……………………………… (7)
    三 审判中心主义第一路径阐释 ………………………………… (9)
  第二节 审判中心主义的第二路径 ……………………………… (10)
    一 开辟第二路径的原因之一——遏制冤假错案的产生 ……… (12)
    二 开辟第二路径的原因之二——实现刑事诉讼法的
      第二目的 ………………………………………………………… (15)
    三 开辟第二路径的原因之三——解决实践中侦查行为
      监督问题 ………………………………………………………… (18)
**第二章 审判中心主义第二路径的主要内容——程序法事实的
      裁判与证明** ……………………………………………………… (22)
  第一节 程序法事实的三维度分析——新的裁判对象、证明对象
      和客体 …………………………………………………………… (22)
    一 程序法事实发挥作用的三个维度 …………………………… (23)
    二 程序法事实概述 ……………………………………………… (24)
    三 新的程序性裁判和新的裁判对象 …………………………… (26)
    四 新的程序法事实证明和新的证明对象 ……………………… (29)
    五 新的刑事诉讼法律关系和新的客体 ………………………… (31)
  第二节 程序法事实裁判与证明的对象 ………………………… (35)
    一 程序法事实裁判与证明的对象之一——程序性违法引发
      的程序法争议事实(项) ……………………………………… (36)

二　程序法事实裁判与证明的对象之二——非程序性违法引发的程序法争议事实（项） ……………………………………（40）

　　三　程序法事实裁判与证明的对象之三——控方程序法请求事实（项） …………………………………………………（44）

　　四　程序法事实裁判与证明的对象之四——辩方程序法请求事实（项） …………………………………………………（46）

第三节　程序法事实裁判与证明的意义 ………………………（49）

　　一　程序法事实裁判与证明提供了程序法事项裁决的理论依据 …………………………………………………………（49）

　　二　程序法事实裁判与证明有利于规制侦检权力的运用 ……（51）

　　三　程序法事实裁判与证明可以促进司法裁判权的延伸 ……（52）

第三章　程序法事实裁判概述 …………………………………（55）

第一节　程序法事实裁判——程序性裁判 ……………………（55）

　　一　程序性裁判的定义 ……………………………………（55）

　　二　程序性裁判与实体性裁判的联系与区别 ……………（55）

　　三　程序性裁判的理论枢纽地位 …………………………（57）

　　四　程序性裁判和程序性制裁 ……………………………（59）

　　五　程序性裁判与程序法事实证明 ………………………（61）

　　六　程序性裁判制度的完善 ………………………………（63）

第二节　程序法事实裁判的理论基石——司法审查 …………（64）

　　一　司法审查的概念和渊源 ………………………………（64）

　　二　刑事诉讼中的司法审查 ………………………………（66）

　　三　司法审查原则的重要性 ………………………………（67）

　　四　司法审查对程序正义的保障 …………………………（69）

　　五　司法审查和程序性裁判 ………………………………（70）

　　六　司法审查与程序法事实证明 …………………………（71）

第四章　程序法事实证明概述 …………………………………（72）

第一节　程序法事实证明的要素 ………………………………（72）

　　一　程序法事实证明的主体 ………………………………（72）

　　二　程序法事实证明的证明责任 …………………………（74）

　　三　程序法事实证明的证明标准 …………………………（76）

　　四　程序法事实证明的证明方法 …………………………（79）

第二节 程序法事实证明的价值 (83)
一 程序法事实证明是对实体法事实证明的扩展 (83)
二 程序法事实证明为司法审查之诉提供了新的证明基础 (85)
三 程序法事实证明有利于限制法官过大的自由裁量权 (87)
四 程序法事实证明有利于维护犯罪嫌疑人、被告人的正当权益 (89)

第五章 程序法事实证明的证明责任 (91)
第一节 程序法事实证明责任和实体法事实证明责任的区别 (91)
一 实体法事实证明中证明责任的分配 (91)
二 程序法事实证明中证明责任的分配 (92)

第二节 程序性违法引发的程序法争议事实（项）的证明责任 (95)
一 域外证据合法性争议及其证明责任 (95)
二 我国的非法证据排除及其证明责任 (98)
三 其他程序性违法引发的程序法争议事实（项）的证明责任 (101)
四 非法证据排除中证明责任的裁判转移问题 (103)

第三节 程序法请求事实（项）的证明责任 (104)
一 控方程序法请求事实（项）中控方承担证明责任的依据 (105)
二 辩方程序法请求事实（项）中辩方承担证明责任的依据 (108)

第四节 非程序性违法引发的程序法争议事实（项）的证明责任 (109)
一 未决羁押的决定、延长和解除事项的证明责任 (109)
二 回避争议事项和刑事管辖异议事项的证明责任 (114)

第六章 程序法事实证明的证明标准 (116)
第一节 程序法事实证明标准概述 (116)
一 我国证明标准研究概览 (116)
二 程序法事实证明标准的特点 (117)

第二节 可用于程序法事实证明的证明标准 (121)
一 相当理由（合理根据） (121)

二　优势证据 ……………………………………………（128）
三　明晰而可信的证据和证据确实充分
　　（排除合理怀疑）………………………………（132）
四　程序法事实证明中证明标准的层次 ……………（135）

第三节　控方程序法请求事实（项）证明
　　　　　标准一——逮捕 …………………………（136）
一　控方程序法请求事项的证明标准 ………………（136）
二　我国逮捕的证明标准 ……………………………（137）
三　造成我国逮捕证明标准过高的原因 ……………（140）
四　逮捕标准过高造成的问题 ………………………（143）
五　借鉴相当理由证明标准的可行性 ………………（144）
六　相当理由证明标准的合理性 ……………………（145）
七　与逮捕证明标准降低相适应的配套制度 ………（147）

第四节　控方程序法请求事实（项）证明
　　　　　标准之二——拘留 ………………………（149）
一　拘留证明标准概述 ………………………………（149）
二　设定拘留证明标准的必要性 ……………………（152）
三　拘留与羁押分离的问题 …………………………（153）

第五节　控方程序法请求事实（项）证明
　　　　　标准三——搜查 …………………………（154）
一　设定搜查条件和搜查证明标准的必要性 ………（154）
二　合理设定我国的搜查条件 ………………………（161）

第六节　辩方程序法请求事实（项）的证明标准 …………（167）

第七节　程序性违法引发的程序法争议事实（项）的证明
　　　　　标准 ………………………………………（167）
一　《非法证据排除规定》以及新修订的《刑事诉讼法》
　　对证明标准的规定 ………………………………（167）
二　域外非法证据排除证明标准考察 ………………（169）
三　非法证据排除中辩方证明标准问题 ……………（172）
四　其他的程序性违法引发的程序法争议事实（项）的证明
　　标准 ………………………………………………（174）

第八节 非程序性违法引发的程序法争议事实（项）的证明
标准 ……………………………………………………… (176)
第七章 程序法事实证明的证明方法 ……………………………… (180)
第一节 程序法事实证明方法概述 ……………………………… (180)
一 严格证明与自由证明理论的发端 ………………………… (181)
二 严格证明与自由证明的差异 ……………………………… (182)
三 为什么要区分严格证明与自由证明 ……………………… (183)
四 为什么用自由证明方法证明程序法事实 ………………… (184)
五 完全的自由证明和相对的自由证明 ……………………… (185)
第二节 程序性违法引发的程序法争议事项的证明方法 ……… (186)
一 非法证据排除事项中控方的证明方法 …………………… (186)
二 非法证据排除事项中辩方的证明方法 …………………… (191)
三 非法证据排除事项中控辩双方适用不同证明方法的
原因 ……………………………………………………… (195)
四 其他的程序性违法引发的程序法争议事实（项）的
证明方法 ………………………………………………… (198)
第三节 非程序性违法引发的程序法争议事实（项）的
证明方法 …………………………………………………… (200)
一 控方的证明方法 …………………………………………… (200)
二 辩方的证明方法 …………………………………………… (201)
第四节 程序法请求事实（项）的证明方法 …………………… (201)
一 控方程序法请求事实（项）的证明方法
之一——逮捕 …………………………………………… (202)
二 控方程序法请求事实（项）的证明方法
之二——其他事项 ……………………………………… (205)
三 辩方程序法请求事实（项）的证明方法 ………………… (205)
第八章 程序法事实证明的主体 …………………………………… (206)
第一节 纵向分析：刑事诉讼构造、制度、原则和司法职权
配置的历史演进 …………………………………………… (208)
一 前三次变革 ………………………………………………… (208)
二 第四次变革——审判者权力的扩张 ……………………… (211)
三 审判者权力扩张的基础——司法审查（原则） ………… (214)

第二节 横向分析：第四次变革后的两造当事人
和证明主体 …………………………………… (216)
 一 两个"主体"概念的厘清 …………………………… (217)
 二 不同诉讼阶段的程序法事实证明主体 ……………… (218)
 三 认定侦查机关程序法事实证明主体地位的意义 …… (220)
 四 检察官认证主体地位的讨论 ………………………… (221)
第三节 横向分析：第四次变革后的裁判主体和认证主体 …… (223)
 一 我国现行司法职权配置存在的问题 ………………… (223)
 二 法治发达国家的司法职权配置情况 ………………… (224)
 三 司法审查法官制度的可借鉴性 ……………………… (225)
 四 我国司法审查法官应当配置的司法职权 …………… (226)

第九章 展望——程序法事实裁判和证明的建构 …………… (228)

第一节 程序法事实裁判和证明的制度设计 ………………… (228)
 一 程序法事实裁判制度的完善 ………………………… (228)
 二 程序法事实证明的模式选择 ………………………… (230)
第二节 程序法事实证明建构的现实与理想 ………………… (231)
 一 程序法事实证明建构的困难 ………………………… (231)
 二 程序法事实证明实现的另一种思路 ………………… (232)
 三 程序法事实证明建构的展望 ………………………… (233)
 四 小结 …………………………………………………… (234)

结语 ……………………………………………………………… (236)

致谢 ……………………………………………………………… (238)

参考文献 ………………………………………………………… (240)

引　言

　　中国共产党十八届四中全会于 2014 年 10 月 20 日至 23 日在北京举行。全会听取和讨论了习近平受中央政治局委托作的工作报告，审议通过了《中共中央关于全面推进依法治国若干重大问题的决定》。习近平就《决定》起草情况向全会做了说明。① 习近平指出，"当前，司法领域存在的主要问题是司法不公，司法公信力不高问题十分突出"，"司法不公的深层次原因在于司法体制不完善、司法职权配置和权力运行机制不科学、人权司法保障制度不健全"。"要重点解决好损害群众权益的突出问题"，"决不允许滥用权力侵犯群众合法权益，决不允许执法犯法造成冤假错案"。

　　习近平同志还指出，"做到有权必有责、用权受监督、违法必追究"，"要靠制度来保障，在执法办案各个环节都设置隔离墙、通上高压线，谁违反制度就要给予最严厉的处罚，构成犯罪的要依法追究刑事责任"。

　　近年来出现了佘祥林、赵作海、杜培武、呼格吉勒图等一系列冤假错案，这些案件中的司法工作人员违背了我们党的刑事司法路线，违反了习近平同志关于公正司法问题的指示，他们滥用权力侵犯群众合法权益，执法犯法造成冤假错案，正是他们的不公正司法造成了目前司法公信力不高的情况。正如习近平同志所指出的："一次不公正的审判，其恶果甚至超过十次犯罪。因为犯罪虽是无视法律——好比污染了水流，而不公正的审判则毁坏法律——好比污染了水源。"

---

① 人民网北京 10 月 28 日电（2014 年）：《习近平：司法是维护社会公平正义的最后防线》，最后一次访问时间 2015 年 6 月 17 日，http://politics.people.com.cn/n/2014/1028/c1001-25926188.html。

那么，如何贯彻习近平同志公正司法讲话精神，杜绝某些办案人员的程序性违法行为和对当事人诉讼权利的侵犯呢？笔者认为，应当完善程序法事实裁判（程序性裁判[①]）制度，建立程序法事实[②]证明[③]制度，开辟审判中心主义的第二路径。那么，什么是"审判中心主义"，什么又是"审判中心主义的第二路径"呢？

十八届四中全会通过的《中共中央关于全面推进依法治国若干重大问题的决定》中明确提出了"推进以审判为中心的诉讼制度改革"，对我国司法改革和刑事诉讼制度的完善具有重要的指导意义。所谓"以审判为中心"，直指法制建设初期的"以侦查为中心"，强调"保证庭审发挥决定性作用"，意在防止侦查环节的"破案"成为"决定性"环节[④]。审判中心主义[⑤]意味着整个诉讼制度和活动围绕审判而建构和展开，侦查、起诉、执行都是为了使审判能够进行或者落实审判结果，审判是整个诉讼活动的中心环节和核心活动。

笔者认为，审判中心主义的主路径或者说第一路径，是推动我国刑事诉讼从侦查中心主义向审判中心主义过渡；而审判中心主义的第二路径，则是推动司法裁判权向程序法事实（项）领域和审前阶段这两个方向的

[①] 程序法事实裁判是与程序法事实证明相对应的概念，即程序性裁判，本书为了便于论述和理解，会交替使用"程序法事实裁判"与"程序性裁判"这两个概念。程序性裁判、程序性制裁和程序性辩护的一系列基本概念，参见陈瑞华《刑事诉讼的前沿问题》，中国人民大学出版社2013年版，第195—243页。对程序法事实裁判或程序性裁判的论述参见第二章第一节和第三章第一节。

[②] 程序法事实，也可称为程序法事项、程序性事实或程序性事项，是指涉及当事人诉讼权利义务、在诉讼程序上具有法律意义的事实。在本书中，"程序法事实"和"程序法事项"是两个通用的概念，"程序法事实"对应于"实体法事实"的概念而提出，是更加严谨的概念，而"程序法事项"则是更易于阐释和理解的概念，本书视语境交替使用这两个概念。与程序法事实裁判和程序法事实证明相关的事实或事项，只能是比较重要的程序法事实或事项。

[③] "程序法事实证明"这一概念由本书作者在博士论文《程序法事实证明研究》中提出，并对这一问题进行了成体系的论述。程序法事实证明，是在刑事诉讼审前阶段或审判阶段，控方或辩方依照司法审查的要求提出证据，就某一程序法事实的性质问题，向裁判方进行的论证说服活动。

[④] 王琳：《从"侦查中心主义"到"审判中心主义"》，《中国青年报》2014年11月07日02版。

[⑤] 审判中心主义，指审判是决定国家对于特定的个人有无刑罚权以及刑罚权范围的最重要阶段，未经审判，任何人不得被认为是罪犯，更不得被迫承受罪犯的待遇。参见孙长永《审判中心主义及其对刑事程序的影响》，《现代法学》1999年第21卷第4期，第36—38页。

扩张和延伸。开辟通往审判中心主义的第一路径，应强化法庭审判功能，将整个刑事诉讼的重心由侦查阶段向审判阶段转移，打破"公检法流水作业"之弊，真正在法庭上用证据证明犯罪嫌疑人的罪责，而不是在侦查人员认定其有罪之后，履行一个有罪判决的包装①。开辟通往审判中心主义的第二路径，应当加强司法机关对侦查（或检察）行为②合法性的审查，形成对侦查（或检察）工作真正的监督，减少某些办案人员的程序性违法行为③和对当事人诉讼权利的侵犯，以此遏制冤假错案的产生。

如果说审判中心主义的第一路径，主要着眼于实体法事实（项）的裁判和证明；那么，审判中心主义的第二路径，则主要着眼于程序法事实（项）的裁判和证明。

---

① 王琳：《从"侦查中心主义"到"审判中心主义"》，《中国青年报》2014年11月07日02版。

② 刑事诉讼中的国家公权力包括侦查权、检察权和审判权，一般认为其中的侦查权和检察权都属于具有一定行政性质的公权力，在本书中笔者将其合称为侦检权。

③ 程序性违法，主要是侦查人员、检察人员、审判人员，在诉讼活动中，违反了刑事诉讼法规定的法律程序，侵犯了公民的诉讼权利，情节严重的违法性行为。参见陈瑞华《刑事诉讼的前沿问题》，中国人民大学出版社2013年版，第195—243页。

第一章

审判中心主义的两条路径

第一节 审判中心主义的第一路径

2014年10月,中共十八届四中全会召开,通过《中共中央关于全面推进依法治国若干重大问题的决定》,明确提出了"推进以审判为中心的诉讼制度改革,确保侦查、审查起诉的案件事实、证据经得起法律的检验",对我国司法改革进一步推进和刑事诉讼制度的进一步完善具有指导意义,被称为我国司法改革的"牛鼻子"任务。此后,最高人民法院在2015年发布的《关于全面深化人民法院改革的意见——人民法院第四个五年改革纲要(2014—2018)》中明确提出"人民法院深化司法改革……突出审判在诉讼制度中的中心地位",要"建立以审判为中心的诉讼制度","建立中国特色社会主义审判权力运行体系,必须尊重司法规律,确保庭审在保护诉权、认定证据、查明事实、公正裁判中发挥决定性作用,实现诉讼证据质证在法庭、案件事实查明在法庭、诉辩意见发表在法庭、裁判理由形成在法庭"。① 最高人民检察院也于2015年下发《关于深化检察改革的意见(2013—2017年工作规划)》,提出"适应以审判为中心的诉讼制度改革,全面贯彻证据裁判规则。严格规范取证程序,依法收集、固定、保存、审查、运用证据,配合有关部门完善证人、鉴定人出庭制度,举证、质证、认定证据标准,健全落实罪刑法定、疑罪从无、非法证据排除的法律制度。进一步明确检察环节非法证据排除的范围、程序和

---

① 《关于全面深化人民法院改革的意见——人民法院第四个五年改革纲要(2014—2018)》(法发〔2015〕3号)。

标准"。

一 审判中心主义的理解

在西方发达国家的学术语境中,很少有"以审判为中心"或者"审判中心主义"之类的表述①。但是,专业术语的阙如并不必然意味着制度实践的缺失。换言之,"以审判为中心"术语的缺失,并不代表西方不存在"以审判为中心"的制度实践②。究其原因在于在西方法治国家的刑事诉讼中,追究犯罪嫌疑人、被告人刑事责任的诉讼活动本身就是围绕着审判这个中心展开的,审判前阶段只是为审判阶段作准备,法院对侦查、起诉有权实行司法审查,审判前阶段权力主体的诉讼行为对审判阶段没有预决的法律效力,审判在刑事立法和司法现实中是毫无争议的核心阶段,因此没有必要提出这样的一个概念③。大陆法系国家都围绕审判建构自己的刑事诉讼法典的篇章结构,如德国刑事诉讼法典在分则程序部分没有单列侦查、起诉程序,而是将其包含在第一审程序中④。英美法系国家如美国,其联邦刑事诉讼规则和联邦证据规则则明确只适用于审判阶段⑤。

审判中心主义的内涵在法学界还存在争论,主要是分为庭审实质化意义上的审判中心与刑事诉讼构造论意义上的审判中心。前者主要强调庭审在审判中的作用,如陈光中教授认为,审判中心具有三个方面的内涵:一是最终认定被告人是否有罪这一权力由人民法院行使;二是审判中心要求庭审实质化并起决定性作用;三是审判中心意味着侦查、起诉阶段为审判作准备,其对于事实认定和法律适用的标准应当参照适用审判阶段的标准。⑥ 后者在前者庭审实质化观点的基础上,进一步主张逐步调整刑事诉讼构造和司法职权配置。如王敏远教授认为,所谓"以审判为中心"是指刑事审判在整个刑事诉讼中具有核心的地位,只有经符合正当程序的审

---

① 陈瑞华:《刑事诉讼前沿问题》,中国人民大学出版社2000年版,第132页。
② 魏晓娜:《以审判为中心的刑事诉讼制度改革》,《政法论坛》2015年第3期。
③ 陈光中、步洋洋:《审判中心与相关诉讼制度改革初探》,《政法论坛》2015年第3期。
④ 《德国刑事诉讼法典》,李昌珂译,中国政法大学出版社1995年版。
⑤ 《美国联邦刑事诉讼规则和证据规则》,卞建林译,中国政法大学出版社1998年版。
⑥ 陈光中、步洋洋:《审判中心与相关诉讼制度改革初探》,《政法论坛》2015年第2期。

判，才能最终确定被告人的刑事责任问题；审前程序应当围绕公正审判的需要，服从公正审判的需要；审判机关不仅在刑事诉讼进入审判阶段才发挥其主导刑事诉讼的作用，而且应当对审前程序发挥积极作用，以使审判在刑事诉讼中真正具有决定性的作用。① 总体而言，后者是目前学术界的主流观点（主流与否不含褒贬之意义），审判中心主义意味着整个诉讼制度和活动围绕审判而建构和展开，审判阶段对案件的调查具有实质化的特征。相应的，"侦查是为审判进行准备的活动，起诉是开启审判程序的活动，执行是落实审判结果的活动"，② 也就是说，侦查、起诉、执行都是为了使审判能够进行或者落实审判结果，都是在围绕审判进行，因此，审判是整个诉讼活动的中心环节和核心活动。

必须指出，实务部门对审判中心主义的理解与学界的主流观点并不相同。例如，全国司法体制改革推进会在表述以审判为中心的刑事诉讼制度改革时强调：推进这项改革，不是要改变公检法分工负责、互相配合、互相制约的诉讼格局，而是要按照犯罪事实清楚、证据确实充分的要求，建立科学规范的证据规则体系，促使侦查、起诉阶段的办案标准符合法定定案标准，确保侦查、起诉、审判的案件事实、证据经得起法律检验。要正确理解和贯彻罪刑法定、疑罪从无、非法证据排除等原则制度，确保无罪的人不受刑事追究、有罪的人受到公正惩罚。处理好庭审实质化和庭审方式改革的关系，既确保庭审在查明事实、认定证据、保护诉权、公正裁判中发挥关键性作用，又不搞庭审烦琐主义，让有限司法资源和宝贵的庭审时间用于解决最重要的问题，提高庭审质量效率。③ 又如，最高人民法院在探讨审判中心主义的话题时也将审判中心主义的含义限缩于"以庭审为中心"的内涵，仅仅针对庭审空洞化的现实，提出将庭审活动实质化，让事实的调查、证据的选择、法律的争议都通过庭审过程来完成，充分发挥庭审的功能。就实务部门而言，审判中心主义的改革目的是防止冤假错案，其内涵可等同于庭审实质化及防止审判流于形式。其初衷只是在诉讼阶段论的框架下增强庭审的实质性，并没有要改变我国刑事诉讼构造的意图。

---

① 王敏远：《以审判为中心的诉讼制度改革问题初步研究》，《法律适用》2015 年第 6 期。
② 张建伟：《审判中心主义的实质内涵与实现途径》，《中外法学》2015 年第 4 期。
③ 参见中国网《提升司改整体效能：法院诉讼程序走向多样化精细化》，最后一次访问时间 2016 年 8 月 15 日，http://finance.china.com.cn/roll/20160720/3820538.shtml.

笔者认为，学界"庭审实质化意义上的审判中心"的理解，或者实务部门"防止冤假错案"与"防止审判流于形式"的理解，可以视为对审判中心主义的狭义理解。而学界"刑事诉讼构造论意义上的审判中心"的理解，则可以视为对审判中心主义的广义理解。无论是狭义理解还是广义理解，如果能够实现，都可以对我国刑事诉讼的发展做出巨大贡献。

二 实现审判中心主义的两条路径

对审判中心主义的狭义理解聚焦于"庭审实质化"和"防止冤假错案"，致力于从侦查中心向审判中心的转变。对审判中心主义的广义理解则既认同于"庭审实质化"和"防止冤假错案"，又主张调整司法职权配置和刑事诉讼构造。广义理解的观点可以概括为四点内涵，第一，强调审判权威，构建诉讼三角结构；第二，审判应当延伸到侦查、审查起诉阶段，构建审前司法审查制度和预审法官制度；第三，审判应以庭审为中心，以一审为中心；第四，庭审要实质化。①这种对审判中心主义的解读，并不局限于从侦查中心向审判中心的转变，还涉及赋予审判机关对侦查机关和检察机关的监督权，推动司法裁判权向审前阶段延伸。正如最高人民法院院长周强撰文指出的："刑事诉讼中审判程序难以发挥对其他诉讼程序的制约作用，严重影响刑事司法尺度的统一和刑事司法公正，必须深化刑事司法改革，推进建立以审判为中心的诉讼制度。"②

我们可以依照对审判中心主义的狭义理解，把推动我国刑事诉讼从侦查中心主义向审判中心主义过渡视为实现审判中心主义的第一路径。依照对审判中心主义的广义理解，把赋予审判机关对侦查机关和检察机关的监督权，推动司法裁判权向审前阶段延伸，视为实现审判中心主义的第二路径。推动我国刑事诉讼从侦查中心主义向审判中心主义过渡，显然是本次司法改革的主要任务，将其视为实现审判中心主义的第一路径实至名归。赋予审判机关对侦查机关和检察机关的监督权，推动司法裁判权向审前阶段延伸，调整司法职权配置和刑事诉讼构造，相对而言，目前都只是第二

---

① 王敏远：《以审判为中心的诉讼制度改革问题初步研究》，《法律适用》2015年第6期。

② 周强：《推进严格司法》，《人民日报》2014年11月14日。

位的任务，因此将其视为实现审判中心主义的第二路径也恰如其分。

在我国现行刑事司法职权配置中，法院的司法裁判权仅限于审判阶段，不能在审前阶段行使，其他国家的法院除去审判权之外，其司法职权往往还包括以下几种：A 在审前阶段，对侦查机关的逮捕和搜查请求进行事前司法审查。B 对辩方提出的侦检机关①的程序性违法行为②进行事后司法审查。C 对未决羁押的决定、延长和解除等事项进行司法审查。这三项司法审查职权都涉及审判机关对侦查机关和检察机关的监督，这种司法审查的对象不是与定罪量刑有关的实体法事项，而是与程序性违法或逮捕、搜查有关的程序法事项③。审判机关对这些事项的司法审查，其性质是对程序法事项的司法审查，而这种职权也可以视为与程序法事项紧密相关的职权。

赋予审判机关对侦查机关和检察机关的监督权，推动司法裁判权向审前阶段延伸，需要通过对侦查机关和检察机关实施的程序法事项司法审查加以实现。程序法事项的司法审查显然是调整刑事诉讼构造和司法职权配置的主要着力点。笔者认为，实现审判中心主义的第二路径，应当是赋予审判机关对侦查机关和检察机关的监督权，推进针对程序法事项的司法审查，也就是推动司法裁判权向程序法事项领域和审前阶段这两个方向的扩张和延伸。这种针对程序法事项的司法审查，主要涉及程序法事项的裁判和证明。

在本节中，笔者会对审判中心主义的第一路径加以介绍，从下节开始则着重阐述审判中心主义的第二路径。

---

① 刑事诉讼中的国家公权力包括侦查权、检察权和审判权，一般认为其中的侦查权和检察权都属于具有一定行政性质的公权力，在本书中笔者将其合称为侦检权。相应的，本书将侦查机关和检察机关合称为侦检机关，将侦查行为和检察行为合称为侦检行为。

② 程序性违法，主要是侦查人员、检察人员、审判人员，在诉讼活动中，违反了刑事诉讼法规定的法律程序，侵犯了公民的诉讼权利，情节严重的违法性行为。参见陈瑞华《刑事诉讼的前沿问题》，中国人民大学出版社 2013 年版，第 195—243 页。

③ 程序法事项，也可称为程序法事实、程序性事项或程序性事实，是指涉及当事人诉讼权利义务、在诉讼程序上具有法律意义的事实。在本书中，"程序法事实"和"程序法事项"是两个通用的概念，"程序法事实"对应于"实体法事实"的概念而提出，是更加严谨的概念，而"程序法事项"则是更易于阐释和理解的概念，本书视语境交替使用这两个概念。与程序法事实裁判和程序法事实证明相关的事实或事项，只能是比较重要的程序法事实或事项。

三 审判中心主义第一路径阐释

审判中心主义的第一路径,实际上就是推动我国刑事诉讼从侦查中心主义向审判中心主义过渡。笔者拟将其与侦查中心主义和庭审中心主义进行比较,来阐释其含义和特点。

(一)审判中心主义与侦查中心主义

很多学者认为我国现在的刑事诉讼程序设置是阶段论,主要分为侦查、审查起诉、审判,由公安、检察和法院执掌,分工负责,相互配合。从长期的司法运作情况来看,案件实际上在侦查阶段就已经决定了,随后的审查起诉与审判只是对侦查结论的确认与维护,起诉率、定罪率非常之高,审判程序实质上被架空,形成侦查中心主义。① 所谓"庭审虚化",是指案件事实和被告人刑事责任不是通过庭审方式认定,甚至不在审判阶段决定,庭审只是一种形式。② 而审判中心主义意味着整个刑事诉讼的制度和活动都是围绕着审判而建立和开展的。一方面,刑事诉讼程序的重心由侦查转向审判,回归审判对案件应有的最终裁决权。侦查活动对审判活动不能起到决定性作用,只能为审判做好准备、打下基础。另一方面,扭转当前侦查权过大而审判权弱化的局面,加强审判权对侦查权的合理制约,最重要的是发挥非法证据排除制度的功能,尤其是通过排除非法言词证据来制裁侦查人员的非法取证行为,从源头上遏制冤假错案的发生。③

(二)审判中心主义与庭审中心主义

我国刑事诉讼存在司法的行政化色彩突出、诉讼的职权主义特征明显等问题,在实践中导致了"先定后审""庭审走过场"等问题,庭审应有的功能未能得到有效发挥。为解决这一问题,最高人民法院提出"庭审中心"的司法改革路径,努力让庭审成为审判的中心。

审判中心要求庭审实质化并起决定性作用,庭审中心是进一步落实审判中心的重要环节,审判中心的实现在很大程度上有赖于庭审中心的实现。

审判中心主义与庭审中心主义是既有区别,又有密切联系的两个概

---

① 卞建林:《论刑事第一审程序的完善》,《人民法院报》2011年9月14日。
② 汪海燕:《论刑事庭审实质化》,《中国社会科学》2015年第2期。
③ 叶青:《以审判为中心的诉讼制度改革之若干思考》,《法学》2015年第7期。

念。审判中心主义主要是解决审判活动与侦查、起诉、执行活动的外部关系，即审判居于中心地位，而侦查、起诉、执行都服务、服从于审判。而庭审中心主义是指"审判案件以庭审为中心，事实证据调查在法庭，定罪量刑辩论在法庭，裁判结果形成于法庭，全面落实直接言辞原则、严格执行非法证据排除制度。"① 两者的密切联系体现在：审判中心是庭审中心的前提和保障。因为只有确立了审判的决定作用和核心地位，才能使侦查、起诉等活动服从于庭审活动。庭审中心是审判中心的逻辑推演和主要实现路径。因为，"对于事实认定，审判中心相对于侦查中心的优越性，主要是通过庭审体现的，因此，确认审判中心，必然要在逻辑上推演出庭审中心"②。也就是说，如果没有以庭审中心主义为基础的审判活动，审判中心主义的诉讼地位不可能确立，审判的正当性和权威性也无以产生和存在。③ "以审判为中心必然要求以庭审为中心，刑事审判活动亲历性的特性要求法官直接接触和审查证据，直接听取控辩双方的意见，再行作出判断，法官的心证也要凭借庭审活动形成才具有正当性，庭审是保证亲历性和合理心证的最佳空间。"④

第二节　审判中心主义的第二路径

十八届四中全会通过的《中共中央关于全面推进依法治国若干重大问题的决定》中明确提出了"推进以审判为中心的诉讼制度改革"，对我国司法改革和刑事诉讼制度的完善具有重要的指导意义。审判中心主义意味着整个诉讼制度和活动围绕审判而建构和展开，侦查、起诉、执行都是为了使审判能够进行或者落实审判结果，审判是整个诉讼活动的中心环节和核心活动。

如果说审判中心主义的第一路径，是推动我国刑事诉讼从侦查中心主义向审判中心主义过渡；那么审判中心主义的第二路径，则是推动司法裁

---

① 蒋惠岭：《重提"庭审中心主义"》，《法制资讯》2014 年第 6 期。
② 龙宗智：《论建立以一审庭审为中心的事实认定机制》，《中国法学》2010 年第 2 期。
③ 参见中国法院网徐贤飞（重庆市綦江区人民法院）《审判中心主义如何实现》，最后一次访问时间 2015 年 6 月 18 日，http://www.chinacourt.org/article/detail/2015/01/id/1528101.shtml。
④ 徐玉、李召亮：《庭审中心主义刍论》，《山东审判》2014 年第 2 期。

判权向程序法事实（项）[①]领域和审前阶段这两个方向的扩张和延伸。审判中心主义的第一路径，主要着眼于实体法事实的裁判和证明；审判中心主义的第二路径，则主要着眼于程序法事实（项）的裁判和证明。

在我国现行刑事司法职权配置中，法院的司法裁判权仅限于审判阶段，不能在审前阶段行使，这种司法裁判权裁判的对象主要是与定罪量刑有关的实体法事项，大多数与程序性违法有关的程序法事实（项）不属于其裁判的对象。其他国家的法院除去审判权之外，其司法职权往往还包括以下几种：A 在审前阶段，对侦查机关的逮捕和搜查请求进行事前司法审查。B 对辩方提出的侦检机关[②]的程序性违法行为进行事后司法审查。C 对未决羁押的决定、延长和解除等事项进行司法审查。这三种职权都是与程序法事实（项）紧密相关的职权，法院对这些事项的审查，其性质都是对程序法事项的司法审查。

审判中心主义的第二路径，就是推进针对程序法事项的司法审查的开展，推动司法裁判权向程序法事项领域和审前阶段这两个方向的扩张和延伸，主要涉及程序法事项的裁判和证明。

随着 2010 年《非法证据排除规定》的出台，2012 年《刑事诉讼法》的修改，以及此后一系列司法解释的颁布，象征着我国第一次出现了程序性裁判[③]机制，针对非法证据排除的程序法事实裁判制度（司法审查程序）第一次在我国刑事诉讼法律体系中出现，程序法事实由此成为不同于实体法事实的新的裁判对象。程序法事实裁判的初步确立，也使得程序法事实证明第一次有了用武之地，第一次能够在实然状态下被运用，由

[①] 程序法事实，也可称为程序法事项、程序性事实或程序性事项，是指涉及当事人诉讼权利义务、在诉讼程序上具有法律意义的事实。在本书中，"程序法事实"和"程序法事项"是两个通用的概念，"程序法事实"对应于"实体法事实"的概念而提出，是更加严谨的概念，而"程序法事项"则是更易于阐释和理解的概念，本书视语境交替使用这两个概念。与程序法事实裁判和程序法事实证明相关的事实或事项，只能是比较重要的程序法事实或事项。

[②] 刑事诉讼中的国家公权力包括侦查权、检察权和审判权，一般认为其中的侦查权和检察权都属于具有一定行政性质的公权力，在本书中笔者将其合称为侦检权。相应的，本书将侦查机关和检察机关合称为侦检机关，将侦查行为和检察行为合称为侦检行为。

[③] 程序法事实裁判是与程序法事实证明相对应的概念，即程序性裁判，本书为了便于论述和理解，会交替使用"程序法事实裁判"与"程序性裁判"这两个概念。程序性裁判、程序性制裁和程序性辩护的一系列基本概念，参见陈瑞华《刑事诉讼的前沿问题》，中国人民大学出版社 2013 年版，第 195—243 页。对程序法事实裁判或程序性裁判的论述参见第二章第一节和第三章第一节。

此，程序法事实也成为不同于实体法事实的新的证明对象。而新的刑事诉讼法律关系因程序法事实裁判和程序法事实证明的出现而出现，新的刑事诉讼法律关系客体因新的裁判对象（审判对象）和证明对象的形成而形成。今日之程序法事实于中国刑事诉讼而言，同时担当着三个重要的角色——新的裁判对象（审判对象）、新的证明对象和新的刑事诉讼法律关系客体。程序法事实的三个载体——程序法事实裁判、程序法事实证明和程序性裁判法律关系（程序法事实裁判法律关系），于今日中国之刑事诉讼发挥着昨日不可想象的巨大作用。

一　开辟第二路径的原因之一——遏制冤假错案的产生

2010 年 5 月 9 日，"杀害"同村人在监狱已服刑多年的河南商丘村民赵作海，因"被害人"赵振裳的突然回家，被宣告无罪释放，河南省有关方面同时启动责任追究机制。2010 年 5 月 9 日上午，河南省高级人民法院召开新闻发布会，向社会通报赵作海案件的再审情况，认定赵作海故意杀人案系一起错案。河南省高级人民法院 2010 年 5 月 8 日做出再审判决：撤销省法院复核裁定和商丘中院判决，宣告赵作海无罪。①

赵作海案中存在着严重的玩忽职守和滥用职权的问题。河南省睢县人民检察院反渎职侵权局印发的一份《起诉意见书》（睢检反渎移诉〔2010〕3 号）上显示：犯罪嫌疑人罗明珠、王松林、周明晗、郭守海、司崇兴涉嫌刑讯逼供犯罪、丁中秋涉嫌玩忽职守犯罪一案，现已侦查终结。《起诉意见书》称，从 5 月 8 日至 6 月 10 日，赵作海先后被控制在柘城县老王集乡派出所和柘城县公安局刑警队，分别被铐在连椅上、床腿上或摩托车后轮上，公安办案人员分班轮流审讯和看守，这种体罚控制情况持续长达 33 天。赵楼村村民杜金慧和赵作海的妻子赵晓起也被传唤和长时间非法关押。为获取赵作海实施故意杀人的供述，罗明珠持枪威吓赵作海，并指使、纵容李德领、王松林、周明晗、郭守海、司崇兴等人采取用木棍打、手枪敲头、长时间不让休息和吃饭等方法轮番审讯赵作海。② 在赵作海案中，侦查人员为取得赵作海口供和证人证言实施了刑讯逼供和暴

---

① 参见百度百科，最后一次访问时间 2015 年 6 月 17 日，http：//baike.baidu.com/view/3588372.htm。

② 参见新浪网新闻中心《赵作海遭刑讯逼供案 6 名警察被起诉》，最后一次访问时间 2015 年 8 月 15 日，http：//news.sina.com.cn/c/2010－07－14/111320676179.shtml。

力取证行为，而相关领导玩忽职守，没有制止刑讯逼供和暴力取证行为，放任不真实的犯罪嫌疑人供述进入刑事诉讼的后续环节，成为对被告人定罪量刑的依据，并最终造成了冤假错案。上述司法人员的行为违反了刑事诉讼法，侵犯甚至剥夺了犯罪嫌疑人、被告人的诉讼权利，其行为在刑事程序法上被称为程序性违法行为[①]。

除了赵作海案之外，近年来还发现了佘祥林、杜培武、呼格吉勒图等一系列冤假错案，而这些冤假错案的成因与赵作海案存在着惊人的相似——公安司法人员不遵守刑事诉讼法，实施刑讯逼供、暴力取证等程序性违法行为，侵犯甚至剥夺犯罪嫌疑人、被告人的诉讼权利。由于程序性的违法行为造成了实体性的案件处理错误，因为缺失了公正司法，所以丧失了司法公正。

由于我国长期以来奉行侦查中心主义，重实体轻程序，具有行政色彩的侦查机关、检察机关有时确实容易忽略公正价值的优位关注，而更多地关注效率价值。为侦破犯罪和顺利起诉，在司法实践中确实存在着一些司法工作人员，特别是侦查人员违法办案的现象。刑讯逼供、暴力取证、超期羁押屡禁不止，拘留、逮捕、搜查、扣押、冻结、技术侦查措施随意运用。审前阶段，特别是侦查阶段，是公民人身权、财产权和诉讼权利受侵犯最严重的阶段，往往表现为代表国家追诉犯罪的侦查（或检察）机关在实施诉讼行为时不遵守刑事诉讼法的规定，侵犯犯罪嫌疑人、辩护人或被害人、诉讼代理人的正当权利，甚至在行使公权力时公然实施程序性违法行为。

法治发达国家也曾经面临同样的问题，为了规制侦查（或检察）权力的滥用，不同法系的国家建立了不同的制度。这些制度虽然各有特色，但却有着一个重要的共同点，就是一般都要求侦查（或检察）机关对其侦查（或检察）行为的合法性加以证明。比如：为了防止侦查机关随意对公民采取强制措施或强制性措施[②]，英美法系国家建立了令状制度[③]，

---

① 程序性违法，主要是侦查人员、检察人员、审判人员，在诉讼活动中，违反了刑事诉讼法规定的法律程序，侵犯了公民的诉讼权利，情节严重的违法性行为。参见陈瑞华《刑事诉讼的前沿问题》，中国人民大学出版社2013年版，第195—243页。

② 强制性措施代指我国刑事诉讼法规定的5种强制措施以外的搜查、技术侦查等其他强制性侦查行为。在本书中，笔者使用"强制措施和强制性措施"指代上述全部措施。

③ 项焱、张烁：《英国法治的基石——令状制度》，《法学评论》2004年第1期（总第123期）。

大陆法系国家建立了预审法官、侦查法官制度①，由法官对侦查机关准备实施的强制措施或强制性措施②进行审查。此时侦查机关不但要提出强制措施或强制性措施的实施请求，而且要向法官证明实施该强制措施或强制性措施符合法定条件，即具有合法性。再比如，为了防止侦查机关实施程序性违法行为，英美法系国家建立了非法证据排除制度，大陆法系国家建立了诉讼行为无效制度③。当辩方认为侦查（或检察）机关的诉讼行为存在程序性违法时，可以提起司法审查之诉，④此时侦查（或检察）机关必须对自己诉讼行为的合法性进行证明。在法治发达国家，无论是申请实施某一强制措施或强制性措施，还是对已实施诉讼行为合法性的争议，侦查（或检察）机关都需要在司法审查中通过证明使裁判者认同其诉讼行为的合法性。通过这种方式，具有行政色彩的侦查权、检察权得到了较好的控制，再也不能随心所欲地使用，只能遵守程序法，以"合法"的形式"依法"使用。⑤

我们应当借鉴法治发达国家的上述制度，开辟审判中心主义的第二路径，依法追究犯罪，依法适用刑法规范，依法实现国家刑罚权。通过程序法事项的裁判和证明，对公权力机关的诉讼行为实施司法审查，遏制程序性违法，进而遏制冤假错案的产生。

---

① 潘金贵：《预审法官制度考察与评价》，《河南师范大学学报》2003年8月第35卷第2期。

② 也可以使用"强制性侦查行为"这一概念代替"强制措施和强制性措施"，本书视语言环境交替使用这两个概念。

③ 参见陈瑞华《大陆法中的诉讼行为无效制度—三个法律文本的考察》，《政法论坛》2003年10月第21卷第5期。

④ 由于侦检机关的程序性违法行为主要发生在审前阶段，因此对这些程序法事项的事后司法审查实际上也同时是针对审前阶段诉讼行为的司法审查。虽然针对侦检机关诉讼行为性质的司法审查本身可能在审判阶段进行，但这种司法审查针对的程序法事项却是实实在在的审前诉讼行为，而法院对控辩双方程序法请求事项的事前司法审查，更是直接将司法裁判权延伸至审前阶段，完全改变了法院仅仅在审判阶段行使审判权，而不直接介入审前阶段的传统态势。

⑤ 在这个过程中，司法机关对侦查行为、检察行为合法性的司法审查，性质就是程序法事实的裁判（程序性裁判）；而侦查、检察机关对其自身诉讼行为合法性的证明，性质就是程序法事实的证明。程序法事实的裁判和证明能够很好地约束侦检机关的诉讼行为，使之在合法的轨道上运行，对规制侦检权等行政性质公权力的滥用可以起到实质性的遏制作用。在下文中，笔者将会详细加以阐述。

二 开辟第二路径的原因之二——实现刑事诉讼法的第二目的

我国刑事诉讼法第一条规定："为了保证刑法的正确实施，惩罚犯罪，保护人民，保障国家安全和社会公共安全，维护社会主义社会秩序，根据宪法，制定本法。"传统上认为，打击犯罪或保障刑法的实施是刑事追诉法的目的，可以表述为"追究犯罪，适用刑法规范，实现国家刑罚权"，其目标为"保护社会秩序"。

我国学者二十几年前就提出，"保护人权"是和"打击犯罪"并列的刑事诉讼法目的[①]，堪称刑事诉讼法的第二目的。在此基础上，笔者认为，刑事诉讼法确实存在第二目的，这一目的和刑事诉讼法所规定的"打击犯罪"共同组成了刑事诉讼法的两个目的。打击犯罪的目的其内容可以表述为"追究犯罪，适用刑法规范，实现国家刑罚权"，与之相对应，刑事诉讼法第二目的的内容可以表述为"依法追究犯罪，依法适用刑法规范，依法实现国家刑罚权"。而这三个"依法"可以抽象为"依法实施刑事诉讼行为"。因此，笔者认为，刑事诉讼法的第二目的也可以表述为"依法实施刑事诉讼行为"。这两个目的刚好形成实体与程序，目标与过程的关系。"追究犯罪，适用刑法规范，实现国家刑罚权"，即"打击犯罪"的目的，可以理解为"保护社会秩序"。而"依法追究犯罪，依法适用刑法规范，依法实现国家刑罚权"，即"依法实施刑事诉讼行为"，也可以理解为"保护人权"。"依法实施刑事诉讼行为"和"保护人权"可以看作刑事诉讼法第二目的的两个方面。笔者所阐述的这个第二目的的新内涵（或）新的第二目的，可以看作对前述"保护人权"目的的一个小小的发展。

笔者认为所有的刑事诉讼制度和理论都是围绕着这两个刑事诉讼法的目的展开的。刑事诉讼法围绕"打击犯罪"这一目的展开容易理解，那么刑事诉讼制度和理论是否围绕"依法实施刑事诉讼行为"这一目的展

[①] 我国1979年《刑事诉讼法》规定，刑事诉讼法的目的是打击犯罪和保护人民。此后，人们逐步地认识到单纯将打击犯罪作为刑事诉讼法的目的，并非创制刑事诉讼法的初衷。刑事诉讼法存在的价值应当是通过一系列刑事诉讼的规则、制度，依法打击犯罪、保护人民，同时防止公权力的滥用，避免国家机关在刑事诉讼过程中对公民的人身、财产等权利造成不必要的伤害。因此，刑事诉讼的双重目的理论被提出，人权保障作为与打击犯罪等量齐观的刑事诉讼目的，被广大学者所普遍接受。

开，笔者的观点是否正确呢？

笔者以为，刑事诉讼中出现的各种原则和制度，无论源自何种法理，着力于何种角度，其实归根结底都无法离开以下三种宏观思路——控权，即控制以侦查权（检察权）为代表的行政性质公权力；保权，即保障和维护以辩护权为表现形式的被告人刑事诉权和宪法基本权利；扩权，即扩大司法裁判权以确保刑事诉讼在审判和审前诸阶段的公正进行。而这三种刑事诉讼理论和原则的宏观思路其核心精神都是依法实施刑事诉讼行为。下面，笔者就从控权（行政权的控制）、保权（被告人权利的保障）和扩权（裁判权的扩张）三方面梳理分析一下这些理论和原则。

首先是控权，即对侦查权（检察权）这类行政性质公权力的控制。权力制衡理论[①]是控权的直接理论基础，即通过司法权对行政性质公权力的制约来完成遏制行政性质公权力滥用的效果。早期英国的令状制度，法国大革命后的预审法官制度以及二战后的司法审查制度都体现了权力制衡的思想，其中以司法审查为控权思想的集大成者。正当程序理论[②]是控权思路的另一个理论基础，正当程序（自然正义）的第一原则[③]直接针对的就是行政权的专横，为司法性质公权力对行政性质公权力的控制提供了合法性基础。我国学者提出的司法权保障理论和程序正义理论亦是控权思想

---

① 权力制衡理论的实质就是用权力制衡权力，具体而言就是用立法权、司法权制衡行政权，用司法权制衡立法权、行政权。权力制衡主要针对的对象是行政权，就该理论产生时而言就是封建王权，通过从王权中分割出立法权和司法权，削弱并制衡国王的行政权。权力制衡理论在宪政领域的表现是三权分立，而在刑事诉讼领域的表现，则是裁判方的司法权对侦检方的行政权的控制。在后来的实践中，权力制衡理论被证明无论在宪政层面上还是刑事诉讼层面上都是行之有效的。

② 随着文艺复兴运动在欧洲的兴起，人们开始重拾希腊、罗马文明中的法治精神。众多希腊政治家、思想家关于法律的论述和著作广为流传，罗马法的精神和原则被重新关注。与此同时，人们开始反思中世纪欧洲司法的机械、残酷和丑恶。自然法学派将法与道义原则联系在一起，提出了自然正义的理念。自然正义观念在英国深入人心，与后来在美国发展起来的正当程序原则共同导引出程序正义理论。自然正义原则有两条最基本的原则：一、任何人不能作为自己案件的法官；二、任何个人或组织在做出对他人不利的决定时必须听取他人的陈述和辩解。这两条原则也可以视为程序正义的两条基本原则。

③ 程序正义或自然正义的第一原则直接质疑了代表政府利益的行政机关自行对公民进行刑事审判、直接对公民采取强制性措施的合法性。它是后来的司法审查原则、公正审判原则、正当程序原则等一系列原则的理论基础。它对司法权在审前阶段扩张，或者说运用司法权对行政性质公权力进行司法审查提供了有力的理论支持。

的体现。

其二是扩权,即司法裁判权的扩张和延伸。控制行政权与扩张司法权是一个问题的两个方面,都是公权力内部的权力再分配问题。因此,权力制衡理论也同样是司法裁判权延伸的理论基础。法国由预审法官主导侦查,并对违法侦查行为进行司法审查就是最典型的司法权的延伸。除此之外,英美法系国家的非法证据排除、撤销起诉等制度,大陆法系国家的诉讼行为无效制度实质上都是司法裁判权的延伸。具体而言,就是司法裁判权延伸至审前阶段和程序法事项裁判领域,其主要特点是针对侦查(检察)机关审前阶段的程序性违法行为进行司法审查,对刑事诉讼中发生的公共侵权行为进行程序法意义上的制裁。我国学者将这种扩张至程序法领域的司法裁判称为程序性裁判,将对程序性违法行为进行的制裁称为程序性制裁。

其三是保权,即对被告人权利的保障。人权保障思想是被告人权利保障的理论基础,美国宪法性文件《权利法案》和法国宪法性文件《人权宣言》中都有对公民基本权利的明确规定,其中很多基本权利是与刑事诉讼相关的。各国宪法中也都有若干与刑事诉讼相关的公民基本权利的规定。近现代以来的宪法可诉化使刑事诉讼权利宪法保障成为可能,公民可以依据宪法对侵犯宪法规定的与刑事诉讼相关的公民基本权利的公共侵权行为提出司法审查之诉,甚至是违宪审查之诉。自然正义的第二原则[①]同样是保权的理论基础,它直接确立了辩护权的合法性,使被告人及其律师为权利而斗争具有合法的基础,并间接导致刑事诉权理论被引入刑事诉讼领域,使公民有权对刑事诉讼的发展施加影响。同时,证据合法性问题或非法证据排除逐步成为法院的裁判对象,攻击性的程序性辩护从传统的防御性的辩护中脱颖而出,公民可以对公权力机关的程序性违法行为提出质疑,并通过法院对该行为的程序性制裁达到宣告控方诉讼行为无效或排除控方取得的非法证据的效果,并由此达到辩护的目的。我国学者提出的刑事诉讼的人权保障目的和程序性辩护理论正是保权思想的体现。

从上面的分析可以发现,众多的刑事诉讼理论和原则主要围绕着控权

---

① 程序正义或自然正义的第二原则将批判的矛头指向了纠问式诉讼,是日后被告人获得辩护原则的理论依据,也是近现代一系列犯罪嫌疑人或被告人诉讼权利保障理论的基础,开启了犯罪嫌疑人、被告人权利保障的进程。

（行政权的控制）、扩权（裁判权的扩张）和保权（被告人权利的保障）三种思路展开，分别从不同角度作用于刑事诉讼。同时，这三种思路均围绕依法追究犯罪，依法适用刑法规范，依法实现国家刑罚权展开，或者说都围绕依法实施刑事诉讼行为这个核心目的展开。这一目的和刑事诉讼法所规定的打击犯罪共同组成了刑事诉讼法最基本的两个目的，二者刚好形成实体与程序，目标与过程的关系。

为实现"依法实施刑事诉讼行为"这一刑事诉讼的第二目的，有必要依靠程序法事实的裁判和证明，从制度层面上开辟审判中心主义的第二路径。

三　开辟第二路径的原因之三——解决实践中侦查行为监督问题

中国刑事诉讼存在一种比较独特的情况，那就是法院职权弱小，无法像其他国家的法院一样，对检察机关和侦查机关的诉讼行为进行指挥、指导、监督和评价，这就造成了中国司法实践中的一系列现实问题。在刑事诉讼中，法院无法对侦查机关的侦查行为加以指挥或指导，这就造成面对侦查机关不合法不合理的取证行为无能为力，只能被动地接受侦查机关通过检察机关提交的证据。由于部分侦查人员取证能力不高，确有不少案件中的证据材料存在问题，或者关键证据未取得，或者取证程序违法，或者证据材料因保存、运输不当而毁损、灭失，存在瑕疵的证据材料更是不可计数。这种情况造成审判机关在面对检察机关提交的证据材料时面临两难的局面，认定也不是，不认定也不是。如果严格依照《刑事诉讼法》及相关法律和司法解释对证据材料进行审查，则上述证据材料都不可能成为认定案件事实的依据，如此一来被告人就可能逍遥法外，检察机关和侦查机关肯定不会同意。但是，如果不严格依照《刑事诉讼法》及相关法律和司法解释对证据材料进行审查，又会公然违反程序法，置程序法的尊严于不顾。在司法实践中，很多审判机关无奈地选择了第二种方案，以一种非常粗糙的方式对待侦查机关通过检察机关提交的证据材料，基本上允许检察机关以自由证明而非严格证明的方法对其主张的公诉事实进行证明。不客气地讲，我国很多法院的刑事卷宗，证据链条不完整，证据未经过国际公认的证据调查程序，证明未达到"事实清楚、证据确实充分"的要求。这样的证据准备，换做德法或英美的法庭恐怕会视同无效，无法定罪。

在 2012 年刑事诉讼法修改之后，特别是十八届四中全会提出"审判中心主义"以后，笔者对北京、哈尔滨、无锡、扬州、泰州、靖江和江阴等地的法院、检察院和公安机关进行了调研。调研显示，法院审判人员在审判中心主义的实践过程中最为看重的是如何获得更多的具有证据能力和证明力的控方证据材料。他们往往对大量不合格的证据材料叫苦连天，强烈呼吁扩大法院对取证行为的指导权限或指挥权限。转化为学术语言，就是将法院的司法权扩大到程序法事项裁判领域（如诉讼行为合法性裁判）和审前阶段（如侦查阶段）。

在大陆法系国家中，法国的预审法官对审前阶段的侦查行为拥有强有力的主导和监督权。法国的一级预审法官可以直接指挥侦查人员，而刑事司法警察乃至检察官都要服从一级预审法官的指挥。这种制度设计有力地保障了刑事司法警察和检察官对证据材料有目的有效果的合理收集，同时也保证了侦查行为的合法进行。法国的二级预审法官则负责对侦查机关侦查行为的启动（颁发令状）进行事前司法审查，对有异议的侦查行为和检察行为的合法性进行事后司法审查。在很长一段时间里，法国的预审法官模式是大陆法系国家的典型模式。这种模式缘于法国人民对法国大革命前行政权专横，特别是侦查权专横的痛苦记忆。出于对司法权中立性的信赖，法国立法者在制度设计上将司法权从审判领域扩张到审前领域，从实体法事项裁判（被告人行为合法性裁判）领域扩张到程序法事项裁判（侦查行为合法性裁判）领域。这种制度设计成功地改变了中世纪以来的黑狱式侦查模式[1]，建立了为法国公众所认可的相对透明公正的审前侦查模式。

大陆法系国家和英美法系国家其实都面临着规制侦查权，保障公民人权的问题。法国模式是以预审法官的形式将司法权延伸到审前阶段的程序法事项领域，以司法权对侦查权加以规制和监督。英美法系国家虽无预审

---

[1] 对黑狱式侦查模式的描述最形象的莫过于房龙的著述："在整整五个多世纪里，世界各地成千上万与世无争的平民仅仅由于多嘴的邻居道听途说而半夜三更被人从床上拖起来，在污秽的地牢里关上几个月或几年，眼巴巴地等待既不知姓名又不知身份的法官的审判。没有人告诉他们罪名和指控的内容，也不准许他们知道证人是谁，不许与亲属联系，更不许请律师。如果他们一味坚持自己无罪，就会饱受折磨直至四肢都被打断。别的异教徒可以揭发控告他们，但要替他们说好话却是没有人听的。最后他们被处死时连遭到如此厄运的原因都不知道。"参见［美］房龙《宽容》，生活·读书·新知三联书店 1985 年版，第 136 页。

法官，但却具有长期的控辩平等传统，存在强大的辩方。辩方拥有强大的诉权，这种诉权既可以与法官的审判权相抗衡，又可以相应地规制侦查权。同时，英美法系国家虽然没有一级预审法官对侦查行为进行指挥主导，却有与二级预审法官相似的治安法官和地方法官负责对侦查机关侦查行为的启动（颁发令状）进行事前司法审查，对有异议的侦查行为和检察行为的合法性进行事后司法审查。由于已经存在拥有强大诉权的辩方和能够履行司法审查职能的治安法官或地方法官，英美法系国家基于其控辩平等的对抗式诉讼模式，不需要法国式的预审法官，一样能够实现对本国侦查权的规制。

近几十年来，德国、意大利等大陆法系代表国家废除一级预审法官制度，改二级预审法官为侦查法官，不断向英美法系靠拢。笔者认为，德意等国的立法和司法实践可以视为规制侦查权的第三种模式——德意等国家在二战后向英美法系国家学习，其法律制度从职权主义向当事人主义逐步靠拢。随着当事人主义的若干重要制度在德意等国家的建立，德意等国家有了与英美模式相似的拥有强大诉权的辩方。在将二级预审法官转变为侦查法官后，侦查法官同样可以对侦查机关侦查行为的启动（颁发令状）进行事前司法审查，对有异议的侦查行为和检察行为的合法性进行事后司法审查[1]。但是，仅以上述两种制度对侦查权加以规制还显不足，需要以大陆法系职权主义的重要制度"检警一体"为补充。所谓检警一体，是指检察官可以直接指挥或指导刑事司法警察进行侦查取证，而刑事司法警察要服从检察官的指挥，以保证侦查取证行为合法有效地进行。德意等国家将此三种制度相互结合，以一种介于大陆法系职权主义和英美法系当事人主义的新模式对侦查权加以规制。第三种模式以德意等西方国家为代表，东方的日本与其极为相似，也可以归入这种模式。这些国家几十年的司法实践表明，在侦查权规制方面，第三种模式同样是有效的。

反观中国，目前既没有法国模式中在审前阶段对侦查行为进行指挥的一级预审法官和对诉讼行为进行司法审查的二级预审法官，也没有英美模式中拥有强大诉权的辩方和拥有司法审查权的治安法官或地方法官。因此，我国法院并没有足够的权力对审前阶段的侦查行为进行监督或审查，更遑论指挥或指导。

---

[1] 在日本，承担上述职责的是地方法官。

我国现行宪法对司法职权配置的规定，与法国模式相去甚远。显然，以现有的司法职权配置，我国不可能建立对侦查行为进行指挥或指导的一级预审法官制度，并以此在审前阶段对侦查权加以规制。

同时，我国也不大可能通过效法英美模式来解决这一问题。我们缺乏英美模式中拥有强大诉权的辩方，辩方相对于控方而言不值一提。在我国的刑事司法中，只有不到30%的律师辩护率，而且在法律援助案件中很多辩护律师又严重的不负责任。这就使得效法英美模式由辩方对侦查权进行制约成为不可能完成的任务。

目前，在审判中心主义的大目标下，规制侦查权的现实方法似乎只有一种，那就是第三种模式。现实的选择只能是通过效仿德意的侦查法官，建立程序性裁判制度，扩张司法权至审前阶段和程序法事项领域。同时，再以德意等大陆法系国家的检警一体制度为补充，加强检察机关对侦查机关侦查取证行为的指导。因此，必须开辟审判中心主义的第二路径，逐步建立程序法事实裁判制度和程序法事实证明制度，并正式赋予检察机关对侦查机关侦查取证行为的指导权。

由于我国公安机关和检察机关复杂而微妙的关系以及现行宪法和刑事诉讼法所规定的司法职权配置，直接实行检警一体是断不可能的，即便是正式赋予检察机关对侦查机关侦查取证行为的指导权都是很难想象的。因此，开辟审判中心主义的第二路径如果从检警关系入手，有点类似于正面强攻，阻力会非常之大。

如果从程序法事实裁判制度和程序法事实证明制度这个角度开辟审判中心主义的第二路径，涉及运用司法权对侦查权加以规制，难度也同样很大。但是好在我国已经建立了非法证据排除制度，在程序法事实的裁判和证明领域已经迈出了扎实的一小步。这一步虽小却意义重大，相当于宇航员阿姆斯特朗当年登月时迈出的那一步，堪称中国法治的一大步。

因此，综合以上因素，目前可行的思路还是从程序法事实裁判和证明的角度来开辟审判中心主义的第二路径，推动司法权对侦查行为的监督。

第二章

审判中心主义第二路径的主要内容
——程序法事实的裁判与证明

审判中心主义的第二路径，就是推进针对程序法事项的司法审查的开展，推动司法裁判权向程序法事实（项）领域和审前阶段这两个方向的扩张和延伸，其主要内容就是程序法事实的裁判和证明。

第一节 程序法事实的三维度分析——新的裁判对象、证明对象和客体

在现代刑事诉讼中，程序法事实扮演着越来越重要的作用。随着2010年《非法证据排除规定》的出台，2012年《刑事诉讼法》的修改，以及此后一系列司法解释的颁布，我国第一次出现了程序性裁判机制。针对非法证据排除这一程序法事项的制度化的司法审查程序第一次在我国刑事诉讼法律体系中出现，程序法事实由此成为不同于实体法事实的新的裁判对象（审判对象）。程序性裁判的初步确立，也因此使程序法事实证明[①]第一次有了用武之地，第一次能够在实然状态下被运用，由此，程序法事实也成为不同于实体法事实的新的证明对象。而新的刑事诉讼法律关系因程序性裁判和程序法事实证明的出现而出现，新的刑事诉讼法律关系客体因新的裁判对象（审判对象）和证明对象的形成而形成。今日之程序法事实于中国刑事诉讼而言，同时担当着三个重要的角色——新的裁判对象（审判对象）、新的证明对象和新的刑事诉讼法律关系客体。程序法

[①] "程序法事实证明"这一概念由笔者在本人博士学位论文《程序法事实证明研究》中提出，并对这一问题进行了成体系的论述。程序法事实证明，是在刑事诉讼审前阶段或审判阶段，控方或辩方依照司法审查的要求提出证据，就某一程序法事实的性质问题，向裁判方进行的论证说服活动。

事实的三个载体——程序性裁判（程序法事实裁判）、程序法事实证明和程序性裁判法律关系（程序法事实裁判法律关系）于今日中国之刑事诉讼发挥着昨日不可想象的巨大作用。

一　程序法事实发挥作用的三个维度

前文已述，程序法事实存在三个载体——程序性裁判（程序法事实裁判）、程序法事实证明和程序性裁判法律关系（程序法事实裁判法律关系），在刑事诉讼中，程序法事实正是从这三个维度发挥着重要的作用。

（一）程序性裁判[①]

程序性裁判，即程序法事实裁判。在我国，法院的司法裁判权仅限于审判阶段，不能在审前阶段行使，同时，大多数重要的程序法事项不属于其裁判对象。[②] 程序性裁判（司法审查之诉）将法院的司法权延伸到了审前领域和程序法事项领域。[③] 程序性裁判提供了程序法事项裁决的理论依据，有利于遏制程序性违法行为，规范侦查、起诉和审判机关公权力的行使，解决广大民众所关注的司法腐败问题。

（二）程序法事实证明

程序法事实证明把传统的刑事证明从实体法领域拓展到程序法领域，使大量的程序法事项成为证明理论发挥作用的新的对象。程序法事实证明和实体法事实证明组成了刑事证明的完整体系，使证据法学的内涵得以拓展，指导司法实践的价值大大增强。由于诉讼（审判）与证明的紧密联系，程序法事实证明为程序性裁判提供了证明基础，为司法审查之诉在我国的确立提供了证明理论支持。

[①] 程序性裁判，即程序法事实裁判，本书为了便于论述和理解，会交替使用"程序法事实裁判"与"程序性裁判"这两个概念。对程序法事实裁判或程序性裁判的论述详见第三章第一节。

[②] 上级法院对下级法院的程序性违法行为可以加以裁判，但一般而言对在审判阶段提出的有关审前侦检行为违法之类的程序法事项却无权裁判。在侦查阶段、审查起诉阶段和审判阶段，存在着大量的程序法请求事项，如取保候审、监视居住、搜查、冻结、秘密监听等。这些事项更是由侦查机关或检察机关自行决定。

[③] 由于侦检机关的程序性违法行为主要发生在审前阶段，因此对这些程序法事项的事后司法审查实际上也同时是针对审前阶段诉讼行为的司法审查。虽然，针对侦检机关诉讼行为性质的司法审查本身可能在审判阶段进行，但这种司法审查针对的程序法事项却是实实在在的审前诉讼行为。而法院对控辩双方程序请求事项的事前司法审查，更是直接将司法裁判权延伸至审前阶段，完全改变了法院仅仅在审判阶段行使审判权，而不直接介入审前阶段的传统态势。

(三) 程序性裁判法律关系（程序法事实裁判法律关系）

程序性裁判法律关系，即程序法事实裁判法律关系。程序性裁判（司法审查之诉）的出现导致程序性裁判法律关系的形成。程序性裁判法律关系和传统的刑事诉讼法律关系组成了刑事诉讼法律关系的完整体系。程序性裁判法律关系的形成又导致程序法事实客体的出现，程序法事实客体和传统的实体法事实客体组成了刑事诉讼法律关系客体的完整体系。程序性裁判法律关系和程序法事实客体把传统的刑事诉讼法律关系和刑事诉讼法律关系客体从实体性领域拓展到程序性领域。这二者可以有力地支持程序性裁判理论和程序法事实证明理论，为这两个理论从刑事诉讼基本范畴角度提供较为坚实的基础理论支撑，在刑事诉讼本质属性的认知上达到知其然知其所以然的效果。

二 程序法事实概述

(一) 程序法事实

实体法事实，是与被告人定罪量刑有关的事实，与其相近的概念是案件事实、公诉事实和犯罪事实。根据《最高人民法院关于适用〈中华人民共和国刑事诉讼法〉的解释》第64条规定，实体法事实（案件事实）包括：(1) 被告人的身份；(2) 被指控的犯罪行为是否存在；(3) 被指控的行为是否为被告人所实施；(4) 被告人有无罪过，行为的动机、目的；(5) 实施行为的时间、地点、手段、后果以及其他情节；(6) 被告人的责任以及与其他同案人的关系；(7) 被告人的行为是否构成犯罪，有无法定或者酌定从重、从轻、减轻处罚以及免除处罚的情节；(8) 其他与定罪量刑有关的事实。其中，有关犯罪构成要件的事实最为重要，包括是否构成犯罪和构成何罪；其次是排除刑事责任的事实；再次是与量刑有关的事实。

除了上述与犯罪嫌疑人、被告人定罪量刑有关的实体法方面的事实外，刑事诉讼中还要解决的是涉及刑事诉讼程序方面的事实。程序法事实，也可称为程序法事项、程序性事实或程序性事项，是指涉及当事人诉讼权利义务、在诉讼程序上具有法律意义的事实。① 程序法事实关系到诉

---

① 在本书中，程序法事实与程序法事项是两个通用的概念，为了便于论述和理解，笔者有时用"程序法事项"代替"程序法事实"。与程序性裁判和程序法事实证明相关的事实或事项，只能是比较重要的程序法事实或事项。

讼主体的诉讼行为是否正确、合法、不仅关系到实体法事实是否存在及其真伪问题，而且关系到裁判是否正确的问题。①

(二) 程序法事实的种类

程序法事实可分为程序法争议事实和程序法请求事实，程序法争议事实也可称为程序法争议事项，程序法请求事实也可称为程序法请求事项。②

程序法争议事实（项）是指就某一程序法事实（项）的性质问题（该事项是否符合法定要求），控辩双方存在相对立的诉讼主张，需要通过程序性裁判③加以确认或进行选择的重大程序法事项。程序法争议事实（项）可分为程序性违法引发的程序法争议事实（项）和非程序性违法引发的程序法争议事实（项）。程序性违法引发的程序法争议事实（项）是指由于存在程序性违法的可能，引发控辩双方针对该事项性质相对立的诉讼主张，需要通过程序性裁判对性质加以确认的重大程序法事项。程序性违法引发的程序性争议事实（项）包括侦查行为性质争议事项、起诉行为性质争议事项和审判行为性质争议事项。非法证据排除是程序性违法引发的程序性争议事实（项）的典型代表。④ 非程序性违法引发的程序法争议事实（项）是指存在不属于程序性违法的程序性争议，引发控辩双方针对该事项相对立的诉讼主张，需要通过程序性裁判进行选择的重大程序

---

① 王敏远、熊秋红：《刑事诉讼法》，社会科学文献出版社2005年版，第167—168页。

② 程序法争议事实和程序法请求事实，这一组概念是对应着"实体法事实"这个既有概念提出的。有些时候，将它们称为程序法争议事项和程序法请求事项，可能更便于论述和理解。程序法争议事实和程序法请求事实的分类是从刑事证明对象角度来表述，更多地关注程序法事项的本质。程序法争议事项和程序法请求事项的分类，是从司法审查对象或程序性裁判对象角度来表述，对应着司法审查之诉和程序性裁判，更多地关注程序法事实的形式。本书中，前者和后者可以通用，视论述的角度选择使用。闵春雷教授将程序法争议事实和程序法请求事实，称为程序性争议事项或程序性请求事项，其精彩论述参见闵春雷、杨波、徐阳等《刑事诉讼基本范畴研究》，法律出版社2011年版，第24页。

③ 程序性裁判和程序性制裁的一系列概念，参见陈瑞华《刑事诉讼的前沿问题》，中国人民大学出版社2006年版。

④ 程序性违法引发的程序性争议事实（项）涉及面很广，现以侦查行为性质争议事项和审判行为性质争议事项为例，简要介绍如下：侦查行为性质争议事项包括（违法）拘留争议、（违法）逮捕争议、（违法）扣押争议、（违法）冻结争议，等等。审判行为性质争议事项包括公开审判（违法）争议、剥夺或者限制法定诉讼权利争议、审判组织组成（违法）争议，等等。

法事项。主要包括未决羁押的决定、延长和解除、回避争议①以及刑事案件管辖异议等事项。

程序法请求事实（项）可分为控方提出的程序法请求事实（项）和辩方提出的程序法请求事实（项）。控方程序法请求事实（项），是控方对实施某一程序法事项提出的请求，多为申请采取强制性措施。② 辩方程序法请求事实（项），是辩方对实施某一程序法事项提出的请求，主要是申请恢复诉讼期限、证据保全等。

以上内容详见第二章第二节程序法事实裁判与证明的对象，此处不再赘述。

三 新的程序性裁判和新的裁判对象

（一）新的裁判对象——程序法事实

在传统理论中，法院司法裁判的对象只有一个，那就是被告人的定罪量刑问题。也就是被告人的行为是否构成犯罪，依照刑法应当给予何种处罚。此时的司法裁判，解决的问题是实体法问题，其性质归属自然也是实体性裁判。随着西方国家宪法、行政法领域的司法审查制度应用于刑事诉讼法领域，法院的司法裁判对象增加了新的内容。③ 在宪法领域，司法审查针对的是违宪行为，即对宪法违法行为进行审查；在行政法领域，司法审查针对的是行政违法行为，即对行政违法行为进行审查。无论是哪个领域的审查，一般多以"民告官"的形式存在，由公民、法人或其他组织提起对违宪行为或行政违法行为的司法审查之诉，通过法院的司法审查，评价立法机关立法行为、行政机关行政行为的法律效力，对违宪行为和行政违法行为加以纠正或救济。刑事诉讼中的司法审查针对的对象是刑事程

---

① 笔者认为，单纯的回避申请应属于辩方程序法请求事项，但当回避申请引发程序性争议（即就是否应当适用回避双方存在相反主张），需要控辩双方各自证明其主张时，该程序性事项就从单纯的回避申请事项变成了回避争议事项，成为非程序性违法引发的程序法争议事项。

② 强制性措施代指我国刑事诉讼法规定的5种强制措施和强制措施以外的搜查、监听等其他强制性措施。

③ 在宪法领域，司法审查针对的是违宪行为，即对宪法违法行为进行审查；在行政法领域，司法审查针对的是行政违法行为，即对行政违法行为进行审查。无论是哪种领域的审查，一般都以民告官的形式存在，由公民、法人或其他组织提起对违宪行为或行政违法行为的司法审查之诉，通过法院的司法审查，评价立法机关立法行为、行政机关行政行为的法律效力，对违宪行为和行政违法行为加以纠正或救济。

序法违法行为,即程序性违法行为,自然也应以"民告官"的形式存在,由当事人(公民、法人或其他组织)提起对程序性违法行为的司法审查之诉[①]。通过法院的司法审查,审查侦查机关、检察机关乃至审判机关诉讼行为的性质,评价侦查行为、检察行为,乃至法院审判行为的法律效力,对侦查违法行为、检察违法行为和审判违法行为加以纠正或救济。

随着二战后现代司法审查制度在刑事诉讼领域的正式确立,由法院受理司法审查之诉,对刑事诉讼行为的性质进行审查,便逐步形成了完善的制度。我们耳熟能详的程序性裁判、程序性后果(程序性制裁)[②]和程序性辩护等概念正是我国学者对西方法治国家司法审查制度的抽象描述。[③]司法审查制度在刑事诉讼领域的运用,给司法裁判对象的内涵和外延都带来了巨大的变化。从此以后,法院司法裁判的对象就不再仅仅是被告人罪与罚的实体法问题,由程序性违法引发的侦查、起诉、审判机关的诉讼行为性质争议这种程序法问题也正式成为了法院司法裁判的对象。这就意味着对程序性违法行为的司法审查之诉和对实体性犯罪行为的定罪量刑之诉一起,成为法院司法裁判的对象,不仅仅是公民、法人或其他组织的犯罪行为可以成为司法裁判的对象,承担刑事实体法实施的侦查、起诉、审判机关的程序性违法行为也可以成为司法裁判的对象。这种变化具有划时代的意义,它使得刑事诉讼法不再只是确保刑事实体法实施的程序法,同时也成为确保刑事诉讼本身依法进行的程序法。

(二) 新的裁判——程序性裁判

1. 程序性裁判的定义

程序性裁判的提法始见于台湾学者林山田、张丽卿等人的著作中,又

[①] 笔者认为,对程序性违法引发的程序性争议事实(项)的裁判可以称为狭义的程序性裁判或者狭义的司法审查之诉,而对非程序性违法引发的程序法争议事实(项)、控方提出的程序法请求事实(项)和辩方提出的程序法请求事实(项)的裁判,可以称为广义的程序性裁判。狭义的程序性裁判或者狭义的司法审查之诉,具有最完备的特征和代表性,是程序性裁判或司法审查之诉的典型代表。

[②] 程序性后果理论由王敏远研究员首先提出,程序性制裁理论由陈瑞华教授提出,二者基本相同。侦查、起诉和审判机关的程序性违法行为会引发相应的程序性后果,这种后果可能是非法证据被排除(英美法系国家),也可能是诉讼行为被宣告无效(大陆法系国家),也就是受到程序性制裁。

[③] 程序性裁判是对司法审查的抽象描述,是对英美法系和大陆法系司法审查类制度的整体抽象,刑事诉讼中的司法审查与程序性裁判互为表里,是从不同角度对同一事物的描述。详见后文论述。

称形式裁判、诉讼裁判①。国内则最先见于陈瑞华教授的《司法权的性质》《刑事侦查构造之比较研究》等论文②，其所下定义为"程序性裁判是司法机关就诉讼中所涉及的事项是否合乎程序规则所进行的裁判活动"。

2. 程序性裁判与实体性裁判的联系与区别

程序性裁判是相对于实体性裁判的一个概念。它独立于实体性裁判存在，被形象地称为"案中案""诉中诉"，它与实体性裁判的联系与区别如下：

（1）实体性裁判的对象是实体法事实，是与犯罪构成要件相关的事实，程序性裁判的对象是程序法事实，是与定罪量刑无关的事实。实体性裁判解决的问题是被告人是否有罪的问题，程序性裁判解决的是公权力机关的诉讼行为是否合法等问题。在实体性裁判中，控方由检察机关担当，公安机关支持检察机关的公诉行为，辩方由被告人及其法定代理人、辩护人、附带民事诉讼诉讼代理人组成。控方提出诉讼主张指控被告人有罪，处于攻击地位；辩方处于被指控和追诉的地位，为防御一方。而在程序性裁判中，辩方（被告人及其法定代理人、辩护人、附带民事诉讼代理人）提出诉讼主张，"指控"控方（公诉机关或侦查机关）程序违法，处于攻击地位；控方则处于被"指控"的地位，为防御一方，也就是说程序性裁判中控辩双方的地位和职能与实体性裁判中控辩双方的地位和职能恰恰相反。

（2）程序性裁判组织与实体性裁判组织在某些情况下由同一审判组织担任，但在大多数情况下彼此独立并不重合。在法庭开始实体性裁判后，对程序性违法行为的裁定只能由同一实体性裁判组织完成。但是在实体性裁决开始前（审前阶段），对程序性违法行为的裁判一般由另一审判组织，即专门的程序性裁判组织负责。如法国由预审法官负责，德国由侦查法官负责，英国则由治安法官负责。

（3）程序性裁判和实体性裁判一样，也要遵循证据调查程序，遵守证据裁判原则；一般情况下，也存在独立的控辩双方和控辩审三主体结构。但程序性裁判的证据调查程序不如实体性裁判严格，因程序性裁判涉

---

① 参见林山田《刑事诉讼法》，汉荣书局有限公司1981年版，第235页；张丽卿《刑事诉讼法理论与运用》，台湾五南图书出版有限公司2000年版，第332页。

② 王敏远老师提出的程序性辩护\程序性后果理论和陈瑞华老师提出的程序性裁判\程序性制裁理论，二者具有异曲同工之妙。

及的事项不同而或繁或简，证明方法整体上以完全自由证明为主，但对某些重要程序法事项不排除适用接近严格证明的相对自由证明①。

（4）实体性裁判只有控辩审三方司法裁判的一种形式。但程序性裁判则有控辩审三方的完整形式和只存在控审与辩审两方的不完整形式，分别针对不同的程序法事项。如程序法争议事实（项）应由完整形式的程序性裁判解决，以控辩审三方司法裁判形式进行；而程序法请求事实（项）则可以不完整形式的程序性裁判解决，以控审或辩审两方司法审查形式进行。

3. 程序性裁判和司法审查之诉

司法审查和程序性裁判实际上是同一个事物的两个方面②。司法审查之诉实际上也就是程序性裁判。

司法审查更多地体现出法律制度的外在特征，而程序性裁判则更多的是对这种制度进行本质的描述。司法审查的实质，就是通过对诉讼行为性质的司法评价来防止侦查、起诉乃至审判等公权力的滥用和保障被告人权利的行使，而这种司法裁决不是与定罪量刑有关的实体性裁决，是对程序法事实（项）的裁决，也就是程序性的裁判。可以说，司法审查原则是程序性裁判理论据以提出的重要基础，而程序性裁判恰恰是对司法审查制度的本质描述。司法审查的实质就是程序性裁判，程序性裁判的形式就是司法审查。总体而言，司法审查和程序性裁判就是"老虎"和"大虫"的关系。

四　新的程序法事实证明和新的证明对象

（一）新的证明对象——程序法事实

司法实践中，刑事证明不仅仅针对实体法事实进行，也同样针对程序

---

① "所谓的自由证明，在程度上并非为完全的自由，只能认为属于免除严格证明要件之全部或一部分而已。"换言之，自由证明的具体运用既可能在所有方面不同于严格证明——可以称为"完全自由证明"，例如对多数程序法事实的证明；也可能只在某些方面不同于严格证明，而在其他方面与严格证明无异——可以称为"相对的自由证明"，例如对非法证据排除等重要程序法事实的证明。详见马可《程序法事实证明研究》，博士学位论文，中国人民公安大学，2011年；康怀宇、康玉《刑事程序法事实的证明方法——自由证明及其具体运用的比较法研究》，《社会科学研究》2009年第3期。

② 司法审查原则体现了程序正义原则和司法权保障原则，而程序性裁判亦然。司法审查原则侧重于对侦检机关的行政性质公权力进行控权，而程序性裁判侧重对于司法权在程序问题和审前阶段的扩张。二者都是程序正义原则和司法权保障原则的制度化反映，只是侧重点和着眼点不同。

法事实进行。比如，非法证据排除问题，就是典型的针对程序法事实的证明。非法证据排除解决的问题是某一证据材料是否具有证据能力的问题，也就是证据材料合法性的问题。① 它无关被告人的定罪量刑，显然不是实体法事实的证明问题，但是对这一问题的裁决显然又不能以简单的"行政审批"的方式进行。辩方认为某一证据材料不具有证据能力，即不具有合法性，不是仅仅提出主张即可，而是要对"该证据材料不具有合法性"的命题进行一定程度的证明。而控方如果认为该证据材料具有合法性，也不能仅仅向法庭表明态度，而应当对"该证据材料具有合法性"的命题进行充分的证明。无论是辩方的"证明"还是控方的"证明"都是货真价实的"证明"，都包含刑事证明的一系列要素，遵循刑事证明的相应规则，而这种证明又显然不属于实体法事实的证明。所以说，程序法事实同样是诉讼证明的对象，程序法事实证明也是诉讼证明的组成部分。

（二）新的证明——程序法事实证明

程序法事实证明是与实体法事实证明相对应的概念，二者是以证明对象的性质为标准进行区分的。以实体法事实为证明对象的谓之实体法事实证明，以程序法事实为证明对象的谓之程序法事实证明。

程序法事实证明，是在刑事诉讼审前阶段或审判阶段，控方②或辩方③依照司法审查的要求提出证据，就某一程序法事实的性质问题，向裁判方进行的论证说服活动。程序法事实证明是对程序法争议所涉及事实和程序法请求所依据事实进行证明（或证伪）的活动，关系到程序性违法的认定和诉讼行为的启动。④

程序法争议事实（项）的证明和程序法请求事实（项）的证明有所区别。是否存在控辩双方的程序法争议和是否在完整的程序性裁判结构中进行证明是二者区分的标准。存在控辩双方的程序法争议，并需要在完整

---

① 这一问题学界一般称为"证据合法性"问题，其实质是取证行为的性质是否符合成立、有效、合法或有理由要求的问题。

② 此处控方应作广义理解，包括提起公诉的检察机关和支持检察机关公诉的侦查机关，但缘于本书研究重点是侦查、检察机关的公权力行为，故而此处不包括刑事自诉案件的自诉人。

③ 辩方包括被告人（犯罪嫌疑人）及其法定代理人、辩护人。

④ "程序法事实证明"这个概念是对应着"实体法事实证明"这个既有概念提出的。也许将"程序法事实的证明"称为"程序法事项的证明"，更便于论述和理解，但因为对既有法学概念的尊重和约定俗成的对应关系，笔者仍以"程序法事实证明"作为这一概念的名称，并在此处加解释，以免造成歧义。

的控辩裁三方程序性裁判结构中进行证明的，是程序法争议事实（项）的证明。不存在控辩双方的程序法争议，只存在控方或辩方的单方程序法请求，只需要在不完整的控裁或辩裁两方程序性裁判①结构中进行证明的，是程序法请求事实（项）的证明。

程序法事实证明问题是一个尚未被探索的领域。一方面它是对实体法事实证明的扩展，与实体法事实证明拥有共同的证明理论基础，遵循共同的证明规则；另一方面又与实体法事实证明在证明对象、证明责任、证明标准和证明方法等一系列证明要素存在着差异。

（三）程序性裁判（司法审查）与程序法事实证明

证明总是与诉讼相伴而生，诉讼是证明的前提，证明是诉讼的基础，没有诉讼的机制和结构，证明就是无本之木，无源之水。因此，探讨程序法事实证明的前提是必须有程序性裁判制度，即必须存在司法审查之诉。无论是实体性裁判还是程序性裁判，都要建立在证明的基础上。控方或辩方作为证明主体举出证据材料对诉讼主张进行证明，裁判方作为认证主体对证据进行调查，在认证的基础上作出裁判。实体性裁判建立在实体法事实证明的基础上，程序性裁判建立在程序法事实证明的基础上。因此只要存在程序性裁判（司法审查之诉），就必然需要程序法事实证明。随着《非法证据排除规定》出台和《刑事诉讼法》修改，我国第一次出现了程序性裁判机制，针对非法证据排除这一程序法事项的制度化的司法审查程序第一次在我国刑事诉讼法律体系中出现，也因此使程序法事实证明第一次有了用武之地，第一次能够在实然状态下被运用。

五　新的刑事诉讼法律关系和新的客体

（一）刑事诉讼法律关系和刑事诉讼法律关系客体②

1. 刑事诉讼法律关系

刑事诉讼法律关系是由德国学者首先提出的一个基础性的概念。按照德国学者的观点，刑事诉讼从开始到终止的整个过程中，各诉讼主体之间必然会发生一系列权利义务关系。对于这种不同于刑事实体法上权利义务

---

① 不完整的程序性裁判，也可称为准程序性裁判。

② 相对于新的刑事诉讼法律关系和新的刑事诉讼法律关系客体，笔者在此处介绍的可以称为传统的刑事诉讼法律关系和传统的刑事诉讼法律关系客体。

关系的法律关系，德国学者称之为"刑事诉讼法律关系"①。

2. 刑事诉讼法律关系客体

刑事诉讼的核心任务就是要正确的适用刑罚权，而正确适用刑罚权的前提是必须明确被告人的刑事责任，查清案件事实，换句话说就是必须查清刑事诉讼法律关系客体，这项活动贯穿于整个刑事诉讼过程中。

为了实现诉讼目的，刑事诉讼法律关系主体的诉讼活动总是围绕着特定对象进行的，无论是司法机关、诉讼参加人还是其他诉讼参与人的诉讼活动都概括性地共同指向这一对象，即刑事诉讼法律关系客体。刑事诉讼法律关系客体的存在，是刑事诉讼法律关系得以产生和发展的直接依据。

刑事诉讼法律关系客体就是刑事诉讼法律关系主体的权利义务所指向的对象②，也就是刑事诉讼法律关系主体实施诉讼行为、进行刑事诉讼活动所指向的对象。其外延概括性地包括案件事实（或公诉事实）和法律评价（或法律责任）。

(二) 新的刑事诉讼法律关系——程序性裁判法律关系③

在传统的刑事诉讼法律关系中（实体性裁判或实体法事实裁判中），刑事诉讼法律关系的主体是公安司法机关和被告人。公安司法机关拥有依照刑事实体法追究犯罪实现国家刑罚权的权力，而被告人则负有承受公安司法机关侦查、起诉和审判的义务，在被确定有罪并需承担刑事责任时还

---

① 所谓刑事诉讼活动是审判机关、检察机关和侦查机关在当事人以及诉讼参与人的参加下，依照法定程序解决被追诉者刑事责任问题的诉讼活动。在整个刑事诉讼活动中，既要受到实体性法律规范的限制，又要遵守程序性法律规范的规定，因此在刑事诉讼活动中存在着实体层面和诉讼层面的两种法律关系。实体上的刑事诉讼法律关系也称为实体上的刑罚权关系，即国家与被告人之间具体的刑罚权关系。因为被告人曾经实施了符合犯罪构成的行为，触犯了刑法规定，国家有权对其行为定罪并科处刑罚。除了以上所论述的实体上的刑事诉讼法律关系以外，在刑事诉讼案件中检察官、被告人、法官及其他诉讼参与人之间也存在着由控、辩、裁三者共同构成的诉讼法律关系。简单来说，它是以实体刑事诉讼法律关系发生为前提、以实现刑罚权为目的的法律关系。实体上与程序上的刑事诉讼法律关系是相辅相成的。通过诉讼的方式实现刑罚权，第一步就是提起公诉，由检察官将被告人及其犯罪事实诉至法院，启动审判程序。一旦起诉，便是将实体法律关系（刑罚权关系）置于诉讼程序中，由此实体上与程序上的刑事诉讼法律关系都得以形成，因此，提起公诉也可以看作是发生诉讼法律关系的前提。

② 参见王敏远《刑事诉讼法学》，知识产权出版社 2013 年版。

③ 即程序法事实裁判法律关系，是与程序法事实裁判和程序法事实证明相对应的概念，本书为了便于论述和理解，会交替使用"程序性裁判法律关系"与"程序法事实裁判法律关系"这两个概念。对程序法事实裁判或程序性裁判的论述详见第三章第一节。

负有承受国家刑罚的义务。在法律关系中，权利（力）和义务应当对等，权利（力）对应着义务，义务也对应着权利。但是在传统的刑事诉讼法律关系中，人们长期以来却忽视了这种对等，只注重国家机关对被告人追诉的权力，以及被告人承受追诉和国家刑罚的义务。却长期忽视了被告人在刑事诉讼中对等的权利，以及国家公权力机关在刑事诉讼中对等的义务。

在刑事诉讼法律关系中被告人履行上述义务的前提是自身人身权，甚至自由权、生命权的让渡。既然被告人让渡了这些宪法赋予其的公民基本权利以尽刑事诉讼法律关系中之义务，那么他显然有资格要求最低限度的对等权利，也就是自我救济的权利。辩护权是一种自我救济的权利，但是是一种被动的救济权，还远远无法弥补被告人宪法权利让渡的损失。因此，要求公安司法机关依法追究犯罪，依法实施诉讼行为，在上述公权力机关违法追究犯罪，违法实施诉讼行为时要求该机关承担程序性后果（或程序法后果）①，宣告其诉讼行为无效或依其诉讼行为取得的成果无效（如非法证据排除）就成为被告人理所当然之对等权利。

刑事实体法规范规定了各种犯罪的法律模式假设，同时规定了该种犯罪的法律后果（实体性法律后果或曰实体法后果）。但是，刑事实体法只是静态的法律规范，如果想实现实体性法律后果，必须要通过公安机关、检察机关和审判机关具体的诉讼行为（侦查行为、公诉行为和审判行为）来实现，也就是依据刑事诉讼法（刑事程序法）来实现。因此，从这个意义上讲，刑事诉讼法是实施刑法的法，是动态的法。

在实施刑事实体法的过程中，刑事诉讼法又对公安司法机关追求刑法规范实现的具体的刑事诉讼行为加以约束和规范，要求公安司法机关依照诉讼法实现国家刑罚权，依照诉讼法实施诉讼行为。长期以来，我国刑事诉讼理论界和实务界对刑事诉讼运行的本质研究就到此为止。其实，对刑事诉讼运行的分析还应进一步展开。刑事诉讼法对职能机关诉讼行为的指导性规范、授权性规范、选择性规范和禁止性规范相对于刑事实体法的实现而言是程序性规范，而相对于负责执法和司法的公安司法机关本身而言则是必须遵守的"实体性"规范。如果不遵守这些"实体性"的程序法

---

① 程序性后果，这一概念由王敏远研究员提出，也可称为程序法后果，即对警察、检察官、法官所实施的程序性违法行为实施程序性制裁。

规范，就会产生相应的法律后果——程序性后果。那么，如何使这些程序性后果得以实现呢？实体性后果或实体法后果实现的途径是我们熟悉的以追求实体性后果的实现（国家刑罚权的实现）为目的的实体法问题裁判（一般意义或传统意义上的刑事诉讼或刑事审判）。那么，程序性后果实现的途径就是以追求程序性后果的实现（即程序性制裁的实现①）为目的的程序法问题裁判。

"程序性裁判"正是上文所提及的以追求程序性后果的实现为目的的"程序法问题裁判"。在程序性裁判中，被告人提出实现程序性后果的诉讼主张②，由法官对"被诉"诉讼行为（程序法事实）进行司法审查，在确定公安司法机关违反刑事诉讼法的基础上，由该机关承担程序性后果（宣告诉讼行为无效或依该诉讼行为取得的成果无效）。

（三）新的刑事诉讼法律关系客体——程序法事实客体

在程序性裁判中，诉讼法律关系的主体仍然是公安机关、检察机关、审判机关和被告人，其权利义务的侧重点却与传统的刑事诉讼法律关系刚好相反。被告人在公安司法机关不遵守依法追诉或依法实施诉讼行为的义务时拥有要求对方承担程序性后果的权利。而公安司法机关则有承受对其"被诉"诉讼行为合法性进行司法审查或程序性裁判的对等义务；在确定负有程序性违法的法律责任时，承受程序性后果（程序性制裁）的对等义务。诉讼行为的合法性事项，典型者如证据收集合法性事项，也就是大家耳熟能详的非法证据排除问题，属于典型的程序法事实（项）。在审判阶段，刑事诉讼法律关系客体的外在形式可以理解为审判对象或裁判对象。审判对象或裁判对象是审判（或裁判）活动所针对的对象，刑事诉讼法律关系客体与其是抽象与具体，实质与形式的关系。③ 程序性裁判的裁判对象是程序法事实，在程序性裁判确立后，新的刑事诉讼法律关系随之出现，此时程序法事实自然成为这个新的刑事诉讼法律关系中的新客体。

为了区别传统的刑事诉讼法律关系（与定罪量刑相关的实体性裁判法律关系），笔者认为可以将在程序性裁判中形成的法律关系称为程序性

---

① 如宣告诉讼行为无效，或排除非法证据。
② 被告人提出实现程序性后果的诉讼主张，这种方式学界称之为"程序性辩护"。
③ 参见马可《刑事诉讼法律关系客体研究》，中国方志出版社2013年版。

裁判法律关系。为了区别传统的刑事诉讼法律关系客体（与定罪量刑相关的实体法事实客体），笔者认为可以将程序性裁判法律关系中的客体称为程序法事实客体。

程序法事实是否属于刑事诉讼法律关系客体的范畴一直是客体概念问题中存在的争议。近年来，对程序性违法进行司法审查，日益受到理论界和实务界关注。笔者以为在刑事诉讼中不仅存在着定罪量刑之诉（实体性裁判），而且存在着司法审查之诉（程序性裁判）。程序性裁判是继实体性裁判之后司法机关的第二种类型的裁判。刑事诉讼法律关系客体研究能够反映刑事诉讼中司法机关裁判对象的新变化。如果在以解决违反刑事实体法的法律后果问题为目的的传统的刑事诉讼法律关系之外，还存在着以解决违反刑事程序法的法律后果问题为目的的新的刑事诉讼法律关系——司法审查之诉（程序性裁判）产生的法律关系，那么，在新的刑事诉讼法律关系中就应该存在新的程序法事实客体。

程序性裁判相当于刑事诉讼中的"行政诉讼"。行政诉讼的本质就是行政相对人对行政机关实施的行政行为的合法性产生怀疑而提起的诉讼，程序性裁判与此非常相似，也是被告人对侦查、起诉、审判机关实施的诉讼行为的合法性产生怀疑而提起的"诉讼"。在行政诉讼中，实行举证责任倒置，由行政机关证明自己的行政行为具有合法性，行政诉讼的提起者（行政相对人）不负有举证责任。在程序性裁判中，也同样实行举证责任倒置，由侦查、起诉、审判机关证明自己的诉讼行为具有合法性。与传统的刑事诉讼法律关系客体不同，程序性裁判法律关系中的程序法事实客体是侦查、公诉和审判等诉讼行为的合法性问题。那么传统的刑事诉讼法律关系客体与程序法事实客体是什么关系呢？笔者认为，应该是主从关系。因为程序性裁判法律关系不是必然存在的，当公安机关、检察机关和审判机关的诉讼行为都合法时，或者虽然不合法但是被告人对该诉讼行为不提起司法审查要求时就不会发生程序性裁判，也就不会产生程序性裁判法律关系，更谈不到程序法事实客体。

第二节　程序法事实裁判与证明的对象

司法实践中，刑事裁判和证明不仅仅针对实体法事实进行，也同样针对程序法事实进行。比如，非法证据排除问题，就是典型的针对程序法事实的证明和认定。非法证据排除解决的问题是某一证据材料是否具有证据能力的问题，也就是证据材料合法性的问题。① 它无关被告人的定罪量刑，显然不是实体法事实的证明和认定问题，但是对这一问题的认定和裁决显然又不能以简单的"行政审批"的方式进行。辩方认为某一证据材料不具有证据能力，即不具有合法性，不是仅仅提出主张即可，而是要对"该证据材料不具有合法性"的命题进行一定程度的初步证明。而控方如果认为该证据材料具有合法性，也不能仅仅向法庭表明态度，而应当对"该证据材料具有合法性"的命题进行高标准的充分的证明。而某一证据材料是否具有证据能力，是否具有合法性，最终要由审判人员加以认定，或者说加以认证和裁判。

无论是辩方的"证明"还是控方的"证明"都是货真价实的"证明"，都包含刑事证明的一系列要素，遵循刑事证明的相应规则，而这种证明又显然不属于实体法事实的证明。所以说，程序法事实同样是诉讼证明的对象，程序法事实证明也是诉讼证明的组成部分。同样道理，审判人员对程序法事实的认定和裁判，也包含刑事裁判的一系列要素，遵循刑事裁判的相应规则，而这种裁判又显然不属于实体法事实的裁判。所以说，程序法事实同样是刑事裁判的对象，程序法事实裁判也是刑事裁判的组成部分。

因此，程序法事实既是刑事诉讼的裁判对象也是刑事证明的证明对象。

一　程序法事实裁判与证明的对象之一——程序性违法引发的程序法争议事实（项）

由程序性违法引发的程序法争议事实（项）包括侦检行为②合法性争议（侦查行为或检察行为合法性争议）和审判行为合法性争议。程序性违法引发的程序法争议事实（项）一般是由于滥用侦查权导致的诉讼行为合法性争议，多为与侦查、检察机关的程序性违法行为相关的事项，因此侦检行为合法性争议事项是本书论述的重点。当然也有与审判机关程序

---

① 这一问题学界一般称为"证据合法性"问题，其实质是取证行为的性质是否符合成立、有效、合法或有理由要求的问题，详见下文。

② 为表述方便，本书将侦查机关和检察机关合称为侦检机关，将侦查行为和检察行为合称为侦检行为。

性违法行为相关的事项,即审判行为合法性争议。鉴于笔者主要致力于探索审判中心主义第二路径的开辟,本书对程序法事实裁判和证明问题的研究重点是与侦查、检察机关公权力行为相关的程序法事项。故而,审判行为合法性争议事项不是本书论述的重点,着眼于文章体系和内部逻辑关系,笔者只会简略介绍。侦检行为合法性争议事项可分为违法取证行为和违法实施的其他侦检行为两类。违法取证行为包括获取言词证据的违法取证行为和获取实物证据的违法取证行为。违法实施的其他侦检行为顾名思义包括违法取证行为之外的违法实施的其他侦检行为,包括违法拘留、违法逮捕、违法扣押、违法冻结等,在将来可能还会出现违法羁押[①]等等。

新修订的《刑事诉讼法》第五十四条规定:"采用刑讯逼供等非法方法收集的犯罪嫌疑人、被告人供述和采用暴力、威胁等非法方法收集的证人证言、被害人陈述,应当予以排除。"《非法证据排除规定》第一条规定:"采用刑讯逼供等非法手段取得的犯罪嫌疑人、被告人供述和采用暴力、威胁等非法手段取得的证人证言、被害人陈述,属于非法言词证据。"第二条规定:"经依法确认的非法言词证据,应当予以排除,不能作为定案的根据。"由上述规定可知,非法言辞证据排除问题是由违法取证这种程序性违法行为引发的,因此属于典型的程序法争议事实(项)。正是由于其典型性,本书会经常以其为例,讨论程序法争议事实(项)的证明问题。为表述方便,笔者在文中一般直接将其称为"非法证据排除"。

我们所说的"非法证据排除",实际上应该是违法取证的后果。在程序性裁判中,法庭首先应当对辩方提出的"控方取证行为是否构成违法取证",即是否构成程序性违法进行认定。在认定该行为构成违法取证的基础上,再对该违法取证行为取得的证据材料是否构成非法证据,是否应当排除进行认定。如果法庭认定该证据材料属于非法证据且无法补救必须排除,此时才对违法取证获取的证据材料加以排除。在相当长的时间内,无论是《刑事诉讼法》(1979年),还是《刑事诉讼法》(1996年修正案)以及最高两院的司法解释都将非法证据界定为依暴力、胁迫、欺骗取得的犯罪嫌疑人及被告人供述、证人证言和被害人陈述,即非法取得的言辞证据,而未对非法取得的实物证据或"毒树之果"(即依非法取得的

[①] 在将来逮捕和羁押分离后,可能还会出现违法羁押的问题。

言辞证据进一步取得的证据材料）加以规定。这就意味着获取言词证据的违法取证行为适用非法证据排除规则，获取实物证据的违法取证行为和获取"毒树之果"的取证行为不适用非法证据排除规则。《非法证据排除规定》的颁布使"非法实物证据"进入了我国非法证据涵盖的范畴。如该解释第十四条规定："物证、书证的取得明显违反法律规定，可能影响公正审判的，应当予以补正或者作出合理解释，否则，该物证、书证不能作为定案的根据。"此后，新修订的《刑事诉讼法》又以法律的形式明确将"非法实物证据"纳入我国非法证据涵盖的范畴。如该法第五十四条规定："……收集物证、书证不符合法定程序，可能严重影响司法公正的，应当予以补正或者作出合理解释；不能补正或者作出合理解释的，对该证据应当予以排除。"

但是必须指出，《非法证据排除规定》也是主要着眼于非法言辞证据。其十五条规定中有十三条针对的是非法言辞证据，只有一条针对非法实物证据[①]。因此，可以说获取言词证据的违法行为是《非法证据排除规定》适用的主要对象，而获取实物证据的违法取证行为目前还处在"欲说还休"的状态。非法实物证据的排除只是在理论上刚刚进入《非法证据排除规定》的视野，在实践中实际上还是未被触及的领域。在非法言辞证据尚且难于排除的司法环境中，非法实物证据的排除更是难于触及的问题，这也许正是《非法证据排除规定》对非法实物证据和获取实物证据的违法取证行为惜墨如金的原因。

新修订的《刑事诉讼法》明确将"非法实物证据"纳入我国非法证据涵盖的范畴，着实是惊人之举，应该说是我国法制的一个巨大进步。不过，在非法言词证据排除尚且步履维艰的司法环境中，一些学者认为这种立法规定显得过于激进，或者说严重与实践脱节。以至于确有学者认为，此种立法在实践中将形同虚设，根本无法实施。

这是因为，我国的刑事诉讼长期以来一直以侦查为中心，目前虽然改变巨大但仍然未形成以审判为中心的模式。侦查作为审判的上游阶段，其质量好坏直接关系下游审判的顺利进行。特别是在我国这种以侦查为中心的刑事诉讼模式下，就更是如此。侦查阶段负责调取证据，侦查阶段调取

---

① 《非法证据排除规定》第十四条规定："物证、书证的取得明显违反法律规定，可能影响公正审判的，应当予以补正或者作出合理解释，否则，该物证、书证不能作为定案的根据。"

的证据直接决定公诉的成败。如果侦查阶段调取证据存在违法取证行为，取得的证据在审判时就会依照非法证据排除无法使用，公诉就会失败。目前我国侦查机关在侦查取证时，人员素质低，取证手段落后，缺乏条例规制，整体上极为粗糙。非法证据排除规定的适用实际上是对我国刑事诉讼的一次巨大冲击。它的初衷虽然是保障被告人人权，促进侦查机关依法取证，但在客观上却也一定会带来放纵真正罪犯的危险。特别是在目前我国粗放式侦查的状态下，以被告人口供为主的侦查模式下，如果严格执行非法证据排除规定，必然会造成大量案件无法定罪，从而严重冲击现行刑事司法实践。在公检法机关面对非法言辞证据排除，就已经疲于应付的情况下，再适用非法实物证据排除，相当比例的案件无法定罪。不夸张地说，现行中国刑事司法实践和中国社会完全无法应对这种冲击。如果不严格执行非法证据排除规定，只将非法实物证据排除作为摆设，以防止出现前述混乱，那么将实物证据纳入非法证据排除规定还有什么意义，这样的立法修改岂非多此一举？法律的权威性又何在？因此笔者认为，新修订的《刑事诉讼法》明确将"非法实物证据"纳入我国非法证据涵盖的范畴，确实体现了我国法制的进步，但是在司法实践中却难于应用，恐将再次成为镜花水月、空中楼阁。①

从注释法学的角度，虽然所有的违法取证行为都可能成为程序性违法引发的程序法争议事实（项）。但是在中国现行刑事司法实践中，实际上只有获取言词证据的违法取证行为才能成为程序性裁判的对象，即程序法事实证明的对象。大量获取实物证据的违法取证行为在实然状态下是未被触及的领域，还不能成为与非法言辞证据排除相类似的程序法争议事实（项），因此也就不能成为程序性裁判和程序法事实证明的对象。在将来的某个时候，在非法证据排除的立法规定真正能够被严格执行的情况下，获取实物证据的违法取证行为才会成为程序法争议事实（项），才会成为程序性裁判和程序法事实证明的对象。

违法实施的其他侦检行为，也可简称为其他违法侦检行为，主要包括：违法拘留、违法逮捕、违法扣押、违法冻结等，在将来可能还会出现违法羁押等等，都关乎犯罪嫌疑人、被告人的人身权和财产权。如果侦检

---

① 当然，笔者的分析是建立在一般性的基础上的。我们不排除在特殊的个案中会适用非法实物证据排除，但这种适用的数量在全国范围内会极其有限，而且该案例可能会饱受争议。

机关违法实施上述行为，该行为受害者有权对该行为提出申诉和控告。在存在着完善的司法审查制度和程序性裁判制度的国家，程序性违法行为的受害者有权就侦检机关实施的上述程序性违法行为提出程序性制裁的请求，如要求司法审查机关（即程序性裁判组织）宣告该诉讼行为无效。司法审查机关（即程序性裁判组织）在受理程序性违法行为受害者请求后，应当进行程序性裁判，上述事项就由此成为程序法争议事实（项），即程序法事实证明的对象。相应的，对这种事项的证明应属于程序法争议事实（项）的证明。目前在我国，违法实施的其他侦检行为还不是程序法事实证明的实然对象。

违法取证行为和违法实施的其他侦检行为有两点主要的不同之处：第一个不同之处是，违法取证行为是与获取言辞证据和实物证据密切相关的侦检行为；而违法实施的其他侦检行为不是违法取证行为，但是是违反刑事诉讼法，侵犯公民合法权益的程序性违法行为。第二个不同之处是二者的程序性制裁后果不同。针对违法取证行为的程序性制裁不在于宣告违法取证行为本身无效，而在于排除违法取证行为获取的非法证据，我国的非法言辞证据排除就是很好的例子。针对违法实施的其他侦检行为的程序性制裁在于宣告该违法侦检行为本身的无效，在于撤销或终止该违法侦检行为本身。如违法冻结的程序性制裁就是解除违法冻结，违法逮捕（不符合逮捕条件而实施逮捕）的程序性制裁就是解除逮捕措施，违法起诉（不符合公诉条件而提起公诉）的程序性制裁就是撤销起诉。总之，制裁后果是宣告该违法诉讼行为本身的无效，撤销或终止该诉讼行为本身。因此，违法取证行为的程序性制裁是对诉讼行为结果的否定评价，而违法实施的其他侦检行为的程序性制裁是对诉讼行为本身的否定评价。

二 程序法事实裁判与证明的对象之二——非程序性违法引发的程序法争议事实（项）

程序法争议事实（项）包括但不仅限于程序性违法引发的程序法争议事实（项），实际上还可以包括非程序性违法引发的程序法争议事实（项）。非程序性违法引发的程序法争议事实（项）可包括未决羁押的决定、延长和解除与回避争议以及刑事案件管辖异议这三种事项。这三种事项在本质上属于广义的程序法请求事实（项），但因存在控辩双方的程序性争议，且关乎当事人重大诉讼利益，并可能对实体法事实裁判产生一定影响，故而笔者认为应当将其归入程序法争议事实（项）。同时，这三种事项的证明一般在完整形式的程序性裁判中完成，即存在三方主体，两个方向相反的证明，符合程序法争议事实（项）证明的一般特征。故而虽不存在程序性违法，笔者认为也应当将其纳入程序法争议事实（项）证明的范畴中。为区别以非法证据排除为代表的程序性违法引发的程序法争议事实（项）的证明，此类事项的证明可称为非程序性违法引发的程序法争议事实（项）的证明。

（一）未决羁押的决定、延长和解除

在绝大多数英美法系国家和大陆法系国家，逮捕与未决羁押在适用程序方面是明显分离的。逮捕不过是以强制方式使犯罪嫌疑人到案的一种措施，它一般只会带来较短时间的人身自由的剥夺。在逮捕后法定的短暂羁押期限结束后，犯罪嫌疑人必须被送交司法官员，由司法官员根据案件是否具备未决羁押的理由和条件，做出是否进行未决羁押的决定或命令。逮捕与未决羁押构成了两个相互独立的程序[①]，是两种相互独立的措施。[②] 逮捕的功能和目的是强制犯罪嫌疑人到案，对犯罪嫌疑人进行讯问，正式启动刑事侦查程序。而未决羁押的功能和目的是排除诉讼妨碍，确保犯罪嫌疑人参加诉讼，消除社会危险性。二者剥夺犯罪嫌疑人人身自由的时间差别很大，逮捕所限制犯罪嫌疑人人身自由的时间一般非常短，最长不应超过三天[③]；而未决羁押限制人身自由的时间则较长，而且经司法官员决定还可以延长。

在我国，未决羁押不是一种法定的独立的强制措施，是由刑事拘留和逮捕的适用所带来的持续限制犯罪嫌疑人、被告人人身自由的当然状态和必然结果。不同于西方国家逮捕与未决羁押分离的制度设计，我国实行捕押合一的制度，而这种逮捕与未决羁押二合为一的设置造成了一系列问题。

笔者认为，在应然状态下，逮捕和未决羁押应当分离。逮捕与未决羁押的性质差异，很多学者都有所论述，笔者在此就不再赘述。在这里，仅

[①] 西方国家的无证逮捕在某种程度上相当于我国的拘留，它与未决羁押的关系和逮捕与未决羁押的关系相似，亦是两个彼此独立的措施。

[②] 在美国，逮捕属于强制措施，而未决羁押甚至不被视为强制措施的一种，二者具有明显不同的性质；法、德等大陆法系国家把逮捕和未决羁押视为两种强制措施，性质亦不相同，这和英美法系国家的规定有异曲同工之妙。

[③] 参见联合国《公民权利和政治权利公约》的规定。

从程序法事实证明的角度，来分析二者的不同，相信这种分析应当还没有人做过。

笔者认为，分离后的逮捕（即法治发达国家通常意义上的逮捕）属于控方程序法请求事实（项），而未决羁押应属于非程序性违法引发的程序法争议事实（项）。

第一，未决羁押对人身自由剥夺的时间长、强度大，域外法治国家都将其归入事前司法审查的范畴。由法官在听取控辩双方意见的基础上，对是否应当适用羁押、是否应当延长羁押以及是否应当解除羁押进行裁决。在这个裁决过程中，存在着控辩裁三方主体和控辩双方就是否应当羁押进行的两个针锋相对的证明。也就是说，未决羁押事项的证明是在完整形式的程序性裁判中完成的，符合程序法争议事实（项）证明的一般特点。因而，应当将未决羁押事项（未决羁押的决定、延长和解除）归入程序法争议事实（项）而非程序法请求事实（项）。

第二，控方程序法请求事实（项），是控方对实施某一诉讼行为提出的请求。控方程序法请求事实（项）的证明，是控方对实施该诉讼行为具有合法性，即符合法定条件进行的证明。申请逮捕事项，在我国称为申请批准逮捕，是侦查机关就实施逮捕行为向司法机关（在我国是检察机关）提出的请求。对申请逮捕事项的证明，是侦查机关对实施逮捕行为具有合法性，符合逮捕法定条件进行的证明。因此，申请逮捕事项应当是控方程序法请求事实（项）。非程序性违法行为引发的程序法争议事实（项）包括控辩双方分别申请实施的两种诉讼行为，其本质是两种诉讼行为取舍的争议。非程序性违法引发的程序法争议事实（项）证明的目的就是确认哪一种诉讼行为具有合法性，应当选择适用。当侦查机关认为应当对犯罪嫌疑人实施未决羁押时，辩护人认为应当对犯罪嫌疑人实施取保候审。此时，就需要控辩双方对其主张实施的诉讼行为进行证明。也就是要通过双方证明确认实施未决羁押这一诉讼行为具有合法性，还是实施取保候审这一诉讼行为具有合法性。① 司法机关应当在双方证明的基础上进

---

① 笔者之所以在此处将这一问题表述为"哪一种更加具有合法性"，而不是"哪一种更加具有合理性"，其原因在于讨论诉讼行为合理性的基础是大量可供选择的替代手段，且替代手段应由强到弱呈现阶梯状排列。目前我国不存在这样可供充分选择的可替代手段，而且现存替代手段也不具备由强到弱的阶梯状排列的条件。所以，笔者认为现阶段还无法讨论诉讼行为的合理性问题，只具备就诉讼行为的合法性进行讨论的理论和制度基础。

行程序性裁判，由司法机关最终选择实施未决羁押还是取保候审。可见，未决羁押事项（未决羁押的决定、延长和解除）应当是一个非程序性违法引发的程序法争议事实（项）。

笔者认为，应当借鉴域外合理制度改革我国现行逮捕措施，将逮捕与未决羁押分离。在逮捕与未决羁押分离后，申请批准逮捕仍然属于控方程序法请求事实（项）。而未决羁押的决定、延长及解除则应当属于程序法争议事实（项），应当依照程序法争议事实（项）的证明程序进行证明，依照完整形式的程序性裁判机制进行裁判。如果将未决羁押的决定、延长及解除归为程序法争议事实（项），那么程序法争议事实（项）的外延在界定时就将包括程序性违法引发的程序法争议事实（项）和非程序性违法引发的程序法争议事实（项）两种，程序性违法的有无也就不再是判断某一程序法事项是否属于程序法争议事实（项）的唯一标准了。

（二）回避争议事项

回避关乎案件的公正审判，世界各国均对该问题非常重视。回避包括无因回避和有因回避。我国回避制度没有无因回避的规定，奉行的是有因回避。虽然刑事诉讼法和相关司法解释对回避理由有严格详尽的规定，但在"如何证明回避理由""由谁证明""证明到何种程度"等问题上没有具有可操作性的规定。[①] 对辩方提出回避要求后，控方或被申请回避者不服，如何反驳的问题更未规定。控辩双方也不能在存在回避争议时，在同一时空、同一程序中向回避决定机构同时提出主张，说明理由，对证据材料加以质证，或进行辩论。笔者认为，单纯的回避申请应属于辩方程序法请求事实（项），但当回避申请引发程序性争议（即就是否回避问题双方存在相反主张），需要控辩双方各自证明其主张时，该程序性事项就从单纯的回避申请事项变成了回避争议事项，成为非程序性违法引发的程序法争议事实（项）。此时，应当按照程序法争议事实（项）的一般证明规则进行证明。但是，我国对回避申请事项的决定，实际上仍然处于有裁判无证明的行政审查或行政审批状态。对回避争议事项的决定就更谈不上诉讼化的司法审查和程序性裁判了，当然更遑论程序法事实的证明。由于回避

---

① 单纯的申请回避应属于程序性请求事实，但当回避申请引发争议，需要控辩双方各自证明其主张时，该程序性事项就从单纯的申请回避事项变成了回避争议事项，即成为程序性争议事项，应当按照程序性争议事项的证明规则进行证明。

争议事项的重要性，行政审批式的裁决往往不利于发现事实真相，其公正性也饱受质疑。故而笔者认为应当将存在程序性争议的回避争议事项纳入非程序性违法引发的程序法争议事实（项）证明的范畴，通过以程序性裁判方式进行的（而非以行政审批方式进行的）司法审查对回避争议事项进行裁决。即将回避争议事项作为程序法事实证明的对象，在存在控辩裁三方主体和控辩双方对抗的完整形式的程序性裁判中完成其证明。

（三）刑事案件管辖异议事项

刑事案件的管辖异议是近几年学者们提出的一个争鸣问题，它与回避问题密切相关。如果回避申请只涉及审判机关的某个个人时我们称之为"回避"。而如果回避涉及该审判机关的全体人员时，则可以称为"刑事案件管辖异议"。这种刑事案件的管辖异议不同于民事案件的管辖异议，并不主要解决某一审判机关的刑事管辖权问题，它所关注的是某一审判机关作为一个整体与某一刑事案件的利害关系以及如何避免这种利害关系对案件的处理产生不公正的影响。显然，这种刑事案件的管辖异议在性质上比回避争议事项要严重的多。但是，如果说回避还有一套类似于行政审批的程序的话，那么刑事管辖异议则连基本概念都尚未被国家立法和司法机关所接受，更无相应的司法审查制度和证明程序，属于我国刑事诉讼和刑事证明中的一个空白领域。前面，我们谈到回避争议事项应当归为非程序性违法引发的程序法争议事实（项），应当作为程序法事实证明的对象，在存在控辩裁三方主体和控辩双方对抗的完整形式的程序性裁判中完成其证明。那么刑事管辖异议事项就更应当归为非程序性违法引发的程序法争议事实（项），作为程序法事实证明的对象，通过以程序性裁判方式进行的（而非以行政审批方式进行的）司法审查对其进行裁决，在存在控辩裁三方主体和控辩双方对抗的完整形式的程序性裁判中完成其证明。

三 程序法事实裁判与证明的对象之三——控方程序法请求事实（项）

控方的程序法请求事实（项）[①] 多为强制措施和强制性措施，或曰强

---

① 广义的控方包括侦查机关和检察机关，控方的程序性请求事项包括侦查机关和检察机关各自的程序性请求事项。

制性侦查行为，如申请逮捕、申请搜查、申请秘密监听①等。控方程序法请求事实（项）成为程序法事实证明的对象，意味着侦检机关实施上述强制性侦查行为前，必须对实施该强制性侦查行为的合法性进行证明。如侦查机关准备对某甲实施逮捕，则其首先应向司法审查机关②提出实施逮捕行为的程序法请求，然后应向司法审查机关证明其实施逮捕行为符合逮捕的法定适用条件，即实施逮捕行为具有合法性。此时，侦检机关不能仅仅说明理由，还负担证明责任，必须对其程序法请求的合法性举证加以证明。而且其证明还必须达到一定的证明标准，才能卸下证明责任，其程序法请求才能获得司法审查机关的批准。控方程序法请求事实（项）作为程序法事实证明对象的意义非常重大，一方面可以有效防范侦检机关公权力的滥用，另一方面可以对公民宪法基本权利③加以保护。我国宪法对公民基本权利有一系列规定，与刑事诉讼相关的若干公民基本权利主要保障公民的人身自由和合法的私有财产不受非法侵犯。而控方程序法请求事实（项）多为强制性侦查行为，实施任何一种都意味着对犯罪嫌疑人、被告人人身权或财产权的限制，亦即对公民宪法基本权利的限制。因此在采取上述措施时不能随心所欲，必须严格遵守宪法和刑事诉讼法的规定。要求侦检机关说明其采取强制性侦查行为所依据的事实和理由，对其程序法请求事实（项）的合法性进行证明，就显得非常重要。目前，我国仅在侦查机关采取逮捕措施前需要向外部审查机关提出申请，而采取取保候审、监视居住、搜查、扣押、秘密监听等措施前都不需要向外部审查机关提出申请，只由本机关进行内部行政审批。这种做法虽然方便了侦查，却也使侦查权过度膨胀，为侦查权的恣意使用打开了方便之门，造成宪法规定的公民人身权和财产权在审前阶段，特别是侦查阶段中经常受到侵犯。因此，要求侦检机关，特别是侦查机关遵循司法审查原则，对其程序法请求

---

① 2012年修订的《刑事诉讼法》增加了关于技术侦查的规定，目前主要包括但不限于下列种类：秘密监听、邮件检查、特勤秘密侦查和控制下交付，鉴于秘密监听最具有典型性，故而笔者在后文中以其举例。

② 审查批准逮捕的司法审查机关在域外多为法院，在我国审查批准逮捕的机关是检察机关，检察机关能否作为司法审查机关在学界有不同意见。

③ 宪法基本权利是权利体系的核心，意指由宪法确认的国家强制力保障实施的个人在社会的政治、经济和文化等方面不可缺少的权利。本书中的公民宪法基本权利一般特指与刑事诉讼有关的宪法基本权利。

事实（项）进行程序法事实证明，应该是我国法制现代化建设的必由之路。通俗地讲，侦检机关不仅应提出"我要抓人"的申请，还要说明"我为什么要抓人"和"我抓人依据的事实是什么"，最终还必须要证明"我抓人是合法的。"只有这样，才能使侦检机关实施强制性侦查行为有法可依，有法必依，才能更好地平衡打击犯罪与保障人权这两种价值，使公民的宪法基本权利不受肆意侵犯。

四　程序法事实裁判与证明的对象之四——辩方程序法请求事实（项）

狭义的辩方程序法请求事实（项）应包括申请恢复诉讼期间、申请证据保全和申请证据调取等。广义的辩方程序法请求事实（项）还应包括未决羁押事项、回避争议事项以及刑事管辖异议事项。实际上非程序性违法引发的程序法争议事实（项）与辩方程序法请求事实（项）的界限有时难以分清，大多数非程序性违法引发的程序法争议事实（项）都由辩方提出，而辩方提出该事项时，该事项往往以辩方程序法请求事实（项）的形式存在，在为裁判方接纳并确认为程序性争议后才以程序法争议事实（项）的形式存在。也就是说，大多数非程序性违法引发的程序法争议事实（项）其实都是以辩方提出的程序法请求事实（项）为基础的，或者说大多数非程序性违法引发的程序法争议事实（项）的实质就是辩方程序法请求事实（项）。本书中所讨论的辩方程序法请求事实（项）指的是狭义的辩方程序法请求事实（项），是指刨除了辩方所提出的程序法争议事实（项）之外的其他的程序法请求事实（项）。主要是指申请恢复诉讼期间、申请调取证据和申请证据保全等等。根据前文的论述，未决羁押事项、回避争议事项以及刑事管辖异议事项都应当成为非程序性违法引发的程序法争议事实（项），这也就意味着狭义的辩方程序法请求事实（项）并不太多。无论是广义上的辩方程序法请求事实（项）还是狭义上的辩方程序法请求事实（项），都体现出了辩方的刑事诉权。

未决羁押事项的性质比较特殊，不能将它的实质一概表述为辩方程序法请求事实（项）。未决羁押事项，即未决羁押的决定、延长和解除问题，在有些时候是控方提出申请，在有些时候是辩方提出申请。在逮捕与羁押分离后，依照法治发达国家的通行做法，当犯罪嫌疑人被逮捕后，是否羁押应当由司法审查机关决定。此时，控方可以提出未决羁押申请，要求司法审查机关批准对犯罪嫌疑人进行羁押;而辩方也可以提出取保候审(或监视居住)申请,要求司法审查机关批准对犯罪嫌疑人实施取保候审(或监视居住)。无论是控方提出的申请还是辩方提出的申请,一般而言,都不会得到对方的同意,这样就会形成程序性争议,即非程序性违法引发的程序性争议。司法审查机关则应对这一程序法争议事实(项)进行程序性裁判。未决羁押的延长一般由控方提出,辩方显然会持反对意见,而未决羁押的解除则由辩方提出,控方一般会持反对意见,这两种情况和未决羁押的决定一样,都会引发非程序性违法的程序性争议,都需要控辩双方进行程序法争议事实(项)的证明。由于未决羁押事项涉及未决羁押的决定、延长和解除等三个问题,实际上是一个非程序性违法引发程序法争议事实(项)的集合体,有些情况会由控方提出申请,有些情况会由辩方提出申请。因此不能将未决羁押事项的实质表述为一种辩方程序性请求,这也是与实际不符的。

但是除未决羁押事项之外,其他的非程序性违法引发的程序法争议事实(项)如回避争议事项、刑事管辖异议事项,一般都具有这样的性质。

辩方的程序性请求行为同控方的程序性请求行为一样,具有启动诉讼程序或诉讼行为的功能,但也有不同之处。

首先,控辩双方程序法请求事实(项)建立的权力(利)基础不同。控方程序性请求行为的权力基础是国家赋予其的公权力,来源于其追究刑事犯罪的职权;而辩方程序性请求行为的权利基础是公民的刑事诉权,来源于宪法赋予其的基本权利,表现为对自身诉讼权利的承认、变更和放弃。一者为权力,一者为权利;一者不能放弃,一者可以放弃。

其次,控方程序法请求事实(项)证明和辩方程序法请求事实(项)证明的目的不同。控方程序法请求事实(项)的权力基础是国家赋予其的公权力,既然是公权力,就有滥用的可能,就需要规范和限制。建立控方程序性请求证明制度,要求控方证明其程序性请求合法性的目的正是为防止公权力的滥用和对私权利的非法侵犯。辩方程序法请求事实(项)的权利基础是公民的刑事诉权。既然要规制公权力,就必须保障(甚至扩大)私权利,用私权利平衡公权力。因此,建立辩方程序性请求证明制度,并规定辩方较低的证明标准,较少的(必要时可以转移的)证明责任,则是为督促、鼓励辩方行使刑事诉权,维护自身权益,通过行使诉权对国家公权力①加以制约。辩方程序法请求事实（项）证明的实质是赋予辩方一个制度化的平台，使之能够在刑事诉讼体制内"为权利而斗争"。

针对这一问题，笔者展开论述。对辩方刑事诉权的保障主要是确保辩方可以有效地参与到刑事诉讼进程中来，对刑事诉讼的发展施加影响，参与关乎自身权益的诉讼结果的形成。具体而言，就是保障辩方能够依照程序启动相关诉讼行为，实现其诉讼主张。辩方诉讼主张的实现一方面要靠其直接实施一定诉讼行为；另一方面要靠其向法院等公权力机关提出申请，间接地通过法院等公权力机关实施一定诉讼行为。能够由辩方直接实施的诉讼行为数量很少，主要是辩护和上诉。而由辩方通过申请而间接实施的诉讼行为则数量众多，如申请回避、申请证据保全、申请调取证据、申请恢复或延长诉讼期间、申请抗诉等。可以说，辩方诉讼主张的实现方式主要是靠申请法院等公权力机关实施这种间接方式。

在绝大多数时候，当事人诉权只能依赖于审判权等公权力的实施才能实现。如何保证当事人在行使诉权时能够相应地促使审判权等公权力启动并作为，就是一个重要的技术性问题。它为辩方刑事诉权与审判权等公权力找到了合理的衔接方法。

那么，保障辩方诉讼主张的实现，进而保障辩方诉权的实现，就必须保证辩方申请法院等公权力机关实施诉讼行为，启动诉讼程序的渠道通畅。有申请，就有审查，有合法性，就应被批准。而不应使这种间接实施方式困难重重，以至于形同虚设。

因此，设置辩方程序法请求事实（项）证明的意义就在于为辩方的这种对诉讼行为的这种间接启动具有制度化保障。其程序是由辩方提出程序性请求，同时对其程序性请求的合法性进行简单的证明，继而由法院等司法机关加以审查，只要具有合法性，就应当批准辩方程序性请求，由法院等公权力机关代为实施辩方程序性请求涉及的诉讼行为。这种制度强调的不是辩方应当对其程序性请求加以证明和如何证明，而是只要辩方证明达到法定标准，公权力机关就必须毫不迟疑地批准并予以实施。保证司法机关接受辩方申请后无推诿的批准和实施，是辩方程序法请求事实（项）

---

① 刑事诉讼中的国家公权力包括侦查权、检察权和审判权，一般认为其中的侦查权和检察权都属于具有一定行政性质的公权力，在本书中笔者将其合称为侦检权。

证明制度的真正目的所在，归根结底是对辩方诉权的保障。

辩方的程序性请求证明制度更多的是对辩方行使刑事诉权的保障和督促，通过这一制度促进辩方行使诉权，保障自身诉讼权利的实现。但是同时，辩方程序性请求证明制度也可以起到防止辩方滥用诉权的作用。任何事物都不能只着眼一面，强调防止公权力滥用，鼓励当事人行使刑事诉权的同时，也应防止刑事诉权的滥用，确保刑事诉讼进程不被无端干扰。所以，在辩方提出某项程序性请求时，同样被要求对该程序法请求事实（项）的合法性进行证明。通过这种方式可以有效地规范诉权的行使，防止诉权的滥用。

第三节　程序法事实裁判与证明的意义

一　程序法事实裁判与证明提供了程序法事项裁决的理论依据

程序法事实证明可以解决我国司法实践中长期存在的大量程序法事项裁决"无法可依""无理（论）可依"的局面。

在侦查阶段、审查起诉阶段和审判阶段，存在着大量的程序法事项，这些程序法事项必须一一加以解决，才能使刑事诉讼正常进行。长期以来，众多程序法事项的裁决处于"无法可依"或"无理（论）可依"的状态。取保候审、监视居住、搜查、冻结、秘密监听等大量程序法请求事实（项）由侦查机关或检察机关自行决定，而且是以内部行政审批式的方式决定。同样的程序法事项，在域外却往往由法官决定，其形式一般是司法裁判性质的司法审查[①]。那么，我国侦检机关对上述程序法事项行政审批式的裁决方式的理论依据何在呢？恐怕很难说清。《非法证据排除规定》颁布之后，对非法言辞证据排除（即言辞证据合法性争议事项）的

[①] 笔者认为，司法审查可分为事前司法审查和事后司法审查。事前司法审查主要发生在审前阶段，主要是对侦检机关提出的程序性请求事项的审查。多为侦检机关提出实施某种强制性侦查行为的申请，由法官对实施该行为是否具有合法性，即是否符合法定条件进行审查。事后司法审查，也可称为程序性争议事项的司法审查，主要是对诉讼行为合法性的事后审查。一般由辩方提出对某一诉讼行为合法性的审查要求，由法官进行审查，有时法官也可依职权主动进行审查。如果该诉讼行为不合法，则实施程序性制裁。详见第三章第二节司法审查的概念。本处为事前司法审查，本质即不完整形式的程序性裁判，后文详述。

司法审查从此有法可依①，但大量其他由程序性违法引发的程序法争议事实（项）的司法解决仍然遥遥无期。比如违法搜查、违法扣押、违法拘留、违法逮捕、超期羁押等侦查行为合法性争议就根本不是我国司法审查的对象，针对这些程序性违法行为的程序性制裁完全处于告状无门、无法可依的状态。程序法事实证明能够很好地解决这一问题。首先，针对上文列举的一系列的控方程序法请求事实（项），程序法事实证明理论解决了其"无理（论）可依"的局面。根据这一理论，限制公民人身权、财产权等宪法基本权利的强制性侦查行为必须向中立的第三方（最好是法院，在实然状态中检察机关也是替代性的选择）进行证明，而不能由侦查机关依内部行政程序自行决定。第二，针对大量程序性违法引发的程序法争议事实（项），程序法事实证明理论则给出了将其列为我国司法审查②对象的法理依据，使针对这些程序性违法行为提出司法审查之诉成为可能。同时，也使对这些问题进行专门立法或司法解释具有了坚实的理论依据，从而使得这些程序法事项的解决在将来的某一天可以"有法可依"。

　　运用司法权对审前阶段的侦查行为、检察行为进行审查，以规制侦检权力滥用是域外的普遍做法，也是国内学者的普遍主张。很多学者指出应当将强制措施和强制性措施的启动纳入司法审查的范畴，由法院以事前司法审查而不是行政审批的方式进行裁决。这也就意味着，审查批准逮捕不应由检察机关负责，而应由法院负责；取保候审、监视居住、搜查、秘密监听等其他强制措施或强制性措施必须结束侦查机关（检察机关）内部行政审批的状态，交由法院进行事前司法审查。程序法事实证明理论为这种可能的转变提供了良好的证据法理论基础。及时的回答了为什么针对程序法事项的裁决不能按照从前行政审批（内部行政审批或外部行政审批）的方式，而应当以证明为基础，以事前司法审查的形式进行司法性裁决的问题。同时，回答了这种事前司法审查的主体应当是谁（法院），应当以什么样的方法进行（依照证据裁判原则，以控方或辩方证明，法官认证的方式进行）。显然，对于司法审查制度在我国的确立具有深远的理论意义。同时，从实然角度来看，在司法审查制度未建立以前，程序法事实证明对证明责任、证明标准、证明方法等一系列证明要素的阐述，有助于规

---

① 非法实物证据的排除在理论上似乎有法可依，但在实际上还处于可望而不可即的状态。
② 事后司法审查，本质即完整形式的程序性裁判，后文详述。

范目前存在的侦查机关、检察机关对取保候审、监视居住、搜查、秘密监听等强制措施或强制性措施的内部审查程序，以及检察机关负责的审查批准逮捕程序。在程序法事实证明理论的指导下，这些针对程序法事项的内部和外部行政审批程序或者可以有章可循，或者能够得以改善和健全。这在司法实践中将具有重大的现实意义，是规制我国侦检机关审前诉讼行为的现实选择，具有较强的可操作性，也许正是我国刑事诉讼制度体制内改革的一种有益思路。

二　程序法事实裁判与证明有利于规制侦检权力的运用

侦检权是指侦查机关和检察机关行使的侦查权和公诉权，这类权力是具有行政性质的公权力，以侦查权为典型代表。侦查机关和检察机关负有对犯罪进行侦查、起诉的职责，追求刑事实体法的实现，共同组成了所谓"控方"。公安机关是我国的治安保卫机关，性质上属于行政机关，其他侦查机关也大都具有行政机关性质。但检察机关的性质争议较大，我国宪法规定检察机关的性质是司法机关，学界则多认为其具有或至少在一定程度上具有行政机关的性质。笔者无意对检察机关的性质加以讨论，只是在分析程序法事实证明问题时倾向于更多地关注检察机关表现出的行政机关性质的一面，故暂且将其与公安机关等显然具有行政机关性质的侦查机关归为一类，合称侦检机关，一同分析其共性。

因其行政机关性质，侦检机关更多关注效率价值，与司法机关对公正价值的优位关注存在一定差别。为侦破犯罪和顺利起诉，在司法实践中确实存在着一些侦检机关，特别是侦查机关违法办案的现象。刑讯逼供、暴力取证、超期羁押屡禁不止，拘留、搜查、扣押、冻结、秘密监听随意运用。审前阶段，特别是侦查阶段是公民人身权、财产权和诉讼权利受侵犯最严重的阶段。行政性质公权力的专横不仅在刑事诉讼中有如此表现，在宪政层面亦然。世界各国都存在着行政权的专横问题，行政专横往往表现为代表国家行政公权力的行政机关对行政相对方（多为公民）的压迫，对公民权利的侵犯。在刑事诉讼中则表现为代表国家追诉犯罪的侦查、检察机关在行使公权力时侵犯相对方[①]的正当权利，或在实施诉讼行为时不遵守刑事诉讼法的规定，甚至公然实施程序性违法行为。世界各国为规制

---

① 主要是犯罪嫌疑人（被告人）及其法定代理人、辩护人。

侦检权力的滥用，建立了各种制度。这些制度各有特色，但却有一个重要的共同点，就是一般都要求侦检机关对其侦查行为或公诉行为的合法性进行证明。比如：为了防止侦查机关随意对公民采取强制措施或强制性措施，英美法系国家建立了令状制度，大陆法系国家建立了二级预审法官制度，由法官对侦查机关准备实施的强制措施或强制性措施进行审查。此时侦查机关不但要提出强制措施或强制性措施的实施请求，而且要向法官证明实施该强制措施或强制性措施符合法定条件，即具有合法性。再比如，为了防止侦查机关实施程序性违法行为，英美法系国家建立了非法证据排除制度，大陆法系国家建立了诉讼行为无效制度。当辩方认为侦检机关的诉讼行为存在程序性违法时，可以提起司法审查之诉，此时侦检机关必须对自己诉讼行为的合法性进行证明。无论是申请实施某一强制措施或某一强制性措施前的证明，还是对已实施诉讼行为合法性的证明，侦检机关都要通过证明使司法审查机关确认其诉讼行为的合法性。通过这种方式，行政性质的侦检权得到了较好的控制，再也不能随心所欲地使用，而只能遵守程序法，以"合法"的形式"依法"使用。在这个过程中，侦检机关对其自身诉讼行为合法性的证明，性质就是程序法事实的证明。由此可见，程序法事实证明能够很好地约束侦检机关的诉讼行为，使之在合法的轨道上运行，对规制侦检权等行政性质公权力的滥用可以起到实质性的遏制作用。

三 程序法事实裁判与证明可以促进司法裁判权的延伸

在我国现行刑事司法职权配置中，法院拥有司法裁判权，但法院的这种司法裁判权仅限于审判阶段，不能在审前阶段行使，故称为审判权。同时这种司法裁判权裁判的对象主要是与定罪量刑有关的实体法事项，大多数与程序性违法有关的程序法事项不属于其裁判的对象①。其他国家的法院除去审判权②之外，其司法职权往往还包括以下几种：A 在审前阶段，对侦查机关、检察机关提出的程序性请求（往往是申请实施强制措施、

---

① 上级法院对下级法院的程序性违法行为可以加以裁判，但一般而言对在审判阶段提出的有关审前侦检行为违法之类的程序法事项却无权裁判，而此类事项却是程序性违法行为的主要组成。

② 在审判阶段对被告人进行实体性审判的权力。

强制性措施①的请求）进行事前司法审查，决定是否批准的职权。B 对辩方提出的侦检机关的程序性违法行为进行事后司法审查，对违法诉讼行为的效力进行裁决的职权②。C 对较长时间剥夺公民人身自由的未决羁押的决定、延长和解除这类非程序性违法引发的程序法争议事实（项），也由法院进行司法审查，依职权决定是否批准。D 对检察机关准备起诉的刑事案件进行形式审和实体审，以决定法院是否受理该案的职权。E 依案件性质轻重分流案件，由不同性质、级别法院审理的职权。F 对违警罪案件或微罪案件进行实体性审理的职权③。一般而言，域外法院都拥有这六种审判权以外的职权。其中，后三种职权与本书关系不大，而前三种职权则是与程序法事实证明紧密相关的职权。法院对控辩双方程序法请求事实（项）的审查和对侦检机关程序性违法行为的审查，以及对非程序性违法引发的程序法争议事实（项）的审查，其性质都是对程序法事项的司法审查，也就是对程序法事项的程序性裁判。

而无论是实体性裁判还是程序性裁判，都要遵循证据裁判原则，以控辩双方的证明④为裁判的基础。因此，程序法事实证明就与法院这种对程序法事项的司法审查职权紧密地联系起来。可以这样讲，只要存在法院对程序法事项进行司法审查的职权，就必须以程序法事实证明为基础；反过来说，只要有程序法事实证明存在，就必然要求法院针对程序法事项行使司法审查的职权。可以想象，当程序法事实证明在我国有了广为接受的理论地位之后，必然会推进针对程序法事项的司法审查的开展，而这也必将使法院现有的司法裁判权从实体法事项领域向程序法事项领域延伸。

由于侦检机关的程序性违法行为主要发生在审前阶段，因此对这些程序法事项的事后司法审查实际上也同时是针对审前阶段诉讼行为的司法审查。虽然，针对侦检机关诉讼行为合法性的司法审查本身可能在审判阶段

---

① 强制措施和强制性措施包括拘传、取保候审、监视居住、拘留、逮捕 5 种强制措施和搜查、扣押、冻结、秘密监听等各种强制性措施，涵盖侦查机关和检察机关在审前阶段为追诉犯罪可以使用的各种强制性措施，又称为强制性侦查行为，强制性侦查措施，本书交替使用这三个概念。

② 除此之外，二审法院还拥有对初审法院审判违法行为进行司法审查，对违法审判行为的效力进行裁决的职权。

③ 这两类案件相当于我国适用劳动教养和行政拘留的案件。

④ 在程序性请求事项的证明中绝大多数情况下只存在控辩双方中的一方。

进行，但这种司法审查针对的程序法事项却是实实在在的审前诉讼行为。而法院对控辩双方程序法请求事实（项）的事前司法审查，更是直接将司法裁判权延伸至审前阶段，完全改变了法院仅仅在审判阶段行使审判权，而不直接介入审前阶段的传统态势。

  根据上文的分析我们可以发现，在域外司法实践中，程序法事实证明客观上推动了司法裁判权向程序法事项领域和审前阶段这两个方向的扩张和延伸。这实际上为未来我国法院扩大司法职权提供了一定的理论基础和可借鉴的实践经验。

第三章

程序法事实裁判概述

第一节 程序法事实裁判——程序性裁判

程序法事实裁判,即程序性裁判,鉴于其已经是刑事诉讼法学界广泛研究的问题,笔者为免赘述不再对程序法事实裁判重新定义,直接沿用程序性裁判的定义。

一 程序性裁判的定义

程序性裁判的提法始见于台湾学者林山田、张丽卿等人的著作中,又称形式裁判、诉讼裁判(参见林山田《刑事诉讼法》,汉荣书局有限公司1981年版,第235页;张丽卿《刑事诉讼法理论与运用》,台湾五南图书出版有限公司2000年版,第332页)。[①] 国内最先见于北大陈瑞华教授的《司法权的性质》《刑事侦查构造之比较研究》等论文,其所下定义为"程序性裁判是司法机关就诉讼中所涉及的事项是否合乎程序规则所进行的裁判活动"。[②]

二 程序性裁判与实体性裁判的联系与区别

程序性裁判是相对于实体性裁判的一个概念。它独立于实体性裁判存在,被形象地称为"案中案","诉中诉",它与实体性裁判的联系与区别

[①] 葛琳:《论刑事诉讼中的程序性裁判机制》,硕士学位论文,中国政法大学,2005年。

[②] 也有学者对此概念作广义理解,认为"公安司法机关所作的一切有关程序问题的决定都可以称为程序性裁判",参见陈永生《论刑事诉讼法的可诉性》,《华东政法学院学报》2001年第2期。本书采用陈瑞华教授所下定义。

如下：

1. 实体性裁判的对象是实体法事实，是与犯罪构成要件相关的事实，程序性裁判的对象是程序法事实，是与定罪量刑无关的事实。实体性裁判解决的问题是被告人是否有罪的问题，程序性裁判解决的是公权力机关的诉讼行为是否合法等问题。在实体性裁判中，控方由检察机关担当，公安机关支持检察机关的公诉行为，辩方由被告人及其法定代理人、辩护人、附带民事诉讼诉讼代理人组成。控方提出诉讼主张指控被告人有罪，处于攻击地位；辩方处于被指控和追诉的地位，为防御一方。而在程序性裁判中，辩方（被告人及其法定代理人、辩护人、附带民事诉讼诉讼代理人）提出诉讼主张，"指控"控方（公诉机关或侦查机关）程序违法，处于攻击地位；控方则处于被"指控"的地位，为防御一方，也就是说程序性裁判中控辩双方的地位和职能与实体性裁判中控辩双方的地位和职能恰恰相反。

2. 程序性裁判组织与实体性裁判组织在某些情况下由同一审判组织担任，但在大多数情况下彼此独立并不重合。在法庭开始实体性裁判后，对程序性违法行为的裁定只能由同一实体性裁判组织完成。但是在实体性裁决开始前（审前阶段），对程序性违法行为的裁判一般由另一审判组织，即专门的程序性裁判组织负责。如法国由预审法官负责，德国由侦查法官负责，美国一般由地方法官负责，英国则由治安法官负责。

3. 程序性裁判和实体性裁判一样，也要遵循证据调查程序，遵守证据裁判原则；一般情况下，也存在独立的控辩双方和控辩审三主体结构①。但程序性裁判的证据调查程序不如实体性裁判严格，因程序性裁判涉及的事项不同而或繁或简，证明方法整体上以完全自由证明为主，但对某些重要程序法事项不排除适用接近严格证明的相对自由证明②。

4. 实体性裁判只有控辩审三方司法裁判的一种形式。但程序性裁判则有控辩审三方的完整形式和只存在控审与辩审两方的不完整形式，分别针对不同的程序法事项。如程序法争议事实（项）应由完整形式的程序性裁判解决，以控辩审三方司法裁判形式③进行；而程序法请求事实

---

① 也存在控审或辩审两主体结构，下面第4点中谈及。
② 完全自由证明和相对自由证明，见证明方法一章。
③ 事后司法审查。

（项）则可以不完整形式的程序性裁判解决，以控审或辩审两方司法审查形式[①]进行。

三 程序性裁判的理论枢纽地位

程序性裁判与程序法事实证明是一对相伴而生的概念，裁判依赖于证明，而证明存在于裁判中。程序性裁判，是程序性制裁、程序性辩护、程序性上诉等一系列理论实现的载体，具有理论枢纽的地位。

（一）程序性制裁系列概念

程序性违法、程序性制裁、程序性辩论、程序性上诉等概念组成了程序性制裁理论的系列概念[②]，让我们分别来看一下这些概念。

1. 程序性违法

程序性违法亦是与实体性违法相对应的概念，它是指警察、检察官、法官在刑事诉讼过程中违反法律程序的行为，一般表现为侦查违法、公诉违法和审判违法，可以说是执法者的违法行为。[③]

具体而言，程序性违法就是刑事职能机关或其工作人员，在对涉嫌违反实体法（刑法）的公民进行侦查、起诉和审判过程中违反了刑事程序法。而无论是刑法还是刑事诉讼法，都是国家立法机关颁行的基本法律。结果，警察、检察官和法官的程序性违法就是在维护一部国家基本法律的实施过程中，其自身却违反了另一部国家基本法律。程序性违法行为是程序性裁判的对象，一般来说，只有发生了程序性违法行为，进行程序性裁判的可能，才有进行程序性制裁的必要。没有程序性违法行为的存在，程序性裁判就没有运作的可能，程序性制裁也就没有存在的必要。[④]

2. 程序性制裁

作为程序性违法的法律后果，程序性制裁属于一种程序性法律后果，相对于民事侵权赔偿、行政纪律追究、刑事追诉以及国家赔偿等"实体

---

① 事前司法审查。
② 程序性制裁理论由陈瑞华教授提出，该理论中提出了一系列概念，包括程序性违法、程序性制裁、程序性辩论、程序性上诉等，参见《程序性制裁理论》。
③ 陈瑞华：《程序性制裁理论》，中国法制出版社2010年版，第8页。
④ 在产生了其他程序法争议事项后可能也需要进行程序性裁判，但并不一定需要进行程序性制裁，只有在出现程序性违法时，才同时需要程序性裁判和程序性制裁，具体论述见非程序性违法引发的程序法争议事项。

性制裁"措施，程序性制裁是通过对那些违反法律程序的侦查、公诉和审判行为宣告为无效、使其不再产生所预期的法律后果的方式，来惩罚和遏制程序性违法行为的。如果说几乎所有实体性制裁制度都会带来对违法者个人的法律制裁或者对受害者的直接补偿的话，那么，程序性制裁制度所要惩罚的并不是违反法律程序的警察、检察官和法官个人，而是通过宣告其诉讼行为的违法性，使得那些受到程序性违法之直接影响的证据、公诉、裁判以及其他诉讼行为失去法律效果。①

3. 程序性辩护

程序性辩护是指辩护方针对警察、检察官、法官所实施的程序性违法行为，为追求特定的程序性制裁之诉讼结果，而要求法院做出专门程序性裁判的权利。程序性辩护着眼于程序性问题，但这种程序性问题并非简单的程序性问题，而是国家机关在刑事诉讼中的程序性违法问题……程序性辩护解决的是侦查行为、起诉行为和审判行为合法性的问题。辩护方为了维护本方利益的需要，主动发动了一项新的、独立的诉讼，从而使警察、检察官、法官处于答辩者和受审查者的地位。通过这种以攻为守的辩护活动，被告人是否应承担刑事责任的问题暂时被放置一边，警察、检察官甚至初审法官的诉讼行为之合法性问题则变成法庭审判的对象。②

4. 程序性上诉

针对那些发生在第一审程序中的程序性违法行为，被告人及其辩护人通常要以提出上诉的方式来促使上级法院对第一审法院审判程序的合法性进行上诉审查。这种旨在推进上级法院对下级法院审判程序之合法性进行司法审查的上诉，可以被称为程序性上诉。③

（二）程序性裁判与这几者的关系

程序法争议事实（项）的证明中，程序性裁判与这几者的关系可以表述如下：发生了程序性违法，辩方提出了程序性辩护，需要进行程序性裁判，进行程序性裁判时控辩双方都要对程序法争议事实（项）进行证明，这种证明就是程序法事实证明。如果程序性裁判的结果认定侦检机关诉讼行为存在程序性违法，那么就需要对侦检机关进行程序性制裁，宣告

---

① 陈瑞华：《程序性制裁理论》，中国法制出版社2010年版，第59页。

② 同上书，第294页。

③ 同上书，第364页。

诉讼行为无效或排除其所取得的证据。如果未认定存在程序性违法，辩护方可对该程序性裁判提出程序性上诉。

针对程序法争议事实（项）的裁判，对应的是程序法争议事实（项）的证明。程序性裁判涉及程序性制裁的一系列理论以及程序法的事实证明问题，因此可以说程序性裁判是目前一系列程序性问题的理论枢纽或理论连接点。

四 程序性裁判和程序性制裁

程序性裁判与程序性制裁共同组成了程序法事项裁判的体系，而他们的存在也提供了程序法事实证明存在的舞台。程序性裁判和程序性制裁的关系，相当于（实体性）审判和（实体性）判决的关系。程序性制裁是程序性裁判的结果，程序性裁判是程序性制裁的过程，决定是否进行程序性制裁是程序性裁判的目的。程序性裁判是裁判权在刑事诉讼中的扩张。它的存在使得裁判权由在审判阶段决定实体法事项和审判过程中的程序法事项扩张到决定（包括程序性请求和程序性争议的全部重要程序性事项）审判过程中的程序法事项和审前过程中的所有程序法事项。程序性裁判权从审判阶段扩张到审前阶段，使裁判权从原来仅仅在审判阶段主导刑事诉讼，变成在审前阶段也同样主导刑事诉讼。这也意味着具有司法权性质的裁判权此时在审前阶段制衡或控制了具有行政权性质的侦检权。这同样意味着，审判而不是侦查成为真正的中心环节，掌握裁判权的审判机关而不是掌握侦查权的侦查机关成为刑事诉讼真正的主导者。程序性裁判的这种扩张体现着权力制衡理论，同时也是程序正义的体现。

程序性制裁是程序性裁判的目的，也是程序性裁判存在的意义。针对程序性违法行为的审查是程序性裁判的一项重要内容（另一项是对程序性争议进行事前司法审查）。通过对程序性违法行为进行程序性制裁，程序正义得以保障，滥用的行政权得以控制，司法性质裁判权的权尊得以确立。正是通过对违法行政权的程序性制裁，真正确立了裁判权相对侦检权的权威，正是通过程序性制裁，裁判权获得了在审前和审判两大阶段主导刑事诉讼的能力。因此，程序性裁判和程序性制裁是密不可分的。二者的结合构成了完整的程序法事项裁判体系，保障了裁判权在审前阶段和程序法事项上的双重扩张。

司法审查原则，司法权保障理论、程序性裁判、程序性制裁乃至于程序性辩护权和程序性上诉,他们都体现着权力制衡理论,程序性裁判、程序性制裁乃至程序性辩护和程序性上诉,它们都体现着权力制衡理论和程序正义。实际上也都在一定程度上体现着控权和扩权的思想,难于完全分割成孤立的控权制度和扩权制度。我们之所以将程序性裁判和程序性制裁作为司法权(裁判权)扩张的制度和理论保障,并不是说它们对控制行政性质的侦检权毫无意义,恰恰相反,这两种制度也是通过制约侦检权来保证裁判权的扩张。只是因为它们更能体现裁判权的扩张,对裁判权的保障效果更加直接和明显。对司法审查原则和司法权保障原则之于控权的意义用同样道理也可以说明。程序性辩护的意义用同样道理也可以说明。程序性辩护的意义与公民的宪法化和诉权的联系更为紧密,故而我们将其从程序性制裁系列理论中区分出来,与公民权利宪法化和诉权理论相结合,共同说明保权的问题。

程序性裁判和程序性制裁不仅仅是程序正义的保障,它们存在实际上也有益于实体真相的发现和实体正义的实现。人们一般认为程序性原则和理论的目的主要在于确保程序正义和公正审判,对实体真相的发现和实体正义的实现并没有直接的促进作用,甚至有时会阻碍二者的发现和实现。虽然人们在表面上也会说,程序法的工具价值在于确保实体真相的发现和实体正义的实现,但对程序法如何确保二者实现却并不能指出令人满意的答案。实际上,程序法正是通过对侦检机关和审判机关程序违法行为的制裁,阻止公权力的滥用,防止某些公安司法人员利用公权力出入人罪或报复陷害,避免刑事诉讼成为少数人权力斗争的工具,保护无辜而无能的普通公民起码的人身安全和财产安全,并通过这种方式保障实体真相发现和实体正义的实现。大多数的程序法原则和理论正是以此为基础产生的,这也是程序正义实现的具体的制度保障。只有通过程序性裁判才能对侦检机关和审判机关的诉讼行为合法性进行审查,只有通过程序性裁判才能制止违反程序法的侦检行为,只有通过程序性裁判才能督促执掌生杀大权的公安司法人员依法办事,只有通过程序性裁判才能堵住任何人以刑诉之名行迫害之实的道路。因此,从这个意义上说,程序性裁判和程序性制裁不仅共同保障了裁判权在审前阶段和程序法事项领域的双重扩张,而且通过这种扩张保障了实体真实的发现和实体正义的实现。

无论是刑事侦查、起诉,还是审判,归根到底要由人进行。不能过于理想地认为每一个公安司法工作人员都是尊重法律依法办事的,其中虽然为数不会太多，但肯定存在玩忽职守者、滥用职权者甚至报复陷害者。这些人数量虽少却危害极大，或者视他人的痛苦、自由和生命如草芥，或者借诉讼之名而行迫害之实。有这些人的存在，很难想象不会对实体真实的发现和实体正义的实现造成巨大的障碍。虽然在整体上，他们不会对刑事诉讼带来很大影响，但在个案上却完全有可能造成冤假错案，使某一个普通的公民受到不公正的待遇，佘祥林、杜培武等一系列冤假错案就是血的教训。因此，直面这种问题，采取措施加以防范才是真正有意义的做法。

五　程序性裁判与程序法事实证明

有学者指出"无诉讼，无证明"，意思是证明总是与诉讼相伴而生，诉讼是证明的前提，证明是诉讼的基础，没有诉讼的机制和结构，证明是无本之木，无源之水。因此，探讨程序法事实证明的前提是必须有程序性裁判制度。无论是实体性裁判还是程序性裁判，都要建立在证明的基础上。证明主体必须举出证据材料对自身主张进行证明，由认证主体依据证据调查程序进行认证，在认证的基础上作出裁判。实体性裁判建立在实体法事实证明的基础上，程序性裁判建立在程序法事实证明的基础上。因此只要存在程序性裁判，就必然需要程序法事实证明。随着《非法证据排除规定》以及新修订的《刑事诉讼法》出台，我国第一次出现了程序性裁判机制，针对非法证据排除这一程序法事项的制度化的司法裁判程序第一次在我国刑事诉讼法律体系中出现，也因此使程序法事实证明第一次有了用武之地，第一次能够在实然状态下被运用。

下面我们就分别探讨程序法争议事实（项）的证明和程序法请求事实（项）的证明与程序性裁判的关系。

（一）程序法争议事实（项）的证明与程序性裁判

程序法事实的证明程序实际上基本等同于程序性裁判的程序，特别是程序法争议事实（项）的证明。笔者就以程序性违法引发的程序法争议事实（项）的证明，来分析一下程序法争议事实（项）证明的一般模式。非程序性违法引发的程序法争议事实（项）的证明与程序性违法引起的程序法争议事实（项）的证明大同小异，参照该一般模式就可明了，为了避免论述上的混乱，我们就不将二者放在一起进行分析了。笔者还是以非法证据排除为例，对程序法争议事实（项）证明的一般模式进行分析。

程序法争议事实（项）的证明中存在三方主体①，分别是程序性裁判中的控方、辩方和裁判方。与实体性裁判相反，在程序性裁判中，辩方提出程序法争议事实（项），即某一证据非法且应当排除之类的程序性违法事项，并证明其主张成立，处于类似原告的地位。而控方则不能提出新的诉讼请求，只能针对辩方已提出的诉讼请求，即请求宣告某一诉讼行为程序性违法的诉讼主张进行针锋相对的反驳和防御，处于类似被告的地位。裁判方由法官担任，对辩控双方的诉讼主张及举证进行听证（司法审查），在证据调查的基础上依照证据裁判原则，对程序法争议事实（项）是否属于程序性违法事项进行裁判。在证据调查过程中，一般是先由辩方承担证明责任，对程序法争议事实（项）的程序违法性完成初步证明，一般是达到优势证据的证明标准，使用自由证明的方法。如果裁判方据此对程序法争议事实（项）的合法性产生了怀疑，则证明责任转移至控方，控方需依严格证明的方法对程序法争议事实（项）的程序违法性证伪，并需达到较高的证明标准，否则就需承担该程序法争议事实（项）程序违法性成立的消极后果。裁判方应视控方是否履行了证明责任达到证明标准，对程序法争议事实（项）的合法性进行裁断，并做出宣告该事项程序违法或程序合法的裁判。该程序性裁判的后果是，被宣告违法的诉讼行为（多为侦查行为）自始无效，或依该行为取得的证据应当排除。反之，则该诉讼行为有效，或依其取得的证据具有证据能力，不应排除。

（二）程序法请求事实（项）的证明与程序性裁判

此处我们讨论一下程序法请求事实（项）证明程序的应然模式。实际上这种所谓的应然模式在英美法系和大陆法系国家早已以实然状态运行了百年以上，英美法系国家的典型制度是警察向治安法官或地方法官申请司法令状的程序，大陆法系国家的典型制度就是警察或检察官向预审法官或侦查法官申请实施强制性侦查行为的程序。这一模式应作如下描述：程序法请求事实（项）的证明存在于事前的司法审查②中，在不完整的程序性裁判中进行，只存在两方主体，即控方③和裁判方或辩方和裁判方。我

---

① 此处三方主体是指程序性裁判中客观存在的三方主体，并非证明主体，证明主体只有两个，即控方和辩方。

② 事前司法审查是在侦检机关启动诉讼行为前对诉讼行为进行的司法审查。与之对应的是事后司法审查，在后文中笔者将会加以论述。

③ 此处的控方是广义的控方，包括侦查机关和检察机关。

们先来讨论控方，控方为实施一个诉讼行为（多为强制性侦查行为），向裁判方提出实施该行为具有合法性，或者实施该行为符合法定条件，由裁判方进行司法审查，做出是否批准实施该行为的裁决。在这一证明程序中，只有一个证明主体——控方，其负有当然的证明责任，应当运用自由证明的方法，将其程序法请求事实（项）证明到一定的证明标准①。裁判方由法官担任，依据相对简单的证据调查程序听取控方证明，根据控方提交的证据材料进行裁判，决定是否同意控方程序性请求，允许其实施该诉讼行为。辩方程序法请求事实（项）的证明程序与控方程序法请求事实（项）的证明程序大同小异，区别在于其程序性请求往往只是一个程序性诉讼请求，无法自己实施，只能请求法院实施该诉讼行为（如申请法院调取证据）②，不同于控方（即侦检机关）基于自身所具有的公权力可以直接实施某一诉讼行为。再者，辩方需达到的证明标准也更低，只需达到"优势证据"即可，方法自然也是自由证明，不必赘述。

六　程序性裁判制度的完善

要实现上述程序法事项的证明，就必须存在一个审前或审中的程序性裁判组织。审判中的程序性裁判组织可以由实体性裁判组织担任，由负责刑事案件实体性审判法官一体担当。但审前程序性裁判组织在我国却尚属空白，《非法证据排除规定》以及新修订《刑事诉讼法》的规定对非法证据的程序性审查一般应在正式审判前进行，这不能不说是我国程序性裁判的重大进步。但应当指出其并不是真正的审前程序中的司法裁判，而且目前仅限于非法证据排除，其他程序性违法引发的程序法争议事实（项）和非程序性违法引发的程序法争议事实（项）还不能纳入其中，就更别说为数众多的程序法请求事实（项）了。而且程序性裁判组织与实体性裁判组织重合，由同样的法官对非法证据先排除再进行实体性刑事审判，怎么可能不受已经接触到的非法证据影响而对案情产生预断？这些都是需要进一步解决的问题。

---

① 依前文分析，一般多为"合理根据"的程度。
② 辩方程序性请求也可以向侦查机关或检察机关提出，由侦查机关或检察机关实施该诉讼行为，如申请侦查机关或检察机关调取犯罪嫌疑人无罪或罪轻的证据。

第二节　程序法事实裁判的理论基石——司法审查

一　司法审查的概念和渊源

（一）司法审查的概念

司法审查原则一般是指"法院充分发挥司法的能动作用，对国家强制权的合法性进行审查，以保障个人的权益，防止国家强制权的违法侵害"。① 实际上，司法审查包括实体性司法审查和程序性司法审查，实体性司法审查就是对被告人定罪量刑问题进行的实体性司法裁判活动。刑事诉讼法学界使用的司法审查概念，实际上特指程序性司法审查，即由司法机关针对程序法事项的合法性进行的事前审查和事后裁判活动，其本质就是程序性裁判。

"司法审查可以分为两类：纵向和横向审查。纵向审查具体表现为上级法院对下级法院或中央法院对地方法院的正确性进行审查；横向审查是指法院对政府平行机构的行为进行审查，即法院有权根据法律，独立地审查行政行为的合法性，有权依照宪法，审查立法机关制定的法律，以防止其以合法的形式损害公民的权利。纵向审查是法院的传统功能，在各国法院系统中都有所体现，而横向审查是司法权对行政权、立法权实施的合法性进行的审查。根据案件性质，由此可见，司法审查的基本功能是控权和救济，其基本理念是对公共权力实施的合法性进行审查，同时赋予相对人权利救济的机会，这一方面体现了程序的法定性，同时也体现了司法至上的理念。"②

更重要的是，司法审查可分为事前司法审查和事后司法审查。事前司法审查主要发生在审前阶段，主要是对侦检机关提出的程序法请求事实（项）的审查。多为侦检机关提出实施某种强制性侦查行为的申请，由法官对实施该行为是否符合法定条件，即是否具有合法性进行审查。英美法系国家警察机关在申请令状时需要经过治安法官或地方法官的司法审查，就属于典型的事前司法审查。辩方也可向法官提出某种申请，请求法院为

---

① 孙记：《程序性证明——一个证据法学不可缺失的概念》，《北方法学》2007 年第 5 期。
② 张千帆：《西方宪政体系》，中国政法大学出版社 2004 年版，第 24—25 页。

某种行为，如在大陆法系国家，当事人申请预审法官调取某一无罪证据。法院对这种行为的审查并非传统意义上的事前司法审查①，但从广义上笔者认为似乎也可将其视为事前司法审查的一种。

事后司法审查，是对诉讼行为合法性的事后审查，主要是对程序性违法引发的程序法争议事实（项）的司法审查。一般由辩方提出对某一诉讼行为合法性②的审查要求，由法官进行审查，有时法官也可依职权主动进行审查。如果该诉讼行为不合法，则实施程序性制裁。事后司法审查主要是对侦检机关程序性违法行为引发的程序法争议事实（项）的审查，如大陆法系国家的诉讼行为无效制度中的司法审查。

未决羁押等非程序性违法引发的程序法争议事实（项）本质上仍属于程序法请求事实（项），其程序性争议的本质是控辩双方分别申请实施的两种诉讼行为取舍的争议。法院对其的司法审查应当是在诉讼行为实施前对其合法性进行的审查，通过审查选择更具有合法性的那种诉讼行为，然后批准实施该诉讼行为，如英美法系国家犯罪嫌疑人逮捕后羁押前的聆讯程序中的司法审查。因此，对非程序性违法引发的程序法争议事实（项）的司法审查应当属于事前司法审查的范畴。

（二）宪法、行政法中的司法审查

司法审查最初是宪法和行政法上的概念。从宪法的角度看，司法审查是保障宪法实施的重要方法，也是平衡立法、行政和司法三权的有效手段。在宪政国家中，宪法具有至高无上的地位，它既是国家的组织法，又是人民的权利法。宪法的制定、修改和废除有一整套较普通法律更严格的程序和制度。为了确保宪法不被架空，能够被公民，特别是拥有公权力的国家机关所遵守，必须对立法机关的立法行为加以规制，以避免其立法架空宪法；必须对行政机关的执法行为加以规制，以防止其行政行为逾越宪法。根据权力制衡理论，能够承担这一艰巨任务的就只有司法机关。司法机关对立法机关和行政机关的立法行为和执法行为进行司法审查，以此发现并纠正违宪行为，因此从这个意义上说，司法机关的司法审查行为使其成为了一国的"护法机关"。

---

① 一般而言，事前司法审查主要针对侦检机关。

② 非法证据排除的审查，也可称为证据合法性的审查，虽名为对证据合法性的审查，实际上是对取证行为合法性的审查，因此也当然的包括在对诉讼行为合法性的审查中。

从行政角度看，司法审查的目的是控权，也就是保证政府权力在法律范围内行使，防止行政权的滥用。司法审查实际上就是运用司法权对行政权加以监督和制衡。司法审查有两个层次，一个层次是对违宪行为的审查，而另一个层次是对违法行为的审查。对违宪行为的审查，既可针对立法机关，又可针对行政机关，而对违法行为的审查，一般只针对行政机关。当行政机关的行政行为可能存在对现有法律法规的违反时，即行政违法时，其行政行为就成为司法机关审查的对象，此时的审查是第二个层次的司法审查。显然，在任何一个国家，违宪审查都是少数，而违法审查则具有很大多数情况。即使是在三权分立的状态下，行政权都早已膨胀成了真正的第一权。行政权的影响及于国家管理和公民生活的方方面面。行政权的独大，不可避免地表现出行政权的滥用。因此，对于行政权进行控权就是宪政国家需要解决的一个重要问题，此时司法审查便应运而生。

二 刑事诉讼中的司法审查

实际上，除了针对违宪行为的司法审查和行政违法行为的司法审查，还有第三个领域的司法审查——刑事诉讼中的司法审查。刑事诉讼中的司法审查主要针对公权力机关在刑事诉讼中的诉讼行为，就如同行政诉讼中的司法审查主要针对行政机关在行政执法中的行政行为一样。司法审查原则在刑事诉讼领域中，要求未经法院的司法审查，任何人不得被剥夺生命、自由或者科处其他刑罚；未经法院审查，不得对公民实施逮捕、羁押等强制措施以及其他强制性侦查措施。

刑事诉讼中的司法审查与行政诉讼中的司法审查具有很多相似之处。首先，司法审查的对象是公权力机关行为的合法性。在行政诉讼中是行政行为的合法性，而在刑事诉讼中则是诉讼行为的合法性。其次，进行司法审查的目的都是为了控制公权力。在行政诉讼中，要控制的是违法使用的行政权，在刑事诉讼中要控制的是违法使用的侦检权力，有时也包含审判权力。其三，司法审查所要保障的都是国家机关相对方的权利。在行政诉讼中保障的是行政相对人的权利，在刑事诉讼中保障的是诉讼参加人的权利。最重要的一点，刑事诉讼中的司法审查主要针对的是审前阶段的诉讼行为，也就是侦检机关的侦查行为和审查起诉行为（多为侦查行为）。而侦查机关和检察机关在国外一般被视为行政机关，其行为被视为行政行为。如果说检察机关的性质还有争议的话，那么以公安机关为代表的侦查机关，其行政机关的性质毋庸置疑，其侦查行为的行政性质亦较少争议。因此，在很多时候刑事诉讼中的司法审查实际上也是在对行政机关的行政行为进行审查。所以似乎可以说刑事诉讼中的司法审查有时就是包含在刑事诉讼中的"行政诉讼"①。

二者的不同之处在于，其一，行政诉讼中的司法审查都是事后审，而刑事诉讼中的司法审查既有事前审也有事后审。对程序法请求事实（项）的司法审查就是事前审，对程序性违法引发的程序法争议事实（项）的司法审查就是事后审。其二，行政诉讼中司法审查的对象都是已经发生诉讼的行政违法行为。而刑事诉讼中司法审查的对象则既可能是已经发生的行为，如由程序性违法引发的程序法争议；也可能是未发生的诉讼行为，如程序法请求行为；还可能是尚未发生但合法性受到质疑的诉讼行为或正在发生且合法性发生变化的诉讼行为，如非由程序性违法引发的程序法争议（如未决羁押的决定、延长和解除）。其三，行政诉讼中司法审查审查的行政违法行为对相对方侵害较小，如行政罚款，而刑事诉讼中司法审查审查的程序性违法行为对相对方侵害较大，直接侵害可能侵犯公民人身权、财产权，间接侵害可能危及实体性刑事审判，造成错误剥夺公民人身自由乃至生命的后果。

三 司法审查原则的重要性

（一）司法审查原则是域外刑事司法普遍遵守的原则

宪法、行政法意义上的司法审查原则发端于美国，二战后逐渐为英美法系和大陆法系国家普遍接受。刑事诉讼法意义上的司法审查不同于前者，其渊源实际上更加久远，虽然可能最初的称呼不是司法审查原则，但其所反映的法理实质正是司法审查原则之精神。英美法系国家的令状主义原则源远流长，最早体现司法审查的原则的，恐怕当属令状主义。令状主义原则要求，在侦检机关采取强制性措施限制公民的人身权利和财产权利前，必须向法官提出申请，法官对其中申请进行审查后，认为应当采取措施的颁以令状许可实施，反之则不许可实施。这实际上就是刑事诉讼中的事前司法审查。

---

① 行政诉讼的本质就是行政相对人对行政机关实施的行政行为的合法性产生怀疑而提起的诉讼，程序性裁判与此非常相似，也是被告人对侦查、起诉、审判机关实施的诉讼行为的合法性产生怀疑而提起的"诉讼"。

大陆法系国家刑事诉讼中的司法审查虽然不像英美法系国家司法审查历史悠久,但也有较长的历史。法国大革命之后,封建司法特别是传统侦查机关侦查行为的专横暴虐令法国人民深恶痛绝。为了规制公权力机关的审前行为(特别是侦查行为),法国颁行了近现代意义上刑事诉讼法典,该法典规定司法官员介入审前阶段,由一级预审法官指挥侦查,力图通过中立的司法权控制难以信任的行政权。任何限制和剥夺公民人身权和财产权的强制措施或强制性措施只能经预审法官批准或决定后方可实行。这实际上和令状主义一样是一种事前审查形式的司法审查。

令状主义原则和预审法官制度都体现出司法审查的精神,是刑事诉讼中最初意义的司法审查,但这两种形式的司法审查不是现代意义或完全意义上的司法审查。二战后发展起来的现代意义的司法审查,不仅有事前审查的形式,还有事后审查的形式。而且,比较而言,事后审查形式更为重要。这种事后审查就主要是源于宪法、行政法意义的司法审查了,其审查方式和控权方式就是事后审查。司法机关的事后审查主要针对侦检机关的程序性违法行为进行,且在确定程序性违法后,往往伴随相应的程序性制裁后果。如英美法系国家经事后司法审查,对违法取证行为认定后,会有非法证据排除的程序性制裁后果;而大陆法系国家经事后司法审查,对违法诉讼行为认定后,则有宣告诉讼行为无效的程序性制裁后果。

总之,经过二战后的蓬勃发展,司法审查已经成为几乎所有法治国家接受的司法原则和诉讼制度。

(二) 司法审查是联合国《公民权利和政治权利国际公约》的要求

联合国《公民权利和政治权利国际公约》第9条规定:"一、人人有权享有人身自由和安全。任何人不得加以任意逮捕或监禁。除非依照法律所确定的根据和程序,任何人不得被剥夺自由。……三、任何因刑事指控被逮捕或拘禁的人,应被迅速带见审判官或其他经法律授权行使司法权力的官员,并有权在合理的时间内受审判或被释放。……四、任何因逮捕或拘禁被剥夺自由的人,有资格向法庭提起诉讼,以便法庭能不拖延地决定拘禁他是否合法以及如果拘禁不合法时命令予以释放。"[①] 该条款内容明确反映了司法审查原则。我国1998年10月5日签署该条约,虽然还未批准,但该条约规定显然可以指导我国刑事诉讼立法与司法。

---

① 转引自孙记《程序性证明——一个证据法学不可缺失的概念》,《北方法学》2007年第1期。

(三) 俄罗斯《刑事诉讼法》修改对我国的影响

我国《刑事诉讼法》受苏联《刑事诉讼法》的影响非常巨大,特别是在检察机关的司法职权配置上。总的来说,只有以苏联法为蓝本的少数国家将事前司法审查权赋予检察机关。俄罗斯在 2001 年修改其《刑事诉讼法》,接受并确立一系列现代司法原则,其中就包括司法审查原则。随着俄罗斯新刑事诉讼法典的实施,检察长原有的全面的诉讼监督职能已经转变为以追究刑事犯罪为目的的控诉职能,在控诉职能的实施过程中其负有对侦查和调查行为合法性进行监督的责任,而对刑事审判的监督职权则被取消。至为关键的是,该法典取消了检察长批准和决定逮捕、羁押、搜查、扣押和电话监听等职权,改由法院进行审查和决定。① 这一改革,对于我国进行刑事司法体制改革、确立刑事司法审查原则无疑具有重要的参考价值。②

四 司法审查对程序正义的保障

司法审查原则的本质就是控权和制衡。在宪法的层面,存在着立法、行政和司法三权,而在刑事诉讼的层面也存在着侦检(或曰追诉)、辩护和裁判三权。在宪法和行政法中的司法审查,是通过司法权制衡立法权和行政权,以保障宪法和法律的实施。在刑事诉讼法中的司法审查则是通过裁判权制约追诉权来保障程序正义。

程序正义(或自然正义)的第一个原则③是任何人不能成为自己案件的法官。这一原则反映在司法审查上,就是侦检机关准备实施的强制措施和强制性措施,必须向中立的司法官提出申请,由于司法官进行司法审查,依照司法审查结果决定能否实施强制措施和强制性措施,而不能由侦检机关自己决定强制措施和强制性措施的实施。

这一原则还反映在对程序性违法的事后审查上,针对国家机关在刑事诉讼中的程序违法行为,辩护方有权提出程序性辩护,即要求中立的裁判方对侦检机关的违法诉讼行为进行司法审查,这种司法审查是对诉讼行为合法性的事后审查,也就是我们在前文提到的对程序法争议事实(项)的程序性裁判。根据程序正义要求,侦检机关诉讼行为合法性这一程序法

---

① 尹丽华:《角色转换:俄罗斯刑事诉讼中检察机关的地位与权限》,《法商研究》2007 年第 2 期。
② 孙记:《程序性证明——一个证据法学不可缺失的概念》,《北方法学》2007 年第 1 期。
③ 自然正义的两个原则,也可以视为程序正义应遵守的两个原则,见前文。

争议事实（项）只能由中立的第三方法官以司法审查的形式进行程序性裁判，而不能由侦检机关自己或由其上级机关自行审查。

程序正义（或自然正义）的第二个原则是任何人或组织在行使权利可能使别人受到不利影响时必须听取对方意见。这一原则反映在司法审查上，主要表现在对未决羁押的决定和延长上。未决羁押的决定和延长，属于由非程序性违法引发的程序法争议事实（项），由于我国尚未建立这一制度，所以我们目前只能结合国外司法实践进行应然的讨论。在未决羁押决定程序中，侦检机关为保障犯罪嫌疑人到案或者便于侦查，而要求暂时剥夺犯罪嫌疑人自由，根据程序正义的第一个原则，侦检机关不能自己决定，只能由裁判方进行司法审查。在司法审查中，根据程序正义的第二个原则，犯罪嫌疑人在自身权利可能受到不利影响时，司法机关必须听取犯罪嫌疑人（及其辩护人）的意见，并且应当保障犯罪嫌疑人对申辩权利的行使。这也就意味着，在实然状态下，检察机关在做出对犯罪嫌疑人批准逮捕决定时，也应当听取犯罪嫌疑人的意见。这既是《公民权利和政治权利公约》要求，也是程序正义的要求。

另外，针对侦检机关的程序性违法行为进行司法审查时，根据程序正义第二原则的要求，由于裁判方可能做出对侦检机关不利的决定，因此也应当听取侦检机关的意见，所以才需要以完整形式的程序性裁判方式进行司法审查。

综上，司法审查原则体现着程序正义的理念，同时又是程序正义的制度保障。

五 司法审查和程序性裁判

司法审查和程序性裁判实际上是同一个事物的两个方面。司法审查有事前司法审查和事后司法审查之分，程序性裁判可分为不完整形式的程序性裁判和完整形式的程序性裁判。事前司法审查就是所谓不完整形式的程序性裁判，主要是对侦检机关提出的程序性请求的审查或裁判。这种事前司法审查或不完整形式的程序性裁判只有控审或辩审两方组成，依照本书称谓可以称为程序法请求事实（项）的司法审查或程序法请求事实（项）的程序性裁判，对应的自然是程序法请求事实（项）的证明。

事后司法审查，与之相对应的乃是完整形式的程序性裁判。即主要是对侦检机关程序性违法行为引发的程序性争议的审查或裁判。这种事后司法审查或完整形式的程序性裁判由控辩审三方组成，依照本书称谓可以称为程序法争议事实（项）的司法审查或程序法争议事实（项）的程序性裁判，对应的是程序法争议事实（项）的证明。

司法审查原则体现了程序正义原则和司法权保障原则，而程序性裁判亦然。司法审查原则侧重于对侦检机关的行政性质公权力进行控权，而程序性裁判侧重对于司法权在程序问题上，特别是审前阶段程序性问题上的扩张。二者都是程序正义原则和司法权保障原则的制度化反映，只是侧重点和着眼点不同。

司法审查更多地体现出法律制度的外在特征，而程序性裁判则更多的对这种制度进行本质的描述。司法审查的实质，就是通过司法权对审前阶段侦检机关诉讼行为的司法裁决防止公权力的滥用和保障公民辩护权和诉权的行使，而这种司法裁决不是与定罪量刑有关的实体性裁决，是对程序法事项的裁决，也就是程序性的裁判①。

可以说，司法审查原则是程序性裁判据以提出的理论基础之一，而程序性裁判恰恰是对司法审查制度的本质描述。司法审查的过程就是程序性裁判，程序性裁判的形式就是司法审查。

总体而言，司法审查和程序性裁判就是"老虎"和"大虫"的关系，特别是在审前阶段，二者几乎一致。

六　司法审查与程序法事实证明

司法审查与程序法事实证明的关系，笔者在上文中进行了详细的阐述，可参见第二章第三节第二、第三标题，下文也有涉及，可参见第四章第二节第二标题。

另外，由于司法审查和程序性裁判的密切关系，所以司法审查与程序法事实证明的关系实际上也就是程序性裁判与程序法事实证明的关系，在后文中我们会详加论述，此处不再赘述。

---

① 在审判阶段也存在对程序法事项的司法审查，即程序性司法审查。只是这一阶段的程序性司法审查主体与实体性司法审查主体合二为一。实体性司法审查主体一方面是对定罪量刑等实体法事项进行实体性司法审查；另一方面是对程序性争议和程序性请求等程序法事项进行程序性司法审查。学者们的论述往往集中于司法审查在审前阶段规制侦检行为的功能，对审判阶段的程序性司法审查论述较少。实际上，程序性司法审查不仅在审前阶段存在，在审判阶段也同样存在，笔者虽然在文中的论述遵照既有表述，但必须对这一问题加以说明，以免造成误解。

第四章

程序法事实证明概述

第一节 程序法事实证明的要素

一 程序法事实证明的主体

程序法事实证明的实质就是运用证据完成程序性裁判的过程，故而程序性裁判的主体也同时是程序法事实证明的主体。程序法争议事实（项）的证明在完整结构的程序性裁判中完成，具备控辩裁三方结构，因此其证明的主体就是控、辩、裁三方。程序法请求事实（项）的证明在不完整结构的程序性裁判中完成，只具备控裁或辩裁两方结构，因此其证明的主体就是控裁或辩裁两方。

非法证据排除的证明是程序法争议事实（项）证明的典型形态，由《非法证据排除规定》第五条①、第七条②以及新修订的《刑事诉讼法》第五十五条、第五十六条、第五十七条的规定可知，非法证据排除的证明过程具备了完整的程序性裁判的结构，由控辩裁三方组成。我们此处所称

---

① 第五条规定："被告人及其辩护人在开庭审理前或者庭审中，提出被告人审判前供述是非法取得的，法庭在公诉人宣读起诉书之后，应当先行当庭调查。法庭辩论结束前，被告人及其辩护人提出被告人审判前供述是非法取得的，法庭也应当进行调查。"

② 第七条规定："经审查，法庭对被告人审判前供述取得的合法性有疑问的，公诉人应当向法庭提供讯问笔录、原始的讯问过程录音录像或者其他证据，提请法庭通知讯问时其他在场人员或者其他证人出庭作证，仍不能排除刑讯逼供嫌疑的，提请法庭通知讯问人员出庭作证，对该供述取得的合法性予以证明。"第七条还规定："控辩双方可以就被告人审判前供述取得的合法性问题进行质证、辩论。"

的程序法事实证明的主体是指证明过程中存在的各种主体，既包括证明主体又包括认证主体，并不是仅指证明主体。在控辩裁三方中，控辩双方显然是证明主体，而裁判方（多为法院）则是认证主体。事实上，程序法争议事实（项）的证明存在三个主体和两个证明过程，一个证明过程是控方向裁判方的证明活动，另一个证明是辩方向裁判方的证明活动。由于证明责任分配不同，控方和辩方的证明可能或积极或消极或强烈或微弱，但基本上都存在举证责任①。控方的证明命题与辩方的证明命题往往互为矛盾命题或互为反对命题，其证明方向是相反的，可以说，对一个命题的证明就是对另一个命题的证伪。由于裁判方不承担证明责任，故很多学者认为其不属于证明主体。裁判方的职责是对控辩双方提出的证据依照证据调查程序进行调查，对双方证明加以认证，在认证的基础上进行程序性裁判，因此可称其为程序性裁判或程序法事实证明中的认证主体。笔者以为认证主体是程序法事实证明的主体，但不是程序法事实证明中的证明主体，证明主体只能是控辩双方。

程序法请求事实（项）的证明，因其缺乏三方司法裁判结构，似乎算不上严格意义上的证明，可以说是处于一种准证明的状态。② 侦查机关申请令状的行为是典型的控方程序法请求事实（项），如在英国，警察向治安法官申请逮捕令、搜查令。此时，证明主体只有两方，即控方和裁判方（司法审查机关）。由于侦查活动的秘密性，辩方在这一阶段不可能参与到此证明过程之中。因此，程序法请求事实（项）的证明只有一个单向的"证明"过程。辩方程序法请求事实（项）的证明和控方程序法请求事实（项）的证明相仿，都是两方主体和一个单向的证明过程。证明主体是辩方，认证主体是裁判方（司法审查机关）。

在审判阶段，存在着完整的诉讼结构，是最典型的程序性裁判模式。

---

① 即使不存在说服责任，最起码也会存在提出证据责任。

② 从证明过程上看，程序性请求事项的证明只有一个单向"证明"过程；从结构上说，程序性请求事项的证明欠缺三方结构。所以它似乎并不是严格意义上的司法证明，可以说是处于一种准证明的状态。但是，由于控方程序性请求事项多为采取强制措施、强制性措施的请求，基于侦查活动的秘密性，无法允许辩方在此时加入这个程序法事实证明过程，故而世界各国均容忍了这种"两方""单向"的证明结构。针对这种缺陷，西方法治国家在长期的司法活动中总结了一套办法加以解决，主要做法就是由中立的司法官（预审法官、侦查法官）担任这种不完整形式程序性裁判的裁判者，即程序性请求事项证明中的认证主体，努力以司法权控制行政性质公权力。

在这一阶段，程序法事实证明的主体与实体法事实证明的主体一致。控方为检察机关，辩方为被告人及其法定代理人、辩护人，而认证主体是法官。在审前阶段，由于我国未建立审前司法审查制度或审前程序性裁判制度，一般认为该阶段不存在程序法事实证明，自然也谈不到程序法事实证明的主体。在我国建立审前司法审查制度或审前程序性裁判制度的应然状态下，程序法事实证明的主体如下：在程序性争议事实的证明中，控方应为侦查机关，而辩方则是犯罪嫌疑人及其法定代理人、辩护人，认证主体是司法审查机关（域外一般为法官）。在程序性请求事实的证明中，控方为侦查机关，辩方则包括犯罪嫌疑人及其法定代理人、辩护人，认证主体是司法审查机关（域外一般为法官）。

二　程序法事实证明的证明责任

任何证明问题都离不开证明责任的分配，程序法事实证明亦存在证明责任的分配问题。前面我们将程序法事实证明区分为程序法争议事实（项）的证明和程序法请求事实（项）的证明，下面我们仍以这两种分类来分析程序法事实证明中证明责任的分配。

（一）程序法争议事实（项）的证明责任

在程序法争议事实（项）的证明中，由于存在三方证明主体和两个针锋相对的证明过程，必然存在着证明责任在控方与辩方间的分配问题。无论在审判过程中，还是在审前程序中，程序性裁判都应独立于实体性裁判而存在，被英美法系国家称为"案中案""诉中诉"。在程序性裁判中，实体性裁判中的防御方辩方，因其对程序性违法事实提出确认要求，而实际上成为程序性裁判中的攻击方，具有类似原告的诉讼地位。相应的，控方也就成为程序性裁判中的防御方，具有类似被告的诉讼地位。根据罗马法确立的古老准则"谁主张谁举证"，提出程序法争议事实（项）违法的辩方应当负举证责任。但由于辩方取证能力、取证手段的薄弱，由辩方对公权力机关的程序性违法行为进行充分举证并完成高标准的证明，明显是不可能也不公正的。因此，无论是英美法系国家，还是大陆法系国家，在非法证据排除以及其他程序性违法引发的程序法争议事实（项）的证明问题上都实行了对辩方证明责任和证明标准有所照顾的制度，但规定有所不同。在我国颁布《非法证据排除规定》以及《刑事诉讼法》修订前，我国学术界在非法证据排除的证明责任分配上有三种观点：一种是广大学者、律师主张的观点，认为应实行完全的证明责任倒置，由控方对非法证据排除承担证明责任。另一种是部分学者和检察机关的观点，认为应实行谁主张谁举证的原则，由辩方承担证明责任。但考虑到辩方的证明能力薄弱，可以降低辩方的证明标准。第三种观点主张，辩方应当先对证据非法问题进行初步的证明，在辩方完成初步证明，法庭认为该证据的合法性确有可能存在疑问时（非法时），责令控方对证据的合法性进行证明，此时证明责任转移给控方。

我国颁布的《非法证据排除规定》第四条规定："起诉书副本送达后开庭审判前，被告人提出其审判前供述是非法取得的，应当向人民法院提交书面意见。"第六条规定："被告人及其辩护人提出被告人审判前供述是非法取得的，法庭应当要求其提供涉嫌非法取证的人员、时间、地点、方式、内容等相关线索或者证据。"第七条规定："经审查，法庭对被告人审判前供述取得的合法性有疑问的，公诉人应当向法庭提供讯问笔录、原始的讯问过程录音录像或者其他证据，提请法庭通知讯问时其他在场人员或者其他证人出庭作证，仍不能排除刑讯逼供嫌疑的，提请法庭通知讯问人员出庭作证，对该供述取得的合法性予以证明。"第十一条规定："对被告人审判前供述的合法性，公诉人不提供证据加以证明，或者已提供的证据不够确实、充分的，该供述不能作为定案的根据。"新修订的《刑事诉讼法》第五十六条："当事人及其辩护人、诉讼代理人有权申请人民法院对以非法方法收集的证据依法予以排除。申请排除以非法方法收集的证据的，应该提供相关线索或者材料。"第五十七条："在对证据收集的合法性进行法庭调查的过程中，人民检察院应当对证据收集的合法性加以证明。现有证据材料不能证明证据收集的合法性的，人民检察院可以提请人民法院通知有关侦查人员或者其他人员出庭说明情况；人民法院可以通知有关侦查人员或者其他人员出庭说明情况。有关侦查人员或者其他人员也可以要求出庭说明情况。经人民法院通知，有关人员应当出庭。"从《非法证据排除规定》以及新修订的《刑事诉讼法》的上述条文我们可以发现，我国非法证据排除规则采用的是学者们的第三种意见。即辩方应当先对证据非法问题进行初步的证明，在辩方完成初步证明，法庭认为该证据确有可能非法时，责令控方对证据的合法性进行证明，此时证明责任转移给控方。

其他的程序性违法引发的程序法争议事实（项），因为与非法证据排除性质相同,所以证明责任的分配与非法证据排除基本相同。非程序性违法引发的程序法争议事实(项)与程序性违法引发的程序法争议事实(项)性质有些不同,因此在证明责任的分配上有一些差异。笔者将在证明责任一章做专门分析。

(二)程序法请求事实(项)的证明责任。

由于程序法请求事实(项)的证明只有两方主体和一个证明过程,所以证明责任显然应当由提出程序性请求的控方或辩方承担。

1. 控方的程序法请求事实(项)多为启动强制性侦查行为,对于逮捕等强制措施,搜查等强制性措施,这些程序法请求事实(项)的申请由控方负证明责任,这种证明责任的承担实际上是对侦查权等公权力的一种限制。侦查、检察机关不能滥用公权力,随意采取逮捕、搜查、扣押、秘密监听等影响公民人身权、财产权的强制措施和强制性措施,只能通过承担对所申请事项的证明责任,证明其采取上述措施符合法定适用条件,具有合法性,方可获得司法审查机关许可的令状。目前,我国除了逮捕的批准需要由侦查机关向检察机关申请批准外,搜查、扣押、秘密监听等其他可能侵犯公民人身权和财产权的强制措施和强制性措施,没有一项需要侦查机关向司法审查机关申请令状,并证明其所依据的事实和理由的。这也正是目前,我国侦查权侵犯公民人身权、财产权现象严重的一个重要原因。

2. 辩方提出的申请恢复诉讼期间、申请调取证据、申请证据保全等程序法请求事实(项)的证明责任由辩方承担。基于"谁主张谁举证"的原则,可以督促辩方行使刑事诉权,实现各项诉讼权利,鼓励其"为权利而斗争"。随着我国诉讼民主化的发展,在将来还可以防止当事人滥用刑事诉权情况的出现。

三 程序法事实证明的证明标准

针对证明标准的讨论这几年在学术界一直没有停止,虽然各种意见不一,但学者们在以下一些领域取得了共识:即刑事证明标准是存在层次性的,证明标准因证明主体、证明对象的不同而应当有所差别。证明标准的这种层次性特征不仅适用于实体法事实的证明,而且适用于程序法事实的证明,即程序法事实的证明标准同样受证明主体和证明对象的影响而呈现层次性。当证明主体是控方时,其证明标准一般要高于辩方;当证明对象是程序法争议事实（项）时，其证明标准一般要高于程序法请求事实（项）。

（一）程序法争议事实（项）的证明标准

程序法争议事实（项）因其对公民诉讼权利的重大影响，其证明标准一般应高于程序法请求事实（项），但这个问题实际上要更加复杂。我们仍以非法证据排除为例分析程序性违法引发的程序法争议事实（项）的证明标准。由前文的论述可知，在非法证据排除的证明中，由于存在控辩双方两个承担证明责任的主体，且证明责任在这两个主体间发生转移，因此证明标准也存在两个，而且并不相同。

1. 首先，辩方承担着证明证据非法问题初步成立的证明责任，其证明标准可以较低。由于辩方取证能力的薄弱，虽然分配给他提出非法证据问题并证明其初步成立的证明责任，但却只能要求其达到比控方证明标准低得多的证明标准。英美法系国家一般要求辩方在此时达到"优势证据"的标准即可。何为优势证据呢？通俗的说，就是证明某一事项存在比不存在更有可能。运用到非法证据排除等程序法争议事实（项）的证明中，就是证明某一程序法争议事实（项）的存在比不存在更有可能性（在法官的心证中更占据优势）。对这一标准，我国的很多学者都持支持态度。

2. 当辩方完成对证据材料非法的初步证明，卸下证明责任之后，证明责任此时转移给控方。此时，控方需要证明"证据材料合法"或"证据材料虽有瑕疵但不应排除"这样的命题，此时其需要达到的证明标准就不能只是"优势证据"了。绝大多数法治国家都要求控方达到更高的证明标准，甚至是等同于定罪的证明标准。根据我国《非法证据排除规定》第十一条①以及新修订的《刑事诉讼法》第五十八条的规定，控方证明应达到"证据确实充分"的程度，也就是我国定罪的证明标准，亦即实体法事实证明的最高标准。也就是说控方在承担证明责任后，如果不能将"证据材料合法"或"证据材料虽有瑕疵但不应排除"这两个命题之一证明到最高证明标准，就不能卸下证明责任，就要承担证据材料被判定为非法并被法庭排除的危险。

其他的程序性违法引发的程序法争议事实（项），因为与非法证据排

---

① 第十一条规定："对被告人审判前供述的合法性，公诉人不提供证据加以证明，或者已提供的证据不够确实、充分的，该供述不能作为定案的根据。"

除性质相同,所以证明标准的适用与非法证据排除亦相类似。非程序性违法引发的程序法争议事实(项)与程序性违法引发的程序法争议事实(项)性质有些不同,因此在证明标准的适用上,既有相似之处,又有一些差异。笔者将在证明标准一章做专门分析。

(二) 程序法请求事实(项)的证明标准

程序法请求事实(项)的证明标准一般应低于程序法争议事实(项)的证明标准,辩方程序法请求事实(项)的证明标准一般而言不应高于控方程序法请求事实(项)的证明标准。

1. 控方的程序法请求事实(项)一般为强制措施和强制性措施。我国现行法仅规定了逮捕的适用条件和证明标准;虽然规定了拘留的适用条件,却未规定拘留的证明标准;而其他各种强制措施和强制性措施,无论适用条件还是证明标准都没有规定。如果说由检察机关审查批准逮捕还马马虎虎算半个司法审查的话,其他控方程序法请求事实(项)的证明在我国现行体制下则属于完全的内部行政审批式处理,无论是取保候审、监视居住,还是搜查、扣押与秘密监听,都不需要哪怕是检察机关这样的"中立机关"的"司法审查",只要公安机关等侦查机关内部行政审批就可以了[①]。笔者认为应当合理制定众多强制性侦查行为的证明标准。该证明标准可以与英美法系国家强制性侦查行为的证明标准相当,即"相当理由"(或曰"合理根据")。总的原则是平衡侦查效率和人权保障两种价值,以侦查效率价值为主。

2. 辩方程序法请求事实(项)的证明标准不宜过高,最起码不应高于控方程序法请求事实(项)的证明标准,这是由辩方取证能力和证明能力的薄弱决定的,前文笔者已多次论述,此处就不再赘述。另一方面,由于辩方程序法请求事实(项)的发动需经法院批准,由法院实施,因此也不应当为辩方设定过高的证明标准,以利于辩方积极行使诉权,"为权利而斗争"。那么,这个证明标准应当是什么呢?笔者认为"优势证据"是可以接受的辩方证明标准。正如我们在前文分析的非法证据排除的证明中,辩方证明"证据非法"初步成立需要达到的标准可以是"优

[①] 检察机关自侦案件在采取取保候审、监视居住、搜查、扣押、秘密监听等措施时,和公安机关一样,也是由自侦部门自行决定的,并没有类似审查批准逮捕的程序,显然也属于内部行政审批的模式。

势证据"一样，辩方程序法请求事实（项）的证明标准也可以是"优势证据"。

四 程序法事实证明的证明方法

依照德国理论，诉讼证明的方法可以分为严格证明和自由证明。该理论最早由德国学者迪恩茨于1926年提出，之后该理论传播到日本及我国台湾地区，并得以发展。严格证明一般针对关乎定罪量刑的事实（或曰与犯罪构成要件相关的事实）进行，而且进行证明时要遵循三条规则——A证据必须具有证据法定形式和证据能力（即在严格证明中可适用的证据材料的范围，简称证据范围）；B证明过程要严格依照法定证据调查程序[①]；C达到内心确信的程度（相当于排除合理怀疑的最高证明标准）。自由证明则主要针对与犯罪构成要件事实无关的程序法事实进行，且不需要严格遵守严格证明关于证据范围、证据调查程序和证明标准（亦即心证程度）的相关规则。

（一）程序法争议事实（项）的证明方法

有一种误解认为程序法事实证明只能适用自由证明，而且所适用的自由证明不必遵守严格证明关于证据范围、证据调查程序和证明标准（亦即心证程度）的任何相关规则。笔者不赞成这样的观点，自由证明并非人们想象的那么简单。在实践中运用自由证明的时候，并非一定要在关于证据范围、证据调查程序和证明标准（亦即心证程度）等各个方面都异于严格证明，或者说完全不必遵守严格证明在上述诸方面的相关规则。换言之，自由证明的具体运用既可能在所有方面不同于严格证明——可以称为"完全自由证明"，例如对多数程序法事实的证明；也可能只在某些方面不同于严格证明，而在其他方面与严格证明无异——可以称为"相对的自由证明"[②]，例如对非法证据排除等重要程序法事项的证明。

在程序法争议事实（项）的证明中，由于同时存在着控方的证明和辩方的证明，故而针对程序法争议事实（项）的证明恐怕不能简单地一概采用完全自由证明的方法。《非法证据排除规定》以及新修订的《刑事

[①] 证据调查程序也称证据调查程序。

[②] 自由证明可划分为完全的自由证明和相对的自由证明，二者虽同为自由证明，但在严格程度上却有所差异。相对的自由证明在严格程度上介于完全的自由证明和严格证明之间，笔者会在证明方法一章详述。

诉讼法》的相关规定表明，在这一问题上我国实际上倾向于要求控方采用类似于严格证明的证明方法或最起码是接近严格证明的相对自由证明方法。下面我们就以《非法证据排除规定》以及新修订的《刑事诉讼法》为例，探讨程序法争议事实（项）证明中控辩双方的证明方法。

其一，先来看控方的证明方法。在探讨《非法证据排除规定》以及新修订的《刑事诉讼法》的控方证明方法前，需要首先解决一个关乎严格证明与自由证明界定的证明要素存在的问题——证据法定形式存在的问题。我国的证据法定形式，或曰证据方法，或曰证据形式，分为八种，在设定上存在很大问题。具体而言，我国现行法定证据形式划分标准混乱，证据法定形式内涵不清、外延重叠，在理论上不能自圆其说，在实践上形同虚设，完全无法发挥指导实践，服务实践的作用。大量的证据材料无法归入八种证据法定形式。故此，在我国现行证据法中，无法将证据方法和证据能力一样作为确定严格证明的一种标准。因为大量的证据材料无法归入八种法定形式，会造成在严格证明时，证据材料因不具备证据法定形式而被排除的局面。所以，笔者在分析非法证据排除中控方证明方法是严格证明还是自由证明时，就不能以证据方法为区分标准，只能集中关注证据能力、证据调查程序和证明标准。

《非法证据排除规定》第七条[①]对控方规定了较严格的证据调查程序，第十一条[②]以及新修订的《刑事诉讼法》第五十八条则规定控方要达到"确实、充分的"证明标准（也就是实体法事实证明适用的最高标准）。上述规定说明我国非法证据排除规则对非法证据排除采用了较严格的证据调查程序和最高的证明标准。在这种情况下，如果在证据范围上要求司法审查时适用的证据都必须具有证据能力，那么这种证明方法实际上就相当于严格证明。

---

① 第七条对证据调查程序作了规定："经审查，法庭对被告人审判前供述取得的合法性有疑问的，公诉人应当向法庭提供讯问笔录、原始的讯问过程录音录像或者其他证据，提请法庭通知讯问时其他在场人员或者其他证人出庭作证，仍不能排除刑讯逼供嫌疑的，提请法庭通知讯问人员出庭作证，对该供述取得的合法性予以证明。公诉人当庭不能举证的，可以根据刑事诉讼法第一百六十五条的规定，建议法庭延期审理。经依法通知，讯问人员或者其他人员应当出庭作证。公诉人提交加盖公章的说明材料，未经有关讯问人员签名或者盖章的，不能作为证明取证合法性的证据。控辩双方可以就被告人审判前供述取得的合法性问题进行质证、辩论。"

② 见前注。

由于《非法证据排除规定》刚刚实施、新修订的《刑事诉讼法》于2013年1月1日实施，在司法实践中如何对待证据材料的证据能力，尚无明确的司法解释和司法惯例，故此需要我们从理论上进行探讨。笔者认为从逻辑上讲，在对非法证据排除事项证明时应当要求控方采用具有证据能力的证据材料。这是因为，非法证据排除的证明本身就是通过证明某一证据材料非法而剥夺其证据能力，或反之，通过证明该证据材料合法而肯定其证据能力。既然如此，控方显然应该通过有证据能力的"合法"证据证明该证据材料合法而具有证据能力，而不能借助本身都不具有证据能力的"不合法"证据证明该证据材料合法而具有证据能力。否则，就会使非法证据排除本身变得矛盾而荒谬。故此，对控方而言，在针对非法证据排除的证明时应当采用具有证据能力的证据材料。

　　在证据能力（证据使用范围）、证据调查程序和证明标准等方面都被严格要求的证明方法，实际上也就相当于严格证明。所以，我国在《非法证据排除规定》以及新修订的《刑事诉讼法》中对控方证明方法的要求基本相当于严格证明或接近于严格证明。但是，接近于严格证明不等于就是严格证明，《非法证据排除规定》第七条以及新修订的《刑事诉讼法》第五十七条虽然对控方证据调查程序进行了较严格的规定，但仍然留有余地，并未像大陆法系国家那样对适用严格证明方法的证据调查程序作出具体细致的严格规定。这就使得控方应遵守的证据调查程序虽然比较严格，但严格程度却似乎不能等同于大陆法系国家真正意义上的严格证明。另外，各法治国家一般认为涉及自白任意性的程序法事实适用自由证明。[①] 虽然我国在《非法证据排除规定》以及新修订的《刑事诉讼法》中对控方证明方法的要求更加严格，但笔者认为还是不宜用"严格证明"对其加以界定，似乎可以用"接近严格证明的相对自由证明"对其加以描述。这一问题，笔者将在证明方法一章进行专门论述。

　　其二，《非法证据排除规定》以及新修订的《刑事诉讼法》对辩方的证明方法没有做出明确具体的规定。非法证据排除的证明在最初要由辩方负证明责任，由于其证明能力的薄弱，不应当在证明方法上过于苛求辩方。在对非法证据排除问题进行证明时，对辩方可以不必严格限制证据能

[①] 康怀宇、康玉：《刑事程序法事实的证明方法——自由证明及其具体运用的比较法研究》，《社会科学研究》2009年第3期。

力、证据调查程序和证明标准,可以发现真相为主要价值选择,允许其以完全自由证明的方法进行证明。

其三,其他的程序性违法引发的程序法争议事实(项)的证明亦可参照非法证据排除的证明方法,允许辩方采取完全自由证明的方法,而要求控方采取接近严格证明的相对自由证明。非程序性违法引发的程序法争议事实(项)的证明与程序性违法引发的程序法争议事实(项)的证明在证明方法上有相似之处,笔者将在证明方法一章做专门分析。

(二)程序法请求事实(项)的证明方法

程序法请求事实(项)的证明决定某一具体诉讼行为是否能够启动,一般而言,皆可采用自由证明,但控方与辩方难易程度亦应有所不同。

1. 前文在分析控方程序法请求事实(项)的证明标准时,笔者谈到证明标准的设定应当考虑到对侦查效率价值和人权保障价值这两种价值的平衡。证明方法也是同样道理,对控方程序法请求事实(项)的证明不能不考虑侦查行为、公诉行为的效率问题。特别是在侦查阶段中,刑事诉讼刚刚开始,控方收集的证据材料,还不充分不完善,也不易分辨是否"确实",很多证据材料在形式上也不一定合乎法律要求,关键证据材料往往以传闻证据的形式存在,甚至其合法性尚不能严格确定。此时,如果要求控方据以证明其程序法请求事实(项)的证据都具有证据能力,显然是勉为其难,会严重延缓侦查行为的启动,影响对犯罪的控制和打击。同样,在对这类程序性请求的司法审查中,也没有必要遵循严格的证据调查程序,比如证人出庭作证等。侦查行为的秘密性决定了某些严格的证据调查程序没有适用的现实可能性,一味机械地运用会对侦查行为本身造成破坏。另外,笔者在前文指出,大多数控方程序法请求事实(项)的证明标准以"合理根据"或"相当理由"为宜,没有必要达到定罪量刑的最高证明标准(如内心确信或排除合理怀疑)。既然控方的程序法请求事实(项)的证明既不需要据以证明的证据材料都具有证据能力,也不需要必须遵守严格的证据调查程序,更不需要达到最高的证明标准,综合以上各点可以认为这种证明方法应当属于自由证明。

但是应当指出,不必遵守严格的证据调查程序,不等于完全不必遵守任何证据调查程序。无论从哪个角度说,控方应当遵守的证据调查程序都应比辩方严格。从人权保障价值出发,应当要求控方遵守相对严格的证据调查程序。另外,为达到保障人权、限制公权力滥用的目的,还可以通过证明程序的设计进一步规范控方程序法请求事实（项）的证明。① 这也就意味着，从整体上，控方程序法请求事实（项）的证明方法应较辩方程序法请求事实（项）的证明方法更为严格②。

2. 正如笔者在前文反复指出的，由于辩方证明能力有限，不宜给其证明设置过多障碍。故而，在证明方法上，辩方程序法请求事实（项）的证明方法显然以完全自由证明为宜。这种完全自由证明可以允许据以证明辩方程序法请求事实（项）的证据材料不必都具有证据能力，且其证明不必遵循严格的证据调查程序，在证明标准上可以适用笔者在前文提到的"优势证据"的标准。

第二节　程序法事实证明的价值

一　程序法事实证明是对实体法事实证明的扩展

证明是一种主体间的说服活动，即说服特定主体相信特定的命题为真（证实）或为假（证伪）。因此，任何证明活动都至少存在两方主体，即论证者和被说服者。论证者依凭一定的证据手段力图论证特定的命题真实或虚假，而被说服者则是论证者的说服对象，其对论证者立场的赞同是证明的目的和发展方向。作为证明的一种类型，诉讼证明③同样是一种主体之间的，运用证据（即已知事实）论证特定命题（即未知事实）成立与否的说服活动。同时，作为诉讼活动的一部分，诉讼中的证明又必然呈现出诉讼的一般特征。

诉讼与诉讼证明（为避免歧义以下简称"证明"）是一对紧密联系的概念，诉讼的进行以证明为基础，证明的存在以诉讼为前提。在刑事诉讼中，可以说诉讼是外在形式和过程，而证明是内在的实质和内容。在审判阶段，诉讼对象就是证明的对象。在审查起诉阶段，诉讼对象基本上也等同于证明的对象。相应的，诉讼理论必然在证明理论中有所反映，证明理论也显然会反作用于诉讼的进程。传统的刑诉证明，也可称为实体法事实

---

① 这一点笔者会在第九章第一节中谈到，在此先不做讨论。
② 控方程序性请求事项的证明方法应属于相对自由证明，详见第七章证明方法。
③ 本书中所述之"证明"，如无特别界定，皆指"诉讼证明"。

的证明，其证明对象是与被告人定罪量刑相关的实体法事实，与传统的定罪量刑之诉互为表里。当以程序性裁判为特征的司法审查之诉①渐渐步出定罪量刑之诉的暗影，成为刑事诉讼中一种独立的诉讼形态时，传统的实体法事实证明理论难以与之相适应。程序性裁判中的诉讼对象，变更为"侦查、起诉和审判机关的诉讼行为"，即程序法事实。此时，实体法事实证明的证明对象"与被告人定罪量刑相关的实体法事实"与程序性裁判（或司法审查之诉）的诉讼对象相去甚远。

程序法事实证明理论的出现刚好对应了程序性裁判和司法审查之诉的发展，丰富了证明理论，使传统的证明理论在诉讼形态的变化中，获得了同步发展。保证了诉讼与证明在任何情况下都始终互为表里，诉讼理论和证明理论在任何情况下都能够相互契合。

程序法事实证明的证明对象是重要的程序法事实或程序法事项。这些程序法事项虽然与定罪量刑无关，但仍关乎重大的程序性利益，并可能对实体性利益产生一定影响。在很长的时间里，我国罕有研究程序法事项证明者，更没有对程序法事实证明成体系的研究。对程序法事实证明问题的研究是对实体法事实证明研究在理论上的拓展，也是对程序法事实证明体系的构建。实践中，刑事证明不仅仅存在于实体法事项之中，也同样存在于程序法事项之中。比如，非法证据排除问题，就是典型的对程序法事项的证明。非法证据排除解决的问题是某一证据材料是否具有证据资格的问题，也就是证据合法性的问题。它无关被告人的定罪量刑，显然不是实体法事实的证明问题，但是对这一问题的决定显然又不能以简单的行政审批的方式进行。辩方认为某一证据材料不具有证据资格，即不具有合法性，不是仅仅提出主张即可，而是要对"该证据材料不具有合法性"的命题进行一定程度的证明。而控方如果认为该证据材料具有合法性，也不能仅仅向法庭表明态度，而应当对"该证据材料具有合法性"的命题进行充分的证明。无论是辩方的"证明"还是控方的"证明"都是货真价实的"证明"，都包含刑事证明的一系列要素，遵循刑事证明的相应规则，而这种证明又并不属于实体法事实的证明。所以说，程序法事实证明把传统

---

① 司法审查之诉实际上也就是程序性裁判。程序性裁判是对司法审查的抽象描述，是对英美法系和大陆法系司法审查类制度的整体抽象，刑事诉讼中的司法审查与程序性裁判互为表里，是从不同角度对同一事物的描述。详见后文论述。

的刑事证明从实体法领域拓展到程序法领域，进一步丰富了刑事证明的内涵，极大地拓展了刑事证明的外延，使大量的程序法事项成为证明理论发挥作用的新的对象。

程序法事实证明的出现，使刑事证明体系趋于完善。程序法事实证明和实体法事实证明组成了刑事证明的完整体系，使证据法学的理论内涵更加丰富。程序法事实证明，进一步提升了证据法的理论品格，丰富了传统的证明理论，适应了由于司法审查之诉的出现带来的新的变化，保证了诉讼理论和证明理论的相互呼应和紧密联系。

二 程序法事实证明为司法审查之诉提供了新的证明基础

在传统理论中，法院司法裁判的对象只有一个，那就是被告人的定罪量刑问题，也就是被告人的行为是否构成犯罪，依照刑法应当给予何种处罚。此时的司法裁判，解决的问题是实体法问题，其性质归属自然也是实体性裁判。随着西方国家宪法、行政法领域的司法审查制度应用于刑事诉讼领域，法院的司法裁判对象增加了新的内容。在宪法领域，司法审查针对的是违宪行为，即对宪法违法行为进行审查；在行政法领域，司法审查针对的是行政违法行为，即对行政违法行为进行审查。无论是哪种领域的审查，都是以民告官的形式存在，由公民、法人或其他组织提起对违宪行为（宪法违法行为）或行政违法行为的司法审查之诉，通过法院的司法审查，评价立法机关立法行为、行政机关行政行为的法律效力，对违宪行为（宪法违法行为）和行政违法行为加以纠正或救济。刑事诉讼中的司法审查针对的对象是刑事程序法违法行为，即程序性违法行为，自然也应以民告官的形式存在，由公民、法人或其他组织提起对程序性违法行为的司法审查之诉。通过法院的司法审查，审查侦查机关、检察机关乃至初审审判机关诉讼行为的合法性，评价侦查行为、检察行为，乃至初审法院审判行为的法律效力，对侦查违法行为、检察违法行为和审判违法行为加以纠正或救济。① 随着二战后现代司法审查制度在刑事诉讼领域的正式确立，由法院受理司法审查之诉，对诉讼行为合法性进行审查，便逐步形成

---

① 司法审查可分为事前司法审查和事后司法审查，司法审查之诉特指事后司法审查，即由司法审查机关对侦查机关、检察机关乃至初审审判机关诉讼行为的合法性，以程序性裁判的形式进行事后审查评价，并产生相应的程序性后果，或曰进行相应的程序性制裁。

完善的制度。我们耳熟能详的程序性裁判、程序性后果、程序性制裁和程序性辩护等概念正是我国学者对西方法治国家司法审查制度的抽象描述。司法审查制度在刑事诉讼领域的运用，给司法裁判对象的内涵和外延都带来了巨大的变化。从此以后，法院司法裁判的对象就不再仅仅是被告人罪与罚的实体法问题，由程序性违法引发的侦检机关（也包括审判机关）诉讼行为合法性这种程序法问题也正式成为法院司法裁判的对象。这就意味着对程序性违法行为的司法审查之诉和对实体性犯罪行为的定罪量刑之诉一起，成为法院司法裁判的对象，不仅仅是公民、法人或其他组织的犯罪行为可以成为司法裁判的对象，承担刑事实体法实施的公检法机关的程序性违法行为也可以成为司法裁判的对象。这种变化具有划时代的意义，它使得刑事诉讼法不再只是确保刑事实体法实施的程序法，同时也成为确保刑事诉讼本身依法进行（确保公权力机关刑事诉讼行为本身具有合法性）的程序法。而程序法事实证明为新的司法审查之诉提供了新的证明理论基础。

之所以要将司法审查引入刑事诉讼领域，以司法裁判的形式由审判机关对诉讼行为合法性争议进行审查，其原因在于审判机关的中立性，以及司法裁判程序的公正性。首先，审判机关与侦查、检察机关不存在隶属关系，也不存在利害关系（最起码在域外法治国家可以做这样的推断），因此具有较大程度的中立性，由其对侦检行为合法性进行审查显然要比侦查、检察机关自己进行内部审查更具有公正性。同时，司法裁判程序一般而言是存在三方主体和控辩双方对抗的程序，它赋予了辩方与控方同等的地位，也赋予了辩方提出己方主张、证明己方主张、质疑控方主张以及与控方公开辩论的权利。这种形式更加公开、公平，在公正性上远胜于行政审批或行政审查的模式。因此，正是因为司法裁判机关的中立性，域外法治国家才将审查诉讼行为合法性的重任赋予了司法裁判机关；正是因为司法裁判的一系列优点，才使得法院最终获得了对侦检机关侦检行为合法性审查的职权。如果法院对侦检机关侦检行为合法性审查不采用司法裁判的方式，而使用类似于行政审批的方式。那么，由法院进行的"裁判"不过是换了一个主体进行的"行政审批"，这种由法院进行的"外部行政审批"能比侦查、检察机关自己进行的"内部行政审批"好多少实在不好评价。"侦检机关的诉讼行为是否具有合法性"，"当事人的权利是否受到程序性违法的侵害"，诸如此类一系列问题的结果也会受到一定程度的质疑。那么，这种行政审批式的所谓的"司法审查"的意义就不是太大了。因此，域外法治发达国家针对程序性违法引发的程序法争议事实（项）的司法审查往往采用司法裁判形式。既然是司法审查之诉，既然是法院司法裁判的对象，那么针对程序性违法事项的审查就要以诉讼化的司法裁判的形式进行。而只要是诉讼化的司法裁判就必须以证明为基础，就必须遵循证据裁判原则。程序法事实证明恰恰为这种司法审查之诉的裁判提供了新的证明理论基础。如果说，针对被告人定罪量刑之诉的司法裁判必须以实体法事实的证明为基础，那么针对程序性违法提出的司法审查之诉的司法裁判显然要以程序法事实证明为基础。最典型的例证就是《非法证据排除规定》，《非法证据排除规定》赋予了我国法院对证据合法性进行司法审查的权力，实际上也就是对取证行为合法性进行司法审查的权力。按照《非法证据排除规定》的规定，法院的这一司法审查必须依司法裁判方式进行，那么对非法证据排除这一程序性违法引发的程序法争议事实（项）的司法裁判，只能以程序法事实的证明为基础。因此，可以说程序法事实证明理论的出现为新的司法审查之诉提供了新的证明基础，并为这种司法审查之诉未来的扩展（现在只包括对非法言辞证据的司法审查）提供了证明理论的基础性保障。

三 程序法事实证明有利于限制法官过大的自由裁量权

在我国刑事诉讼中，法官在程序法事项的裁决上拥有极大的自由裁量权，而且很少受到制约。根据前文的分析，为数众多的程序法事项根本就不经过法院裁决，而经由法院裁决的程序法事项在裁决时又以类似于行政审批的方式进行。比如，强制措施和强制性措施的审查不由法院进行，非法证据排除之外的程序性违法行为不属于现行司法审查的对象。法院仅对回避、恢复诉讼期间、保全证据、调取证据这些主要由辩方提出的程序法事项进行裁决，而且是以类似于行政审批的方式进行——这意味着法官拥有极大的自由裁量权。唯一以司法裁判方式加以审查的就是非法证据排除事项，或称证据合法性争议事项。但即便是在这种以司法裁判方式存在的审查中，法官也拥有过多的自由裁量权。非法证据排除问题的证明属于程序法事实证明，但是一直没有程序法事实证明理论的支持。比如，非法证据排除的证明责任分配不清楚，控辩双方证明需达到的证明标准不清楚，控辩双方应当运用的证明方法也不清楚。因为存在着这许多的"不清楚"，法官的自由裁量权极大。不像在实体法事实的证明中，法官还需要遵循一系列证明理论和证明规则的要求，在程序法事实的证明中，几乎无任何理论和规则可遵循，法官可以在控辩双方的证明责任、证明标准和证明方法上自由评价，完全根据主观意志和自己对法律及证明理论的理解，对这些问题进行判断。

在《非法证据排除规定》以及新修订的《刑事诉讼法》出台之前，在非法证据排除问题的证明上存在一系列奇怪现象。比如，一些法官要求辩方对非法证据排除问题承担说服责任，而控方则不承担说服责任；一些法官要求辩方证明须达到"事实清楚，证据确实充分"的标准，而对控方证明标准的要求则远远低于这一标准；一些法官要求辩方证人必须出庭作证，而控方则只需出具书面的证人证言即可。总之，在控辩双方的证明问题上，确有一些地方的法官对控辩双方采用双重标准，这种双重标准不是域外通行的照顾辩方的标准，而是恰恰相反。一些法官竟然要求辩方使用类似于严格证明的方法证明其主张，而只要求控方使用自由证明的方法证明其主张。辩方证明需要严格依照证据调查程序，达到定罪量刑的最高证明标准，还很可能不被采信。控方证明只要出具一纸加盖侦查机关公章的"无刑讯逼供证明"就可以解决问题。甚至个别地方还出现了用非法证据排除规则①排除辩方关键证据的惊人之举。上述种种表现都反映出法官在程序法事项裁决问题上过大的自由裁量权。这种缺乏节制的自由裁量权一方面会造成法律适用的严重不统一，即针对大致相同的程序法事项，裁决结果却大相径庭；另一方面，也会造成法官对当事人提出的程序法事项缺乏起码的重视，甚至恣意妄为，侵犯当事人正当的程序性权益。《非法证据排除规定》以及新修订的《刑事诉讼法》的出台，在一定程度上解决了这一问题。《非法证据排除规定》以及新修订的《刑事诉讼法》对控辩双方在证据合法性争议事项证明中的证明责任、证明标准和证明方法做出了一系列的规定，这些内容正是程序法事实证明理论的体现。但是，《非法证据排除规定》以及新修订的《刑事诉讼法》在一些关键问题上仍然语焉不详。比如，当辩方初步证明达到何种程度时，证明责任方可发生转移？（也就是当辩方初步证明达到何种程度时，能使法庭对被告人审判

---

① 此时并未颁布《非法证据排除规定》，应适用刑事诉讼法和最高人民法院司法解释的规定，故此处的"非法证据排除规则"是一种约定俗成的法律称谓。

前供述取得的合法性产生疑问?）这一问题在《非法证据排除规定》以及新修订的《刑事诉讼法》中就没有明确的规定，这种法律规定的疏漏又会在实践中给予法官过大的自由裁量权。之所以会存在上述各种问题，究其深层原因，则是程序法事实证明理论并未成体系的提出，无法在程序法事项的裁判问题上给予司法机关以有力的理论支持。随着程序法事实证明理论成体系的提出，特别是各种程序法事实证明要素的明确阐释，必将为程序法事项的司法裁判提供有力的理论保障。同时，也可以有效的规制程序法事项裁判中法官过大的自由裁量权，使法官在处理程序法事实证明的问题上有章可循、有理可循。目前，适用司法裁判方式审查的程序法事项仅限于非法证据排除，但未来其范围必将扩大到其他程序法争议事实（项）。此时程序法事实证明理论将会更好的规制法官的自由裁量权，使程序法事项的司法裁判象实体法事项的司法裁判一样，程序缜密、有章可循。

四 程序法事实证明有利于维护犯罪嫌疑人、被告人的正当权益

程序法事实证明直接为程序性辩护提供了证据法理论基础，有利于犯罪嫌疑人、被告人刑事诉权的实现，并最终有利于保障公民与刑事诉讼有关的宪法基本权利的实现。无论是域外还是国内，对犯罪嫌疑人、被告人权利的关注始终是刑事诉讼法领域一个永恒的主题。法学界与其说是关注犯罪嫌疑人、被告人的权利，倒不如说是关注每一个普通公民的权利。由于每一个普通公民从理论上来说，都有成为某个刑事案件的犯罪嫌疑人、被告人的潜在可能，刑事诉讼法规定的犯罪嫌疑人、被告人权利实际上是每一个普通公民陷入刑事诉讼困境时应当拥有的最低限度的基本诉讼权利。而这也正是刑事诉讼法被称为小宪法的真正原因。宪法规定公民基本权利，保障最低限度的不应受到国家公权力侵犯的公民权利。同时，对公权力机关侵犯宪法基本权利的行为做出禁止性规定，并为公民宪法基本权利提供法律保障和救济方法。刑事诉讼法规定犯罪嫌疑人、被告人的基本诉讼权利，也就是公民在陷入刑事追诉时享有的相关权利，保障最低限度的不应受到公安司法机关侵犯的诉讼权利。同时对公安司法机关侵犯基本诉讼权利的程序性违法行为做出禁止性规定，并对犯罪嫌疑人、被告人基本诉讼权利提供法律保障和救济方法。

由此可见，二者有异曲同工之妙，从某种意义上来讲，都是一部公民的权利保障法。因此，宪法中那些有关刑事诉讼的公民基本权利完全可以作用于刑事诉讼过程，从宪法的高度保障犯罪嫌疑人、被告人的基本权利（也即每个公民的基本权利），这种方法也就是近年来运用于法治发达国家的刑事诉讼权利宪法保障。刑事诉讼权利宪法保障从宪法的高度指出，犯罪嫌疑人、被告人作为一个公民理应拥有宪法、刑事诉讼法赋予其的宪法基本权利和诉讼基本权利。作为一个公民，犯罪嫌疑人、被告人不是刑事诉讼的客体，而是刑事诉讼的主体，有权利参与刑事诉讼的过程，也有权利发表自己的主张、意见，还有权利参加到事关自身自由或生命的刑事诉讼结果的形成过程中来。

这也直接从逻辑上说明了被告人刑事诉权的合理性。刑事诉权是指刑事诉讼当事人进行诉讼，实施诉讼行为，并请求人民法院对刑事案件和刑事附带民事案件依法做出公正裁判的权利。① 刑事诉权分为公诉权和应诉权，本书所说的刑事诉权意指被告人的应诉权。宪法保障犯罪嫌疑人、被告人有权利参加刑事诉讼过程，提出自己的主张，对诉讼结果施加影响，但犯罪嫌疑人、被告人通过何种媒介行使宪法赋予其的上述权利呢？答案就是刑事诉权。被告人通过行使刑事诉权提出其诉讼主张，以刑事诉权为依据行使各种诉讼权利。刑事诉权行使的主要形式是对辩护权的行使。传统意义上的辩护是实体性辩护，主要功能是证明犯罪嫌疑人、被告人无罪或罪轻。近年来学界提出了程序性辩护的概念，程序性辩护是指辩护方针对警察、检察官、法官所实施的程序性违法行为，为追求特定的程序性制裁之诉讼结果，而要求法院做出专门程序性裁判的权利。② 它是一种进攻性的辩护，其实质就是对侦检机关的程序性违法行为提出质疑，通过申请法院对违法行为进行司法审查（即程序性裁判），而对该程序性违法行为实施程序性制裁。这种程序性辩护显然是刑事诉权的一种积极地行使方式，即通过程序性辩护直接对被侵犯的诉讼权利加以维护和救济。

---

① 申君贵：《刑事诉讼理念与程序完善研究》，中国法制出版社2006年版，第93页。
② 陈瑞华：《程序性制裁理论》，中国法制出版社2010年版，第294页。

第五章

程序法事实证明的证明责任

任何证明问题都离不开证明责任的分配,程序法事实证明亦存在证明责任的分配问题。前面我们将程序法事实证明区分为程序法争议事实(项)的证明和程序法请求事实(项)的证明,下面我们仍以这两种分类来分析程序法事实证明中证明责任的分配。

第一节 程序法事实证明责任和实体法事实证明责任的区别

程序法事实证明的证明责任和实体法事实证明的证明责任相似,都存在着证明责任的分配问题,由于程序法事实证明的自身特点,其与实体法事实证明的证明责任分配存在着一定的不同。

一 实体法事实证明中证明责任的分配

实体法事实的证明对象,包括与犯罪构成要件相关的事实,即与定罪量刑相关的事实。在实体法事实证明的证明责任分配上,绝大多数时候严格遵循谁主张谁举证这一古老的罗马法原则。既然控方提出了被告人有罪的指控,那么控方就必须对被告人有罪的事实承担证明责任,即对那些与被告人定罪量刑有关的实体法事实进行证明。控方对这些事实承担的证明责任是提出证据责任和说服责任,也就是说,控方不但有责任提出证明被告人有罪的证据,而且其所提出的证据应当将被告人有罪这个命题证明到法定的标准,否则就要承担由于证明责任未完成所引发的消极后果。而辩方则可以举证也可以不举证。如果辩方准备通过积极举证,证明自己无罪的话,那么他可以进行举证。此时,辩方通过证明"被告人并非是有罪的"这一命题对控方命题"被告人是有罪的"加以否定。这样的两个命题互为矛盾命题，只有一真，另一个必定为假。辩方也可以不进行任何证明，对控方的证明冷眼旁观。因为控方承担说服责任，如果控方举证不充分，证明达不到标准，就只能承担证明命题"被告人是有罪的"不成立的后果。而根据无罪推定原则对被告人的保护，如果控方不能证明辩方是有罪的，那么被告人就是无罪的。辩方连小手指也不用动一下，就可以冷冷地看着控方以失败收场。即使在辩方积极证明的情况下，其也只承担提出证据责任，而不承担说服责任。即当辩方举证时，其虽然负有提出证据的责任，但是却并不因其积极证明行为而背负说服责任。也就是说，辩方的积极证明即便不能证实自己是无罪的，也不会因证明不能而被判有罪。因为说服法官的责任在任何情况下（仅指实体法事实证明时）都是由控方承担的。在辩方和控方都不能说服法官的时候，控方永远要承担不利的后果。

当然，在某些特定的场合下，实体法事实证明的证明责任也会发生转移。如巨额财产来源不明罪，在控方证明了被告人财产与合法收入不符后，证明责任就转移给了被告人或辩方，辩方就要证明其财产差额部分来源合法。此时，其不但负有提出证据责任，而且要承担说服责任。如果辩方对自己财产差额部分来源合法这一命题的证明不能说服法官，他就要承担不利的后果，可能会被认定为有罪。这种情况在一些持有型犯罪中也会出现，如非法持有毒品罪，但因该问题与本书关系不大，我们在此就不展开讨论。

整体而言，实体法事实证明中，证明责任的分配主要遵循谁主张谁举证的原则，只在极少见的情况下会发生证明责任的转移。而这种证明责任的转移也是在法律明文规定的情况下，以特例的形式存在。

二 程序法事实证明中证明责任的分配

比较而言，程序法事实证明则会在很多情况下发生证明责任的转移。而且，这种转移在某些情况下是一种原则，而非法律规定的特例。我们知道，程序法事实证明可分为程序法争议事实（项）的证明和程序法请求事实（项）的证明。程序法争议事实（项）的证明可分为程序性违法引发的程序法争议事实（项）的证明和非程序性违法引发的程序法争议事实（项）的证明。程序法请求事实（项）的证明可分为控方程序法请求事实（项）的证明和辩方程序法请求事实（项）的证明。在程序性违法引发的程序法争议事实（项）的证明中，证明责任的转移应当是一种原则，一种普遍的现象。在非程序性违法引发的程序法争议事实（项）的证明中，有时会出现证明责任的转移。而在控方程序法请求事实（项）的证明中，则不存在证明责任的转移问题。在辩方程序法请求事实（项）的证明中，一般也不存在证明责任的转移问题。

在程序性违法引发的程序法争议事实（项）的证明中，由于存在三方证明主体和两个针锋相对的证明，必然存在着证明责任在控方与辩方间的分配问题。在审判过程中，特别是在审前程序中，程序性裁判是独立于实体性裁判存在的，被英美法系国家称为"案中案""诉中诉"。在程序性裁判中，原来实体性裁判中的防御方辩方，因其对程序性违法事实提出确认要求，而实际上成为程序性裁判中的攻击方，具有类似原告的诉讼地位。相应的，控方也就成为程序性裁判中的防御方，具有类似被告的诉讼地位。根据罗马法确立的古老准则"谁主张谁举证"，提出程序法争议事实（项）违法的辩方应当负举证责任。但是，由于辩方取证能力、取证手段的薄弱，由辩方对公权力机关的程序性违法行为进行充分举证并完成高标准的证明，是明显不可能也不公正的。

在轰动一时的沈阳黑社会分子刘某一案中，辩护律师T将刘某被羁押看守所内的数名武警战士找到，出庭证明听到了刘某被刑讯逼供时发出的惨叫声。这些武警战士作证时已经复员，T律师查访数省将他们找到。这些证人的证言发挥了重要作用，辽宁省高院二审以"不能排除存在刑讯逼供"为由改变了一审对刘某死刑立即执行的判决。刘某的财力和T律师的办案能力，这样的组合，在中国恐怕是非常罕见的，以这样的财力和知识武装起来的辩方才能取得刘某被刑讯逼供的有力证据。普通的中国百姓怎么可能有刘某这样的财力和势力？普通的中国律师怎么可能有T律师的影响和能力？又有多少律师能够有足够的时间和能力从数个省中一一找出已经复员的武警战士？那么他们如何能取到刑讯逼供的证据，如何能对刑讯逼供引发的非法证据排除争议进行充分的证明呢？在这里，还得指出一点，虽然有刘某之财和T律师之智，最高人民法院的法官仍然认为辩方关于非法证据排除的举证没有能够说服自己，即没有达到法官认可的证明标准，完成说服责任。于是，辩方对非法证据排除的证明以失败告终，最高人民法院在提审刘某案时又维持了一审死刑立即执行的判决。这个案例充分说明，在非法证据排除问题上将证明责任分配给辩方，且不相应降低其证明标准,是多么可怕的事情。在《非法证据排除规定》制定及《刑事诉讼法》修订以前,这种证明责任的分配和证明标准的规定,使非法证据排除的规定形同虚设,使对违法取证行为的证明成为不可能完成的任务。因此,也就使得公正审判原则和程序正义原则受到了直接的挑战。非法证据排除和违法取证行为的证明如此,其他程序性违法引发的程序法争议事实(项)甚至连法院司法审查的对象都不是,证明责任问题就更是无从谈起。

由前文的分析可知,程序性违法引发的程序法争议事实(项)的证明对象是诉讼行为的合法性。其外延既包括已被现行法列入程序法争议事实(项)证明对象范畴的非法证据排除事项,也包括未被现行法规定,但在理论上应当归属于程序法争议事实(项)证明对象的违法取证行为和违法实施的其他侦检行为。举例来说,这些程序性违法行为包括非法搜查、非法查封、非法扣押、非法冻结、非法监听,还应包括非法拘留、非法逮捕、超期羁押、非法剥夺辩护权等等一系列行为。

只要是由程序性违法引发的程序法争议事实(项)的证明,就必然存在着对程序性违法的认定。按照谁主张谁举证的原则,辩方如果质疑控方某一诉讼行为的合法性,就要对该诉讼行为的程序违法性进行证明,并负担起提出证据责任和说服责任。我们知道,程序性违法行为是承担侦查、检察和审判的国家公权力机关及其工作人员实施的违反程序法的行为,由普通公民对公权力机关的程序性违法行为进行证明是非常困难的,非法证据排除证明实践中遇到的困难就是最好的例证。让一个孤身一人在场的犯罪嫌疑人证明侦查机关实施了非法搜查行为,或是让一个处于羁押状态的犯罪嫌疑人证明财产冻结行为违法,抑或是让一个普通公民证明秘密监听行为违法,都是极为困难的任务。这些事项如果负担一般的提出证据责任,然后将证明责任转移给控方,都需要辩方的一番努力,如果再使其负担说服责任,那就几乎成为"不可完成的任务"。而如果再要求其与控方在证明时达到同样的证明标准才能卸下证明责任,那么就从根本上断绝了辩方证明该诉讼行为程序性违法的可能。因此,在这里必然会存在着证明责任的转移,只有证明责任从弱小的辩方转移到强大的控方,才真正有可能实现审判的公正和程序的正义(由于证明标准和证明责任密切相关,达到一定的证明标准,才能卸下证明责任,所以我们在关于证明责任的分析中会涉及证明标准问题,但由于证明标准有专章论述,故笔者在本章不作过多分析)。

在非程序性违法引发的程序法争议事实(项)的证明,控方程序法请求事实(项)的证明和辩方程序法请求事实(项)的证明,证明责任的分配问题前文已述,下文中会一一说明。

第二节 程序性违法引发的程序法争议事实(项)的证明责任

一 域外证据合法性争议及其证明责任

非法证据排除事项,是典型的程序性违法引发的程序法争议事实(项),依其性质可称为证据合法性争议事项。在英美法系国家,证据合法性主要体现为可采性问题;在大陆法系国家,证据合法性问题主要体现为证据能力问题。但无论在大陆法系国家还是英美法系国家,证据合法性问题(即非法证据排除问题)都是刑事诉讼中需要重点关注的一个问题。

(一)非法证据排除证明责任分配的立法考察

在刑事诉讼中,非法证据是指法律规定的享有调查取证权的主体违反法律规定的权限和程序,采用违法的方法获取的证据材料。从广义上讲,非法证据泛指采用违法的方法所收集的一切言词和实物证据材料。尽管非法证据与被告人权益保护均有不同程度的联系,但对被告人合法权益能够产生实质影响的,则是来源于被告人或与被告人有关的非法证据。因此在比较法上,非法证据的外延基本上被限制在两类证据:一是非法手段获得的自白;二是非法搜查、查封、扣押所收集的实物证据。[①] 在非法证据排除的证明中由谁承担证明责任,如何分配证明责任,证明标准应如何确定,是各国在刑事诉讼中都需要解决的问题。由于,我国《非法证据排除规定》以及新修订的《刑事诉讼法》适用的证据范围是违法取得的言词证据,与域外刑事诉讼中"非法手段获得的自白"具有很大相似性。因此,笔者主要介绍域外刑事诉讼中"非法手段获得的自白"的规定,与我国《非法证据排除规定》以及新修订的《刑事诉讼法》的内容进行比较。

[①] 孙长永、黄维智、赖早兴:《刑事证明责任制度研究》,中国法制出版社2009年版,第330—344页。

1. 美国法

美国大部分州的法院都规定自白任意性和合法性的证明责任由控诉方承担，但是也有少数州的法院规定该证明责任由被告人承担。通过米兰达一案，最高法院规定如果自白是在律师不在场（警方违反程序性告知义务）的情况下获得的，那么就需要由控诉方对自白的合法性承担证明责任，比如证明自白是被告在了解和理智的情况下放弃了获得律师帮助的权利。之后很多州法院也采用了这种证明责任的分配方式，规定由控诉方同时承担提供证据责任和说服责任，证明自白的合法性。当然，也有一些州采取其他的证明责任分配方式。比如有的州规定在通常情况下应当推定自白具有任意性和合法性，只有当被告人对自白的合法性提出异议时，才会产生控诉方对自白任意性和合法性的证明责任。还有的州认为，自白种类不同，自白任意性证明责任的分配也就该相应的有所不同。①

2. 英国法

英国1984年在《警察与刑事证据法》中规定了非法自白的排除规则。《警察与刑事证据法》第76条第2款规定："在任何公诉方计划将被告人供述作为本方证据提出的诉讼中，如果有证据证明供述是或者可能通过以下方式取得的：对被告采用压迫的手段，或者实施在当时情况下可能导致被告人的供述不可靠的任何语言和行为，则法庭应当不得将该供述作为对被告人不利的证据提出，除非检察官能向法庭证明该供述并非通过上述方式取得，并且，要将此证明达到排除合理怀疑的程度"。第3款规定："有任何公诉方计划将被告人供述作为本方证据提出的诉讼中，法庭可以自行要求公诉方证明该供述并非上述方式取得的，并将此作为允许该供述在法庭上被提出的条件。"②

由上述法条可以看出，在英国，由控诉方承担提供证据证明自白的合法性和任意性的责任，并且这种证明要达到排除合理怀疑的程度。但是控诉方的证明责任需要其他人的申请才启动，在英国，既可以由被告人提出申请也可以由法官主动提出要求。对于非法口供的证明，则完全可以在英国专门程序——审查聆讯程序中完成。在审查聆讯程序中，由控诉方提供

---

① 孙宗丽：《论非法证据的证明责任》，硕士学位论文，吉林大学，2010年。

② [英]迈克·麦康维尔：《英国刑事诉讼法（选编）》，陈瑞华等译，中国政法大学出版社2000年版，第318—319页。

证据证明口供的合法性，被告人不必须承担证明责任。①

3. 法国法和德国法

大陆法系国家的刑事诉讼以实体真实为基本理念，并采取职权主义的诉讼构造，真实的发现和诉讼的推进均由官方依职权进行。在处理证据合法性的争议问题上，也体现了职权主义的特点。例如，法国法和德国法均明确规定了自由心证原则，根据这一原则，证据证明力的有无和大小，原则上由事实审法官自由判断同时，关于证据的证明力如果发生疑问或者争议的，原则上（除证据禁止规定之外）也由法官依职权调查后认定。《德国刑事诉讼法典》第344条第2款规定："为了查明事实真相，法院应当依职权将证据调查延伸到对裁判有意义的所有事实和证据上。"《法国刑事诉讼法典》第455条也规定："法庭可以依职权或者根据检察院、民事当事人或者被告人的要求，责令为了查明事实真相进行实地调查。"

我国台湾学者陈朴生认为："大陆法系认自白之证据能力，本属程序的事实。程序的事实，法官得依其职权调查之，当事人并不负举证责任。是自白证据能力之事实的证明，既属程序的事实之证明，以经自由的证明为已足，并不生立证之问题。"② 换言之，关于非法证据问题，大陆法系国家一律委诸法官职权调查，并不适用证明责任的分配规则。当然，在具体案件的诉讼过程中，如果被告人意图争辩某一控诉证据的合法性，仍然有必要提供一定的证据或者说明，以促使法官启动职权调查程序。

至于非法证据的证明标准，从实践来看，德国学界多数人"同意适用定罪的证明标准，因此，一旦存在是否排除证据的合理怀疑，证据就应被排除。"而法院通常会排除那些"具有很大可能性"系通过违法活动所取得的证据。③

4. 日本法

根据日本法的规定，原则上控、辩双方对各自请求调查的证据具有证据能力承担证明责任，即：检察官请求调查的证据，如果其证据能力受到被告方的质疑，检察官应当承担证明责任，证明控诉证据具有证据能力；被告方请求调查的证据，如果其证据能力受到控诉方的质疑，被告方应当

---

① 孙宗丽：《论非法证据的证明责任》，硕士学位论文，吉林大学，2010年。
② 陈朴生：《刑事证据法》，三民书局1979年版，第373页。
③ 岳礼玲：《德国刑事证据制度中的若干问题》，载樊崇义主编《诉讼法学新探——陈光中教授七十华诞祝贺文集》，中国法制出版社2000年版，第396页。

承担证明责任,证明辩护证据具有证据能力。①《日本刑事诉讼法》第319条规定:"出于强制、拷问或者胁迫的自白,经过不适当的长期扣留或拘禁后的自白以及其他有不是出于自由意志之疑的自白,都不得作为证据。"根据这一规定,日本学界通说主张对非法自白的证明应当采用严格证明的方式,证明标准适用应当达到排除合理疑问的程度。但检察官对自白的任意性并非总要举证,被告人和辩护人对自白的任意性没有异议时自不待言,即使被告方有异议,如果法庭依职权就自白的任意性进行调查,检察官也不必举证。② 与此不同的是,对于实物证据,一旦证据物的收集程序违法已由被告方提出时,对搜查、查封、扣押合法性的证明责任就落在控诉方身上。③

二 我国的非法证据排除及其证明责任

(一)《非法证据排除规定》以及新修订的《刑事诉讼法》颁布前的三种观点

在《非法证据排除规定》以及新修订的《刑事诉讼法》颁布前,我国学术界在非法证据排除的证明责任分配上有三种观点:一种是广大学者、律师主张的观点,即应实行完全的证明责任倒置,由控方对非法证据排除承担证明责任。另一种是部分学者和检察机关的观点,认为应实行谁主张谁举证的原则,由辩方承担证明责任。考虑到辩方的证明能力薄弱,可以降低辩方的证明标准,即辩方将非法证据排除问题证明到"优势证据"程度即可。第三种观点介于前两者之间,主张辩方应当先对证据非法问题进行初步的证明,在辩方完成初步证明,法庭认为该证据确有可能非法时,责令控方对证据的合法性进行证明,此时证明责任转移给控方。

(二)《非法证据排除规定》以及新修订的《刑事诉讼法》的相关规定

我们来看一下我国的《非法证据排除规定》以及新修订的《刑事诉讼法》的规定,《非法证据排除规定》第四条规定:"起诉书副本送达后开庭审判前,被告人提出其审判前供述是非法取得的,应当向人民法院提

---

① 参见孙长永《日本刑事诉讼法导论》,重庆大学出版社1993年版,第94页。
② 同上书,第104页。
③ 宋英辉译:《日本刑事诉讼法》,中国政法大学出版社2000年版,第31页。

交书面意见。"第七条规定:"经审查,法庭对被告人审判前供述取得的合法性有疑问的,公诉人应当向法庭提供讯问笔录、原始的讯问过程录音录像或者其他证据,提请法庭通知讯问时其他在场人员或者其他证人出庭作证,仍不能排除刑讯逼供嫌疑的,提请法庭通知讯问人员出庭作证,对该供述取得的合法性予以证明。"第十一条规定:"对被告人审判前供述的合法性,公诉人不提供证据加以证明,或者已提供的证据不够确实、充分的,该供述不能作为定案的根据。"第十三条规定:"庭审中,检察人员、被告人及其辩护人提出未到庭证人的书面证言、未到庭被害人的书面陈述是非法取得的,举证方应当对其取证的合法性予以证明。"新修订的《刑事诉讼法》第五十六条规定:"法庭审理过程中,审判人员认为可能存在本法第五十四条规定的以非法方法收集证据情形的,应当对证据收集的合法性进行法庭调查。当事人及其辩护人、诉讼代理人有权申请人民法院对以非法方法收集的证据依法予以排除。申请排除以非法方法收集的证据的,应当提供相关线索或者材料。"第五十七条规定:"在对证据收集的合法性进行法庭调查的过程中,人民检察院应当对证据收集的合法性加以证明。现有证据材料不能证明证据收集的合法性的,人民检察院可以提请人民法院通知有关侦查人员或者其他人员出庭说明情况;人民法院可以通知有关侦查人员或者其他人员出庭说明情况。有关侦查人员或者其他人员也可以要求出庭说明情况。经人民法院通知,有关人员应当出庭。"第五十八条规定:"对于经过法庭审理,确认或者不能排除存在本法第五十四条规定的以非法方法收集证据情形的,对有关证据应当予以排除。"从《非法证据排除规定》以及修订后的《刑事诉讼法》的上述条文我们可以发现,我国非法证据排除规则采用的是学者们的第三种意见,我们在此略作分析。

根据《非法证据排除规定》第四条以及《刑事诉讼法》第五十六条第二款的规定,被告人(及其辩护人、诉讼代理人)或曰辩方有对非法证据提出争点并对该争点负有提出证据责任,就是说辩方首先要提出某一证据是非法证据的主张,将该争点提示给法庭。接着根据谁主张谁举证的罗马法古老原则,应当对其提示争点举出证据加以证明。辩方提出的争点,实际上是证明中的一个命题,即"某一证据材料是非法取得的,属于非法证据的范畴,因此不具备证据资格,应当排除出审判"。辩方的证明责任就是举出证据证明这一命题初步成立,辩方需要将这一命题证明到初步成立的程度，才能卸下其证明责任。至于"初步成立"是一个什么标准，涉及程序法事实的证明标准问题，在下文中我们会涉及，在此不作展开。

在辩方完成对其提出争点的证明后，如果裁判方认为辩方证明已达到了初步证明的程度，此时证明责任发生转移，从辩方转移给控方。这里证明责任的转移是裁判转移，后文会专门加以论述。

根据《非法证据排除规定》第七条以及修改后《刑事诉讼法》第五十七条的规定，证明责任转移后控方负担了提出证据责任和说服责任。控方应当向法庭提供讯问笔录，原始的讯问过程录音录像或者其他证据，提请法庭通知讯问时其他在场人员或者其他证人出庭作证，仍不能排除刑讯逼供嫌疑的，提请法庭通知讯问人员出庭作证，对该供述取得的合法性予以证明。

根据《非法证据排除规定》第十一条以及修改后《刑事诉讼法》第五十八条的规定，如果"对被告人审批前供述的合法性，公诉人不提供证据加以证明，或者已提供的证据不能确实，充分的，该供述不能作为定案的根据"，也就是说该证据材料会被法庭认定为非法证据，不具备证据资格，而被排除出审判。

（三）控方承担说服责任的原因

根据《非法证据排除规定》以及修改后《刑事诉讼法》第五十八条的规定，控辩双方就证据的合法性发生争议时，由于证明责任的转移，控诉方对本方证据系合法收集的事实承担说服责任。理由有二：

其一，符合证明责任分配的基本原则。根据罗马法以来关于证明责任分配的基本原则，"主张者承担证明，否定者不承担证明"和"事物的性质不要求否定者承担证明。"① 也就是说，诉讼中主张积极性（肯定）事实的当事人承担证明责任，而将消极性（否定）事实引入诉讼的当事人无须对此承担证明责任。依此原则，在刑事诉讼中，控诉方不仅应当承担证明被告人有罪的责任，而且应当承担证明控诉证据合法性的责任。关于控诉证据系合法收集的事实可以说也是控诉方积极主张的组成部分，而被告方对控诉证据合法性提出异议，属于消极（否定）性事实，对此，被

---

① ［日］村上博巳：《证明责任的研究》，有斐阁1995年版，第70页。转引自陈刚《证明责任法研究》，中国人民大学出版社2000年版，第169页。

告方无须承担最终的证明责任。①

其二，符合公平原则。根据公平原则，举证能力是证明责任分配所要考虑的决定性因素。举证能力较强的一方应承担较多的证明责任，举证能力较弱的一方应承担较少的证明责任或者不承担证明责任。对于刑事诉讼中控方的资源优势，波斯纳法官曾做过这样的精彩描述："政府拥有丰富的检控资源（prosecutorial resources），它有权随心所欲地在所有案件之间任意地分配这些资源，它可以威胁集中其优势资源来对付任何不招供的嫌疑人，以榨取嫌疑人有罪之供述，它还可以利用其养精蓄锐的资源以击溃偶尔在法庭上郑重其事地行使其权利的被告，这种情形就像资本市场的不平等准入能够使得掠夺性定价成为一个合理的策略一样。"② 一般而言，国家为了追诉犯罪，赋予检警机关（控诉方）以巨大权力，诸如讯问、勘验、检察、搜查、查封、扣押等。在控诉方利用这些手段进行刑事侦查的过程中，犯罪嫌疑人一般会处于其控制之下。相比之下，被告人通常缺乏必要的法律常识和取证能力，即使有辩护律师协助，也难以独立地收集到足够的有利证据，更难以证明控诉方的取证行为非法。因此，要求控诉方证明其证据的合法性，是符合公平原则的。相反，如果要求被告方证明控诉证据的非法性，不仅在形式上将本应由控诉方承担的证明责任转移给了被告方，而且也有强迫被告人自证其罪的嫌疑（因为在多数情况下，被告人对证据的非法性这一否定性事实是无法证明的），破坏了诉讼的公平性，违背了程序正义的基本理念。③

三 其他程序性违法引发的程序法争议事实（项）的证明责任

其他的程序法争议事实（项）包括违法侦检行为和违法审判行为，违法侦检行为是本书讨论重点。笔者在第一章概述中曾指出，违法侦检行为可分为违法取证行为和违法实施的其他侦检行为。违法取证行为包括获取言词证据的违法取证行为和获取实物证据的违法取证行为。获取实物证

---

① 孙长永、黄维智、赖早兴：《刑事证明责任制度研究》，中国法制出版社2009年版，第330—344页。
② [美] 理查德·A. 波斯纳：《证据法的经济分析》，徐昕等译，中国法制出版社2001年版，第87页。
③ 孙长永、黄维智、赖早兴：《刑事证明责任制度研究》，中国法制出版社2009年版，第330—344页。

据的违法取证行为和违法实施的其他侦检行为也可以成为程序法争议事实（项）。这些程序法争议事实（项）的引发原因同非法证据排除一样，是程序性违法行为，其证明对象也是诉讼行为的合法性。在我国，这些程序法事项还是未受到关注的领域，不像非法言辞证据排除证明责任的讨论已经渐趋成熟。获取实物证据的违法取证行为和违法实施的其他侦检行为其证明机理与获取言辞证据的违法取证行为是一样的，故而其证明要素也应当相同或相似。所以，这些程序法争议事实（项）的证明责任可以参照非法证据排除证明责任的规定。也就是说，这些程序法争议事实（项）的证明责任也同样不应完全由辩方负担，证明责任在一定情况下也需要进行转移。这类行为是与非法言辞证据排除最相类似的程序性违法事项，对此类事项的证明责任分配，可以参照《非法证据排除规定》第四条以及修订后《刑事诉讼法》第五十六条的规定。首先由辩方承担提出证据责任，举证证明该程序法争议事实（项）的初步成立；在辩方的证明达到一定标准后，裁判方认为可能存在违法取证获得的实物证据时，辩方卸下证明责任；证明责任发生转移，控方此时负担提出证据责任和说服责任。

那么，违法实施的其他侦检行为的证明责任呢？在违法逮捕、违法拘留、违法查封、扣押、违法冻结、违法监听等行为中，也应当采用证明责任转移的方法。也就是说，辩方如果提出控方某一诉讼行为程序性违法，那么他就应当承担提出证据责任，也就是对该程序性违法事项进行证明，在将其证明到初步成立时即可卸下证明责任。此时，如果裁判方对该诉讼行为的合法性产生了合理的怀疑，则证明责任转移至控方，由控方负起提出证据责任和说服责任。具体而言，就是辩方要将违法逮捕、违法拘留、违法扣押、违法冻结、违法监听等程序性违法事项的基本事实证明到"初步成立"的程度，然后由裁判方将证明责任转移给控方，控方此时负担提出证据责任和说服责任。

至于说为什么要进行证明责任的转移，在前面非法证据排除问题上笔者已做过详细的论述，重复内容不再赘述。除了上文提到的各种理由之外，笔者认为还有一个重要的理由可以成为证明责任转移的理论基础，那就是刑事诉讼与行政诉讼的相似性。

行政诉讼与刑事诉讼同属公法，其立法精神与原则在很多方面是相通的。行政诉讼法的目的是为了保证依法行政，通过司法审查制约行政权的滥用。而刑事诉讼法的立法目的是为了打击犯罪保障人权，实质上也是为了保证依法追诉和审判,通过诉讼法本身遏制公权力对公民宪法权利的侵犯,保障刑事诉讼依法进行。行政诉讼审查的对象是行政行为的合法性,其要解决的问题是依法行政问题。刑事诉讼审查的对象实际上有两个,一个是实体法审查对象——犯罪嫌疑人被告人的刑事责任问题,另一个是程序法审查对象——追诉和审判机关诉讼行为的合法性,或曰侦查、检察、审判行为的合法性,其要解决的问题是依法侦查、起诉和审判问题。如果说行政诉讼解决的是依法行政,或曰依法执法问题,那么刑事诉讼中程序性裁判解决的则是依法追诉、审判,或曰依法司法问题。

实际上,司法者不仅仅是执法者的评判者,更应当是法律的模范遵守者。过去,我们往往强调遏制行政权的滥用,力图通过司法权对行政权加以平衡。殊不知,这种平衡应当有一个不必言说的前提——那就是司法者的依法司法。司法机关及其工作人员不能凌驾于法律之上,应当严格遵照刑事、民商事实体法,不得随意解释、裁量;应当严格遵守刑事、民事、行政程序法,不能以任何借口违反程序法。如何依法追诉和审判,就能确保诉讼行为的合法性,如果不能确保合法性,该行为就应可诉,举证责任当然由未遵守依法司法义务的公权力机关承担。这也从另一个角度说明,在刑事领域中针对程序性违法行为引发的程序法争议事实(项)进行证明时,证明责任的转移是必要和合理的。

四 非法证据排除中证明责任的裁判转移问题

证明责任在转移的过程中,还会遇到一些新的问题,如果处理不好,会使所有关于程序性争议证明的制度设计都形同虚设。最令人担忧的例子正是我们寄予厚望的非法证据排除问题。《非法证据排除规定》以及修改后《刑事诉讼法》明确规定了证据合法性证明责任的转移问题,这也是第一次在刑事程序法问题中规定证明责任转移。但是,在证明责任的转移问题上,《非法证据排除规定》以及新修订的《刑事诉讼法》的规定,可能会在司法实践中出现问题。《非法证据排除规定》第七条规定:"经审查法庭对被告人审判前供述取得的合法性有疑问的,公诉人应当对该供述取得的合法性予以证明。"新修订的《刑事诉讼法》第五十六条规定"法庭审理过程中,审判人员认为可能存在本法第五十四条规定的以非法方法收集证据情形的,应当对证据收集的合法性进行法庭调查。"言下之意,我国《非法证据排除规定》以及新修订的《刑事诉讼法》规定证明责任转移是需要经过法庭裁决的，即所谓证明责任需经裁判转移。也就是说，当法官认为需要将证明责任转移时，证明责任才会发生转移。在辩方提出非法证据排除的主张后，承担提出证据责任，应将其主张证明到初步成立的程度。在辩方完成了证明之后，谁来判断其是否达到"初步成立"的证明标准呢？是法官。这里就会产生一个问题，如果辩方已经很好地履行了提出证据责任，将其程序性争议主张证明到了"初步成立"的程度，而法官就是认为其没有达到"初步成立"的证明要求，就是不裁决将证明责任转移给控方，该怎么办？

如果《非法证据排除规定》以及新修订的《刑事诉讼法》流于形式，那么有两个地方是有机可乘的。一个就是法官在应当决定证明责任转移的时候，拒不做出决定。再一个，就是虽然做出证明责任转移的决定，但人为降低控方证明标准，在控方证明明显无法达到证据确实充分的情况下，认定其达到证明标准，据此判定该证据材料不属于非法证据，具有证据资格。

为了解决这一问题，必须确定辩方"初步成立"的证明标准应当达到的具体程度，并明确规定当辩方证明达到证明标准时，法庭必须裁判证明责任转移。另一方面，要明确控方的证明方法，严禁违法降低控方标准或简化控方证据调查程序。这两个问题，笔者会在证明标准和证明方法两章详细论述。①

第三节 程序法请求事实（项）的证明责任

由于程序法请求事实（项）的证明只需两方主体和一个证明过程，

---

① 在讨论这个问题时，王敏远研究员曾指出，非法证据排除立法的原意是只要辩方提出，法官就应当展开证据合法性的调查，辩方不必举证，并不需要达到某种证明标准，也不需要证明责任的裁判转移。立法的原意本来是实行完全的证明责任倒置，由控方对非法证据排除承担证明责任，辩方不承担任何证明责任（前文第五章第二节第二标题所述的第一种观点），在司法实践中却被某些司法工作人员误解或者曲解为"辩方应当先对证据非法问题进行初步的证明，在辩方完成初步证明，法庭认为该证据确有可能非法时，责令控方对证据的合法性进行证明，此时证明责任转移给控方"（第五章第二节第二标题所述的第三种观点），这确实是令人遗憾的"改良"。指出立法可能被曲解之处不但必要而且紧迫，只有这样才能将立法原意恢复原貌，不让各界辛苦努力取得的成果付之东流。同时，及时堵住立法中可能存在的漏洞，也可以让意图曲解法律者无机可乘，能够象习近平总书记讲话指出的那样，把权力关进制度的笼子里。

所以证明责任显然应当由提出程序性请求的控方或辩方承担。

一 控方程序法请求事实（项）中控方承担证明责任的依据

控方为什么要对其程序性请求进行申请和证明呢？其原因在于宪法对公民人身权利、财产权利的保护，以及对侵犯公民人身权、财产权的禁止性规定。

（一）宪法基本权利

在一个国家中，法律确认并保障个人享有的各种权利，其中一些权利的内容在法律确认的体系中具有最高的地位和价值，是国家法律保障个人权利的最高依据和准则，国家一切法律都必须以这些根本性的权利为基础，并且是以保障这些权利的有效实施为目的。所以，各国宪法都对这些权利体系中居于核心地位的权利予以确认，使这些权利具有宪法最高法律效力的地位及性质。这些权利被称为"基本权利"或"宪法权利"，意旨由宪法确认的以国家强制力保障实施的个人在社会的政治、经济和文化等方面不可缺少的权利。[1]

（二）宪法基本权利的限制

刑事诉讼法的实施结果是最终惩罚犯罪，保障无罪的人不受刑事追究，也就是要确定国家刑罚权。为实现国家刑罚权，各国在刑事诉讼进行时难免会对个人权利造成侵害。如为强制被告人在审判时出庭，而施以暂时的逮捕或强制执行羁押命令；为强制证人接受询问而施以必要的拘提，或没收有形的证据物；犯罪嫌疑人、被告人企图脱逃，则可以适用器械制止等。这些强制行为，有的是为了侦查犯罪的需要，有的是为了保全证据，保证诉讼的顺利进行及判决的有效执行，也有的是为了预防犯罪等。[2] 但无论何种情形，刑事诉讼法上的强制措施均构成对基本权利的限制，具体包括以下几种：

A 对人格自由权的限制，如逮捕、羁押，为勘验其心神状态进行精神病鉴定、人身搜查等；B 对生理不得侵犯的权利的限制，如抽验血液、脑波测试等；C 对财产权的限制，如对住宅、处所的搜索；D 对邮电、通讯

---

[1] 左卫民、王戬：《论宪法基本权利与刑事诉讼》，《铁道警官高等专科学校学报》2003 年第 3 期。

[2] 同上。

秘密的限制；E 对隐私权的侵犯，如秘密侦探、监听等。行为实施的主体一般为法官、检察官及警察，乃至每个公民，如实行令状主义国家的法官令状、我国检察院批准，由公安机关执行的逮捕、公民针对现行犯的扭送等。刑事诉讼上的强制处分或是很多的诉讼行为，都是一种公法上的基本权限制，即对公民的基本权利在以公共利益的需要为前提下，许可国家以订立法律的方式来限制。对基本权利加以限制的原因，并非因为国家可以在法律上有概括的优于人民的优越地位，而是因为宪法肯定基本权利的存在，但是这种自由的行使可能会影响到宪法所要保障的其他的或者更高的合法利益，包括公共利益和其他个人利益等。因此，宪法一方面肯定基本权利的存在，另一方面也认为这个利益可能被滥用，对他人及集体利益产生威胁，所以二者之间存在一个"潜在的紧张关系"①，这种紧张在刑事诉讼中由潜在变为现实。

刑事诉讼法的目的与作用决定刑事诉讼法必然对宪法所保障的人民的基本权加以限制。问题的关键在于，过度的限制与失衡给公民权益造成侵害，如何来消弭及调和。对此，各国一般都设定了防御体制，典型的是以德国为代表的，在美、英、法、日及我国台湾等国家和地区普遍适用的比例原则。

（三）比例原则在刑事诉讼中的适用

基本人权除了必须受到法律的限制外，还必须要在必要情形下进行，即所谓的比例原则。比例原则被称为公法上的"帝王条款"，拥有"皇冠原则"的美誉，其思想最早可追溯到英国大宪章的"人民不得因轻罪而受重罚"的规定。19世纪德国的警察法领域首先对这一原则加以规定，并作为行政法的重要原则为法国、英国、美国、西班牙、意大利、日本、我国台湾等许多国家和地区以成文法或判例法的形式所采纳。

同法律保留原则一样，比例原则在自身的发展过程及各国的移植借鉴中不断得到完善，并渐渐跳出其行政法原则的范畴而被普遍上升为宪法原则，调整包括行政法在内的其他法律。今天的比例原则与早期比例原则的不同在于前者以宪法为背景，讨论一个涉及人权的公权力，其目的和所采用的手段之间有无存在一个相当的比例。具体内容为：一项法律文件对公民利益范围的触动，不但在目的上，而且在实现目的的手段上均要符合宪法；比例原则的宪法根据包括法治国家原则、平等原则和基本权利保障原

---

① 陈新民：《宪法基本权利之基本理论》（上），元照出版公司1999年版，第185页。

则，其贯彻是对国家各种措施形式合法基础上的更高要求；立法者必须使用对公民利益侵害最小的法律来实现国家所追求的目标，并确保法律对公民利益范围进行必要限制所使用的手段是有效的，进而在利益上进行总体斟酌，考察此手段实现的目标价值，是否过分高于因实现此目标所使用的手段对公民人身财产等基本权利的损害价值。比例原则，将正义作为目的，将限度作为社会秩序的界线，将公平视为违背比例相称的可能性之间的中部，正是法律终极价值目标——正义的一种体现方式。比例原则不仅是法律体系内生的原则，同时也是各国法制所承认的实质法规范。[①] 它所显示的平衡与合法及斟酌的合理性，可以较好地限制公权，防止其出轨并保护公民的基本权利，这无疑是法治精神的精髓，应视为一国的宪法原则。比例原则不仅是审查行政裁量行为的基本标准，也应当是立法、司法等国家行为共同遵循的原则。刑事诉讼的职权行为，尤其是实施刑事诉讼的强制处分或某些诉讼行为，对公民的基本权利进行公法限制时，由于这时的公权力与私权利存在直接的利益冲突，故一定要在追究犯罪与保障人权之间，寻求一个恰当的中部，保障刑事诉讼目的能够达到最为理性化的平衡。所以，在刑事诉讼中一定要贯彻比例原则。这里的比例原则不能简单等同于"和比例"的思想，其精髓不仅仅是双方利益之间的衡量，更是一种目的与手段之间的价值选择。在刑事诉讼法的贯彻执行过程中，在"法律保留"的前提下，防止具体刑事诉讼运作在法律真空下出现权力滥用。最终使得刑事诉讼法在惩罚犯罪的追诉手段与保障公民权利、防止权力侵犯权利的目的之间实现平衡。[②]

（四）控方程序法请求事实（项）中的证明责任

对于逮捕等强制措施，搜查等强制性措施这些程序法请求事实（项）的申请由控方负证明责任。这种证明责任的承担实际上是对侦查权等公权力的一种限制，源自对公民宪法基本权利的尊重和比例原则的适用。侦查、检察机关不能滥用公权力，随意采取逮捕、搜查、查封、扣押、秘密监听等影响公民与刑事诉讼相关宪法基本权利的强制性侦查行为，只能通过承担对所申请事项的证明责任，证明其采取上述措施具

[①] 台湾行政法学会主编：《行政法争议问题研究》（上），台湾五南图书出版有限公司2000年版，第94页。

[②] 左卫民、王戬：《论宪法基本权利与刑事诉讼》，《铁道警官高等专科学校学报》2003年第3期。

有合法性，符合比例原则，方可获得司法机关许可的令状。目前，我国除了逮捕的批准需要由侦查机关申请外，搜查、扣押、秘密监听等其他可能侵犯公民人身权和财产权的强制措施和强制性措施，没有一项需要侦查机关向司法机关或准司法机关申请令状，并证明其所依据的事实和理由的。这也正是目前侦查权侵犯公民人身权、财产权等宪法基本权利的现象严重的重要原因。

二 辩方程序法请求事实（项）中辩方承担证明责任的依据

对于辩方提出的申请恢复诉讼期间、申请调取证据、申请证据保全等程序法请求事实（项），证明责任由辩方承担。基于谁主张谁举证的原则，可以督促辩方行使诉权和诉讼权利。随着我国诉讼民主化的发展，在不久的将来还可以防止当事人诉权的滥用。

在程序法请求事实（项）中，辩方应承担证明责任的第一个原因是罗马法"谁主张，谁举证"的古老原则。根据这一原则，提出自己诉讼主张或诉讼请求的一方当然要承担证明的责任。前文中笔者指出，狭义的辩方程序性请求包括申请恢复诉讼期间、申请调取证据、申请证据保全等。辩方提出这些程序性请求，并对其进行证明并不难于理解。而广义的程序性请求还包含很多非程序性违法引发的程序法争议事实（项），如未决羁押的变更和解除、回避争议事项和管辖异议事项。这些非程序性违法引发的程序法争议事实（项）本质都是辩方提出的程序性请求，只是因为关系重大程序性利益，甚至在一定程度上牵扯到实体利益，所以可能出现控辩双方程序性争议，以控辩审三方结构对辩方请求或主张进行裁判。因此，才将其归入非程序性违法引发的程序法争议事实（项）。在这一类事项的证明中，辩方的证明责任显然也来自"谁主张，谁举证"的要求。既然提出了自己的请求、主张，就必须积极举证加以证明，否则就要承担怠于行使证明责任所带来的消极后果。

从另一个角度来说，辩方对其程序性请求承担证明责任正是鼓励其行使诉权的表现。刑事诉权是当事人为保障自身权利而享有的请求审判机关对刑事纠纷作出公正裁判的权利。被告人通过行使刑事诉权参加刑事诉讼进程并对诉讼结果产生影响，通过行使刑事诉权维护其宪法基本权利和刑事诉讼权利。西方有一句名言叫"为权利而斗争"，权利不是与生俱来或是上天恩赐的，它必须通过斗争而取得。辩方承担证明责任，正是鼓励其积极地行使诉权，积极地参加到刑事诉讼中，对关乎其自己利益的刑事诉讼结果施加积极的影响，也就是为其自身权利而斗争。因此，从这个角度来说，辩方承担证明责任不仅仅是督促其行使诉讼权利，更是鼓励其积极参与刑事诉讼进程和诉讼结果的形成，更好地维护其利益。当然，辩方承担证明责任也有防止当事人滥用诉权，保障刑事诉讼顺利进行的目的，这也是毋庸讳言的。

第四节 非程序性违法引发的程序法争议事实（项）的证明责任

前文中我们提到非程序性违法也可引发程序性争议，比如未决羁押的决定、延长和解除，回避争议和刑事管辖异议。这些非程序性违法引发的程序法争议事实（项）的证明责任有些也存在着转移问题。虽然这些事项的程序性裁判和程序法事实证明是以应然状态存在的，只有在我国建立程序性裁判，特别是审前司法审查制度之后才能真正实现，但因其重要的理论和现实意义，仍有讨论和分析的必要。由于未决羁押的决定、延长和解除意义非常重大，因此笔者准备对该事项进行重点分析。

一 未决羁押的决定、延长和解除事项的证明责任

（一）未决羁押事项概述

在域外法治发达国家，逮捕与羁押一般是相分离的。拘留、逮捕只是强制犯罪嫌疑人到案的一种措施，它一般只能带来较短时间的人身监禁。警察逮捕犯罪嫌疑人的条件是存在逃跑或毁灭证据的危险。逮捕并不意味着羁押，是否羁押由法官审查决定。西方各国一般都将未决羁押的正当理由确定为：确保犯罪嫌疑人、被告人即时到案接受讯问或到庭接受审判；保全证据；保证侦查机构的侦查活动顺利进行，查明案件的事实真相；为将来可能进行的刑罚执行活动提供必要的保证。在我国，刑事诉讼法中没有规定"羁押"这样一种独立的强制措施种类，羁押与拘留，特别是逮捕是合二为一的。在刑事诉讼中，执法者将拘留和逮捕措施不仅仅看作是强制犯罪嫌疑人和被告人到案的两种方式，更关心拘留和逮捕后直接引起的法律后果，即对犯罪嫌疑人实施羁押。这说明在我国只要采取了拘留、逮捕等强制措施，就预示着犯罪嫌疑人和被告人必然被羁押，羁押是拘

留、逮捕的必然延续。①

未决羁押的决定、延长和解除，实际上是三个程序法事项的组合，即未决羁押的决定、未决羁押的延长和未决羁押的解除。虽然我们将这三个紧密联系的程序法事项放在一起，但实际上这三个事项是有所区别的。未决羁押的决定，是指对未决羁押的事前司法审查。未决羁押的延长，也要进行事前司法审查，由法官在听证后决定是否延长以及延长的期限。未决羁押的解除，则是通常所说的对未决羁押的司法救济，一般由犯罪嫌疑人、被告人提出申请，经由法院审查决定，有时也可由法院依职权主动审查决定。

由于未决羁押的决定、延长和解除从本质上讲是程序法请求事实，故而其证明责任的分配原则上应当同程序法请求事实的证明责任分配原则相同，即遵循谁主张谁举证的原则。因为这三个事项是有所区别的，因此在这种程序法争议事实的证明中，证明责任的具体承担者也就有所不同。

(二) 域外国家未决羁押的决定

未决羁押的决定在外国刑事诉讼中一般适用事前司法审查。一般情况下，警察（或检察官）将犯罪嫌疑人逮捕后，应在尽可能短的时间内将犯罪嫌疑人带到法官面前，由法官采取听证的方式，讯问犯罪嫌疑人，听取警察、检察官和律师的意见，然后决定是否对犯罪嫌疑人予以羁押，以及羁押的期限。

在德国，适用未决羁押的实体要件分为两个层次：一是犯罪嫌疑，即必须存在正在被侦查的犯罪嫌疑人实施了犯罪行为的"合理怀疑"；二是羁押的根据，即如果不羁押犯罪嫌疑人，该犯罪嫌疑人可能逃跑或干扰诉讼，从而为保障诉讼顺利进行有羁押必要的。② 程序要件则是设置了审前羁押的司法审查机制，即检察官认为应当羁押犯罪嫌疑人的，必须向法官提出羁押申请，在法官审查了控方提供的与犯罪有关的材料后，决定是否羁押。

在法国，适用未决羁押的实质条件为：只有当一个人受到指控的犯罪是重罪时；或者只有当其受到指控的轻罪是现行轻罪，当处之刑罚为 1 年

---

① 徐德刚、雷连丽：《论审前羁押与人权保障》，《甘肃政法学院学报》2004 年第 5 期。

② 杨开湘、张丹丹：《未决羁押性质之比较研究》，《昆明理工大学学报》（社科法学版）2008 年第 7 期。

或 1 年以上监禁刑；其他轻罪，当处之刑罚为 2 年监禁刑时，才能命令对该人实行先行拘押。而适用未决羁押形式条件为：实行先行羁押的预审程序，即先行拘押由预审法官经对席审理做出决定。

日本刑事诉讼法规定羁押分为起诉前羁押和起诉后羁押，其实体性要件是必须具有"羁押的理由"和"羁押的必要"，其程序性要件是逮捕前置主义和接受法官羁押讯问。

在英国，必须向治安法官申请签发"进一步羁押的令状"，由治安法院举行专门的听证程序，经过听审治安法官做出批准或不批准延长羁押期限的裁决。对于警察起诉之后的申请，治安法官除了要对羁押的合法性进行审查之外，还允许被告人提出保释的申请，听证应有犯罪嫌疑人和其律师的参与，在听取控辩双方辩论后做出裁决。①

根据美国《联邦刑事诉讼规则》的规定，由法官对嫌疑人实施初次聆讯（the first appearance）。这种初次聆讯，保持了开庭的形式，由负责逮捕的警察或检察官出庭提出控告，并解释实施逮捕的理由，法官要告知嫌疑人享有的权利，并就其是否允许保释作出裁决。一般而言，除非涉嫌特别重大的犯罪，一般均可获得保释。当然警察或检察官也可以就保释提出异议申请，法官就是否羁押问题作最终裁决。

（三）域外国家未决羁押的延长

在德国，未决羁押的期间一般是 6 个月，有特别之困难，调查特别复杂或因其他重大事由无法判决，对被告人的未决羁押进行延长是必需的，才能延长羁押期间。其延长需经各州的高等法院裁决，否则撤销未决羁押。州高等法院决定对被告人延长未决羁押，其所为之审查，至迟 3 个月反复一次。②

在法国，对于轻罪案件，羁押一般不得超过 4 个月。此期限可以延长，但不得超过 4 个月。但如果被告人涉嫌犯有较为重大的犯罪，并符合法定条件的，羁押期限可以延长到 1 年。预审法官在期限届满时，还可以附理由的命令，宣布不超过 4 个月的延长，且这种延长可以反复进行，但根据犯罪严重程度有最长期限的限制。

---

① 杨开湘、张丹丹：《未决羁押性质之比较研究》，《昆明理工大学学报》（社科法学版）2008 年第 7 期。

② 同上。

在日本，提起公诉后，未决羁押期限是两月，有继续羁押之必要时，法官可以附有具体理由之裁定，每隔一月延长一次。但符合法定情形时，延长只能以一次为限。

（四）未决羁押决定、延长的证明责任

未决羁押的决定和未决羁押的延长，本质上是控方提出的程序法请求事实。因此，其证明责任当然应当分配给控方，即应当由控方举证证明犯罪嫌疑人或被告人符合未决羁押的条件，应当予以羁押，或符合延长羁押的条件，应当延长羁押。此时，控方承担提出证据责任和说服责任，如果其不能举出证据或所举证据不充分，需要承担程序性请求被驳回的消极后果。未决羁押的决定和未决羁押的延长是非程序性违法引发的程序法争议事实，因此存在着控辩裁三方结构以及控辩双方的对抗。这种情况类似于刑事实体性裁判，控方指控被告人有罪，进行攻击，而辩方进行防御，不负证明责任，即可以不提出任何证据，只单纯对控方所提命题进行证伪。当然，如果辩方愿意积极提出证据，亦可承担提出证据责任，提出某甲不应当未决羁押或者不应当延长羁押期限的理由和根据，但任何时候都不承担说服责任。控方的证明标准应当为明晰可信的证据（即能够在法官心中产生大约80%的主观内心确信程度），这一问题在证明标准一章我们会进行专门论述。

（五）域外国家未决羁押的解除

未决羁押的解除，其性质就是对未决羁押的司法救济。未决羁押的司法救济在英美法系和大陆法系国家呈现不同的形式：

首先，在英美法系国家，被羁押人可以通过申请保释和"人身保护令"的方式获得司法救济。保释是英国重要的羁押救济措施，犯罪嫌疑人一旦被逮捕可以立即向警察申请保释，如果警察拒绝保释申请，必须毫不迟疑地将犯罪嫌疑人带到治安法官面前。如果犯罪嫌疑人的保释申请同时遭到治安法官的拒绝，嫌疑人对于治安法官的这一决定还可以上诉。英美法系国家为被羁押者提供的第二种救济措施是人身保护令。1679年英国议会颁布《人身保护法》，允许那些因刑事指控而长期受到羁押的人向法院申请人身保护令，从而获得保释。根据这一法律，那些依据人身保护令而被释放的人不得再因同一理由而被羁押，但是发现新证据不在此限。

其次，在大陆法系国家，对被羁押者提供的救济途径是司法复审制度。引起这一程序的方式有两种：一种是由被羁押者向法院针对审前羁押提出抗告，法院依据抗告启动司法复审程序，另一种是由法院依职权主动提起司法复审。对于司法复审程序做出的决定，被羁押人如果不服还可以提出上诉。同时，德国和法国都是《欧洲保护人权和基本自由公约》的缔约国，被羁押人在穷尽国内所有救济手段后，还可以就同样的理由上诉至欧洲人权法院。①

（六）未决羁押解除的证明责任

未决羁押的解除，实际上包含未决羁押变更为取保候审或监视居住，和直接解除未决羁押，因其效果都是解除犯罪嫌疑人、被告人的被羁押状态，所以可以将其视为一个程序性问题进行讨论，统一称为未决羁押的解除。未决羁押的解除，在现行法中对应的是逮捕的变更、解除或撤销，其本质应当是辩方程序法请求事实。未决羁押的解除是非程序性违法引发的程序法争议事实，因此存在着控辩裁三方结构，以及控辩双方的对抗。未决羁押的解除，其裁判过程或证明过程与上文所述未决羁押的决定和延长刚好相反，而与前文所述程序性违法引发的程序法争议事实（项）的裁判过程和证明过程倒有些相似。此时，辩方提出解除（或变更）未决羁押的程序性请求，并承担提出证据责任和说服责任。辩方要举证证明犯罪嫌疑人或被告人符合解除（或变更）未决羁押的条件，或曰启动解除（或变更）未决羁押这一诉讼行为具有合理性。辩方对其证明对象要证明到优势证据的程度才能卸下证明责任，而控方则不负证明责任。那么，这时是否存在证明责任的转移呢？在前面笔者分析由程序性违法引发的程序法争议事实（项）的证明时，论证了证明责任应当转移的问题。但在未决羁押的解除这个问题上，笔者并不主张辩方的证明责任转移给控方。这是因为由程序性违法行为引发的程序法争议事实（项）中，程序性违法是引发争议的原因，辩方此时处于程序性违法的被害人地位，其权益受到严重的侵犯，而控方（国家侦查、检察机关及其工作人员）则处于程序性违法的加害人地位。由于辩方取证能力薄弱，无法与强大的国家公权力机关对抗，为了替犯罪嫌疑人、被告人在程序性违法的受害问题上伸张程序正义，只能将证明责任在控辩双方间进行转移，以此实现对其正当权益的救济。而在非程序性违法行为引发的程序法争议事实（项）中，控方或辩方向裁判方提出的程序性请求是引发控辩双方程序性争议的原因。当

---

① 程味秋主编：《外国刑事诉讼法概论》，中国政法大学出版社1994年版，第148页。

辩方提出某一程序性请求时,请求是否能被裁判方接受只决定某一个诉讼行为是否能够启动,并不涉及程序性违法的被害救济问题,故而重要性不能与前者相比。同时,未决羁押的解除,不像回避争议事项那样难于取证,难于证明,也不具有转移证明责任的必要性。而且,在未决羁押过程中是否出现了新的情况,犯罪嫌疑人或被告人是否符合变更或解除未决羁押的条件,提出程序性请求的辩方最为清楚。因此,应当由辩方对该程序法事项进行证明。所以,此时辩方应承担提出证据责任和说服责任,证明责任不应转移给控方。

但是,辩方证明能力的薄弱是客观存在的,如何解决这一问题呢?降低辩方证明标准是不二的选择,在未决羁押的解除中,辩方的证明标准以优势证据为宜,在证明标准一章中笔者会对此进行专门论述。

二 回避争议事项和刑事管辖异议事项的证明责任

回避争议事项和刑事管辖异议事项也是重要的非程序性违法引发的程序法争议事实(项)。

(一) 回避争议事项

回避制度是现代世界各国所普遍适用的一项诉讼制度,指与案件有法定利害关系或者其他可能影响案件公正处理关系的人员,不得参与该案件处理的一种制度。回避制度旨在确保法官、陪审员等司法人员在诉讼中保持中立无偏倚的地位,使当事人受到公正的对待,尤其是获得公正审判的机会。回避的对象主要限于法官和陪审员,回避也主要是在法庭审判阶段适用。从立法上看,德国、意大利、日本等大陆法系国家关于职业法官回避制度的规定较为详细,而英美法系国家则在陪审员的回避问题上做了完备的规定。我国的回避适用对象还包括检察人员、侦查人员,以及书记员、翻译人员和鉴定人,适用阶段也不限于审判,侦查和审查起诉阶段都可适用回避。

回避制度是否应适用于审前阶段,适用于侦查人员和检察人员,我国学者对此有一定争议。孙长久教授在其专著《刑事证明责任制度研究》一书中指出侦查人员、检察人员不应当属于回避制度适用的对象。[①] 鉴于

[①] 孙长久、黄维智、赖早兴:《刑事证明责任制度研究》,中国法制出版社2008年版,第356—358页。

笔者主要致力于探索审判中心主义第二路径的开辟，本书对程序法事实裁判和证明问题的研究重点是与侦查、检察机关公权力行为相关的程序法事项。回避制度主要在审判阶段发挥作用，审前阶段的回避适用问题存在一定理论争议。为不影响文章内部逻辑关系，只能忍痛落笔，留待以后再对回避争议事项的证明进行专门分析，实为遗憾之一。

(二) 刑事管辖异议事项

各个具体刑事案件应分配给哪个普通法院来行使审判权，即法院之刑事管辖权。[1] 刑事管辖涉及的内容，域外与我国的规定也有所不同。域外的刑事管辖问题一般指法院对刑事案件的管辖，相当于我国的审判管辖。如日本学者认为，法院的刑事管辖权是指特定的法院可以审理特定刑事案件的审判权限。[2] 我国的刑事管辖包括审判管辖和职能管辖。职能管辖问题虽然也很重要，但并非笔者界定的刑事管辖异议事项的范畴，因此本书无意涉及。笔者在第一章界定的刑事管辖异议事项是指法院全体审判人员应当回避的情况，发生在审判阶段。各国刑事管辖异议的研究对象也基本都是审判管辖异议，也都发生在审判阶段。笔者在前文指出，鉴于笔者主要致力于探索审判中心主义第二路径的开辟，本书对程序法事实裁判和证明问题的研究重点是与侦查、检察机关公权力行为相关的程序法事项。为明确非程序性违法引发的程序法争议事实（项）的内涵和外延，描述其范畴和体系，笔者将回避争议事项和刑事管辖异议事项同未决羁押的决定、延长和解除事项一并提出，但基于和回避异议事项相同的原因，即基于文章内部的逻辑结构和研究的角度所限，无法对刑事管辖异议事项进行详细分析，实在是又一件憾事，此为本书遗憾之二。

---

[1] 参见林钰雄《刑事诉讼法》（上），中国人民大学出版社2005年版，第24页。
[2] ［日］田口守一：《刑事诉讼法》，刘迪译，法律出版社2001年版，第148页。

第六章

程序法事实证明的证明标准

第一节 程序法事实证明标准概述

一 我国证明标准研究概览

证明标准问题一直以来是国内法学界研究的热点问题。1993年《争鸣》杂志刊发的《论运用证据的高度盖然性原理》一文，作者论证了下述主张："在我国证据制度中，高度盖然性原理不仅有其存在的合理根据，而且有其实际运用的价值，应成为司法人员运用证据的指导原理。"1996年龙宗智教授发表的《试论我国刑事诉讼的证明标准》对证明标准理论中的重点和难点——刑事案件的证明标准及其涉及的盖然性问题做了探讨。2000年樊崇义教授《客观真实管见》一文发表，引发了对客观真实与法律真实的争论。这以后，我国法学家对刑事证明标准问题进行了百家争鸣式的热烈讨论。主要文章有：陈光中教授的《刑事证据制度与认识论》，徐静村教授的《我的"证明标准"观》，崔敏教授的《刑事证明标准之我见》，卞建林教授的《论刑事证明的相对性》，王敏远研究员的《一个谬误、两句废话、三种学说》，汪建成教授的《论诉讼证明中的四个标准》，陈卫东教授的《我国刑事证明标准之重塑》，何家弘教授的《论司法证明的目的和标准》《司法证明标准与乌托邦——答刘金友兼与张卫平、王敏远商榷》，龙宗智教授的《"确定无疑"——我国刑事诉讼的证明标准》，陈瑞华教授的《对证明标准问题的一点思考》，熊秋红研究员的《对刑事证明标准的思考》和其翻译的美国学者芭芭拉·J.夏皮罗教授的著作《"排除合理怀疑"与"可能性"——对英美证据法的历史透视》,刘金友教授的《实践是检验司法证明真理性的唯一标准》,张卫平教授的《证明标准建构的乌托邦》,李浩教授的《证明标准新探》,张继成教授的《对"法律真实"证明标准的质疑》,学者胡建萍的《证明标准问题之司法实务考察》等等。同时,陈光中教授、王敏远研究员和何家弘教授等还组织了不同形式的研讨和笔谈会。① 学界各位前辈对我国的刑事证据标准问题进行了积极的探索,形成了大量有意义有价值的学术成果。

虽然各种观点不同,但在一些领域,国内学者还是达成了某种一致。第一个一致应该是程序法事实的证明标准,不必等同于实体法事实的证明标准,可以低于实体法的证明标准,即低于现行法中"事实清楚,证据确实充分"的标准。第二个一致是刑事证明标准是具有层次性的,在一国的刑事诉讼体系中不能只有一个最高的证明标准,一定会存在盖然性不同的证明标准,这些证明标准呈现出层次性,类似阶梯状排列。

上述两个学界共识对程序法事实证明标准的分析都大有裨益。但是应当指出,程序法事实的证明标准并不是近年来学界研究的重点领域。在前述有关刑事证明标准的争论中,各位学界前辈较为关注的还是刑事证明标准的宏观构建,往往是从整体上讨论其认识论和方法论问题。而且主要关注于刑事实体法事实证明的标准,也就是与定罪量刑有关的事实的证明标准。

专门研究刑事程序法事实证明标准的文章依然非常少见。从整体上研究刑事证明标准的论文可能会多少涉及程序法事实证明标准的问题,但因篇幅限制,其论述往往比较简单。

从上文的介绍,可以看出程序法事实证明的证明标准确实是刑事证明标准研究中比较薄弱的一个环节,将它与其他程序法事实证明要素一同研究具有重要的意义。

二 程序法事实证明标准的特点

(一)程序法事实证明标准的层次性

程序法事实证明标准存在着明显的层次性,这是由证明主体、证明责任和证明对象的不同决定的。程序法事实的证明主体为控、辩双方,其证

---

① 邱福军:《刑事证明标准研究》,博士学位论文,四川大学,2007年。

明对象可区别为程序性违法引发的程序法争议事实，非程序性违法引发的程序法争议事实，控方提出的程序法请求事实和辩方提出的程序法请求事实。因为证明主体不同，证明能力就不同，证明标准相应地就有所不同。控方的证明能力明显高于辩方，辩方的证明标准恐怕就应当低于控方。因为证明责任不同，证明要求也不同，证明标准相应地就有所不同。控方承担着证明被告人有罪的实体法事实证明责任，并在大多数情况下承担着证明自身诉讼行为合法的程序法事实证明责任，即背负双重的说服责任，其所应达到的证明标准一般要高于辩方。因为证明对象不同，重要性不同，证明标准相应地就有所不同。申请非法证据排除和申请恢复诉讼期限相比，非法证据排除对案件影响更大，更加重要，其应达到的证明标准自然要高于申请恢复诉讼期限的证明标准。

证明主体、证明责任和证明对象的不同决定了程序法事实证明标准的不同，并呈现出明显的层次性。在程序法事实的证明中，主要存在着以下四个证明标准：一是在程序法争议事实的证明中，控方需达到的证明标准；二是在程序法争议事实的证明中，辩方需达到的证明标准；三是在程序法请求事实的证明中，控方请求需达到的证明标准；四是在程序法请求事实的证明中，辩方请求需达到的证明标准。这四个证明标准并不相同，存在一定的层次性。这些不同层次的证明标准是客观存在的，一起构成了程序法事实证明标准的体系。既然程序法事实的证明标准并不相同，那么不同层次的证明标准应当是什么呢？笔者仍然以程序法争议事实和程序法请求事实为分类，分别分析它们不同的证明标准。

在英美法系国家，存在独立的针对证据规则和证明标准的研究，特别是在美国的刑事诉讼中，法学家总结了司法实践中存在的几种证明标准。这几种不同的证明标准，应用于不同的刑事证明领域，并上升为立法，指导着美国刑事诉讼实践。

表 4-1　　　　　证明标准的层次性和主观内心确信程度[①]

证明标准	主观内心确信程度（%）	程序的类型
绝对确定	100	在任何法律程序中均无此项要求

---

① ［美］罗纳尔多·V. 戴尔卡门：《美国刑事诉讼法——法律和实践》，张鸿巍等译，莫洪宪审校，武汉大学出版社2006年版，第93页。

续表

证明标准	主观内心确信程度（%）	程序的类型
排除合理怀疑的有罪	95	确定被告人有罪；证明犯罪行为的全部要件
明晰可信的证据	80	某些州驳回保释以及某些州精神病的辩护
相当理由	50	签发令状；无证逮捕、扣押及逮捕的起诉书
优势证据	50	民事案件胜诉；肯定刑事辩护
合理怀疑	30	警察的拦截和搜身
怀疑	10	开始侦查或大陪审团的调查
合理疑点	5	宣告被告人无罪
直觉	0	不足以采取任何法律行动
无信息	0	不足以采取任何法律行动

注：（1）相当理由，又译作合理根据。

（2）明晰可信的证据，又译作清楚和有说服力的证据。

笔者认为，在上表所列几种证明标准之中，相当理由（或曰合理根据）、优势证据是可用于程序法事实证明的标准，可以加以借鉴，引入我国程序法事实证明标准体系。排除合理怀疑相当于我国"证据确实充分"的证明标准[①]，明晰可信的证据也可以参考。这四种证明标准对我国程序法事实证明标准的设定具有重要的借鉴意义，在下文中笔者会分别加以介绍。

（二）对主观内心确信程度的理解

前文中学者和法官在解释各种不同的证明标准时，使用了主观内心确信程度这个概念。主观内心确信程度反映的是证明在认证主体内心形成的确信程度，是一个主观性的概念和标准。

首先，主观内心确信程度不是证据的量的概念。以相当理由证明标准的主观内心确信程度为例，相当理由的主观内心确信程度是 50%，并不是说如果有 100 份证据可以证明某一客观事实存在，现有的证据已经收集到了 50 份。如果把 50% 的主观内心确信程度理解为一个客观的标准，这一概念就是毫无意义，并与实践完全脱节的。并没有一个客观的 100% 的

[①] 证据确实、充分，应当符合以下条件：（一）定罪量刑的事实都有证据证明；（二）据以定案的证据均经法定程序查证属实；（三）综合全案证据，对所认定事实已排除合理怀疑。参见《刑事诉讼法（2012年修正案）》第五十三条。

结果作为参照物存在，因此也就没有50%比率存在的意义。也就是说，并没有一个达到"事实清楚，证据确实充分""绝对确定"的100%的证据模式的客观标准，自然也就不可能有50%的客观标准的存在。

其二，主观内心确信程度也不是证据的质的概念，因为并不存在某种质量的证据可以达到100%"确实充分""绝对确定"的程度，所以也就不可能推算某种质量的证据只能达到50%"确实充分""确定"的程度。如果是这样，就是对证据的证明力加以机械的规定，就又会回到法定证据制度的老路上去。

其三，主观内心确信程度是与客观的证据的量和质都没有关系的主观标准。它是指现有的证据材料能够使认证主体对某件事情的存在相信到什么程度。比如在法官审查警察机关申请搜查的程序性请求时，50%的主观内心确信程度，就是法官对在某处找到某些涉案财产在其内心有了50%的确信，也就是达到了人们常说的将信将疑的程度。在这里还需要指出一点，那就是主观内心确信程度虽然是指认证主体对某件事情存在的内心确信程度，但并不仅仅指每一个具体的认证主体（如每一个具体的法官）的内心确信程度。因为不同的人因知识、年龄、阅历的不同，对同一事物的看法有着很大的不同。所谓的主观内心确信程度，是指一个合理谨慎的人会达到的内心确信程度，严格地说，是指每一个合理谨慎的人都可以达到的内心确信程度。

其四，主观内心确信程度是一个描述主观内心确信的概念，但却并不是描述某一个人类个体主观内心确信程度的概念，它所描述的是人类整体对特定的证据情况的内心确信程度，它描述的不是特定的证据情况可以使某一个特定的人达到的内心确信程度，而是特定的证据情况可以使任何一个合理谨慎的人达到的主观内心确信程度，或者说特定的证据情况可以使作为一个整体的所有合理谨慎的人都能达到的主观内心确信程度。

其五，从司法实践的角度，笔者再以美国逮捕、搜查应达到的相当理由的证明标准所大致对应的主观内心确信程度来加以解释。在美国，颁发逮捕或搜查令状需要达到的50%的主观内心确信程度，就是警察机关搜集到的现有证据可以使任何一个合理谨慎的人（不仅仅法官），对某人实施了犯罪将信将疑，或者对在某地起获涉案物品将信将疑。

最后，笔者还要指出，不管是哪一种证明标准都不可能精确地对应某一个主观内心确信程度，因为证明标准本身就是对认证主体内心确信程度的主观描述,不可能用50%、80%或者95%这样精确的数字来定位。所有的主观内心确信程度其实只是学者们或法官们的一种解释,以使不同层次的证明标准更易于理解和区别,或在司法实践中更易于操作和适用,所以不能机械地照搬数量化的主观内心确信程度去刻板地界定每一种证明标准。前文所述的各种主观内心确信程度可以作为更好的理解各种证明标准的参照物,而并非对每一种证明标准的精确解释。

笔者在下文中会多次用到不同的主观内心确信程度来解释某一种证明标准,其目的也是为了更好的说理,使该种证明标准达到的内心确信程度可以更好地被理解,而并没有机械地照搬、刻板地界定之意。故而,下文中每一种证明标准对应的主观内心确信程度都是一个大致的对应,一种粗略的参照,笔者就不再一一说明了。

第二节 可用于程序法事实证明的证明标准

一 相当理由(合理根据)

(一)相当理由(合理根据)证明标准的内涵和外延

1. 相当理由(合理根据)的定义

相当理由也称合理根据,在英文里是一个词"probable cause",由于翻译用语上的差异,在我国诉讼法研究中也有用"可能原因""盖然原因""或然的理由""可能成立的理由"等指代。① 美国联邦最高法院是这样定义相当理由(合理根据)的:它不仅仅是单纯的怀疑(suspicion);当"在警察了解范围内而且他们对之有合理可信信息的事实和情况本身足以使一个合理谨慎的人有理由相信犯罪已经发生或者正在实施"的时候,即表明存在相当理由(合理根据)。② 一位评论员指出:联

---

① 台湾学者王兆鹏《刑事诉讼讲义》中使用"相当理由";王以真《外国刑事诉讼法学(新编本)》译作"合理根据";何家弘《刑事证据大全》译作"可能原因";孙长永《刑事诉讼证据与程序》译作"盖然原因";毕玉谦等《中国证据法草案建议稿及论证》称之为"或然的理由";杨宇冠《非法证据排除规则研究》采用了"可能成立的理由"。但究竟何谓"合理根据",目前我国理论界并无明确界定,仅有少数学者在论著中略有涉及,且主要也是通过对英美国家有关资料的介绍而谈到。

② Brinegar v. United States, 338 u. s. 160 [1949].

邦最高法院对相当理由（合理根据）的权衡是通过理性（reasonableness）来检验的，这种理性是在单纯的怀疑和主观内心确信之间的一个必要的主观标准。导致一项逮捕或扣押的事实和情况，必须足以使一个理性的人相信，一起非法行为已经发生或正在实施。这种检验总是包括对一项具体怀疑和一组具体事实的考虑。直觉（hunch）和一般的怀疑不是认为相当理由存在的相当理由①。

美国一些州使用的术语是合理原因（reasonable cause）或合理理由（reasonable grounds），而不是相当理由（合理根据）。不管使用哪种术语，其含义是相同的。

2. "合理谨慎的人"

"合理谨慎的人（man of reasonable caution）"② 或 "普通审慎和谨慎的人"（ordinarily prudent and cautious man）不是指那些治安法官或律师这类受过法律训练的人。相反，它是指普通的"街上的人"（例如，机械师、屠夫、面包师或教师）；这些人在相同的情境下，会相信被捕者已经实施了犯罪行为或会在特定场所起获被扣押物品。

3. 实践的定义——50%以上的主观内心确信程度

从实践的目的出发，相当理由（合理根据）存在于当警察拥有可信赖的证据足以使"一个理性的人"（a reasonable person）相信建议的逮捕或搜查非常可能是合理的时候。用数学术语来说，这就意味着警察（在无证逮捕或搜查的情况下）或治安法官（在有证逮捕或搜查的情况下）在其内心50%以上地确定嫌疑人实施了犯罪行为或可以在某个特定场所起获被搜查物品。也有学者认为，"相当理由"的主观内心确信程度不超过50%③。很多法院很可能会满意某些低于50%的主观内心确信程度。因此，必须注意"50%以上"的主观内心确信程度对相当理由（合理根据）标准是一个非常保险的估计。

4. 相当理由（合理根据）的定义在警务工作的所有领域都是一致的④

在警务工作的四项重要领域内要求具有相当理由（合理根据）：A 有

---

① Kermit L. Hall (ed.), The Oxford Companion to the Supreme Court of the United States (New York: Oxford University Press, 1992), pp. 681–682.
② 这一术语，也有些美国法院称之为"理性的人"（reasonable man）。
③ 王兆鹏：《刑事诉讼讲义》，元照出版公司2003年版，第71页。
④ [美]罗纳尔多·V. 戴尔卡门：《美国刑事诉讼法——法律和实践》，张鸿巍等译，莫洪宪审校，武汉大学出版社2006年版，第82—83页。

证逮捕，B 无证逮捕，C 对物的有证搜查和扣押，以及 D 对物的无证搜查与扣押。逮捕，从某种意义上说，也是扣押的一种形式——是对人的扣押，而不是对物的扣押。

前述相当理由（合理根据）的法律和实践定义在警务工作的所有领域中都是相同的——不管是涉有证逮捕还是无证逮捕，有证搜查扣押还是无证搜查扣押。也不管搜查涉及的是人、物，还是机动车辆，定义都是相同的。当然，适用时在重点上仍然存在重要的区别。但因为与本书关系不大，就不进一步展开分析了。

（二）相当理由证明标准的合理性

其一，在我国刑事诉讼中，定罪判决应达到的"证据确实充分"是法律和司法解释中所表述的唯一刑事证明标准。不能否认的是，刑事诉讼是一个由立案到判决逐步推进的过程。不同诉讼阶段，对相关证明对象的证明要求，存在证明程度的差别。用证据确实充分的标准要求整个刑事活动，显然不符合认识规律和刑事诉讼实际。美国相当理由（合理根据）标准在此问题上值得借鉴。它承认诉讼认识的过程性，确认了不同诉讼阶段的阶段性证明程度。在侦查和起诉阶段，相当理由（合理根据）足以保障侦查和起诉活动的有效性，而不必统一适用证据确实充分的定罪标准。①

相当理由的证明标准符合侦查实践的特征。相当理由就是侦检机关在申请实施强制性侦查行为时，其证明要使审查者②的主观内心确信程度达到 50% 以上。众所周知，我国的刑事侦查仍然处在以获取口供为主要侦查手段的阶段，侦查模式主要是由供到证。在侦查阶段，特别是采取强制性侦查行为之前，侦查机关不可能搜集到非常充分的证据。因此只能要求侦查机关通过其证明使审查者大致确信其准备实施的强制性侦查行为符合法定条件，具有合法性。如在搜查中，侦查机关通过其证明应当使审查者大致确信在某地能够找到某些涉案财物，即大致确信其准备实施的搜查行为符合法定条件，具有合法性。以各国一般侦查手段而言，在实施强制性

---

① 参见刘蕾《美国合理根据证明标准及对我国证据法的启示》，《北京理工大学学报》（社会科学版）2006 年第 3 期。

② 在实然状态下，侦查机关仅在提请批准逮捕时会有审查者进行审查，审查者目前仅限检察机关。在应然状态下，审查者应为法官，如预审法官、侦查法官或治安法官、地方法院法官等。

侦查行为之前，证明到50%以上的主观内心确信程度已经很不容易，不宜再求全责备。对行使国家追诉权的专门机关而言，相当理由（合理根据）标准比证据确实充分标准容易达到，适用该标准使其在侦查手段的选择、强制措施的运用上有一定自由，不至于因所要达到的证明程度过高而被束缚住手脚。

其二，侦查和起诉是国家行使公权力追诉犯罪的行为，不可避免地具有打击犯罪的目的性，但对被追诉者的人权保障也不可偏废。依据相当理由（合理根据）标准，能够从证据条件上制约公权力的滥用对被追诉者造成不必要的损害，凡缺乏相当理由（合理根据）的追诉行为会被认定无效。[①]

强制性侦查行为限制的是公民的宪法基本权利，如果错误，产生的后果非常严重。故而其证明标准虽然不能过高，但也不能过低。相当理由（合理根据）的证明标准，相当于"优势证据"的标准，要求侦检机关的证明最起码要使审查裁判者大致确信其准备实施的强制性侦查行为符合法定条件，具有合法性。这样的证明标准符合逻辑，符合对强制性侦查行为合法性的要求，不会造成公民宪法基本权利被肆意侵犯，有利于保障公民的合法权益。

（三）借鉴相当理由证明标准的可行性

我国证明标准偏重于客观性的表述，如"事实清楚，证据确实充分"。而以美国为代表的英美法系国家的证明标准偏重于主观性的表述，如排除合理怀疑，大陆法系国家亦然。其证明标准更多是对某一案件事实在认证主体内心的主观确信程度的反映，而我国的证明标准是对接近客观真实程度的反映。二者的角度存在较大差异，特别是在实体法事实的证明标准上，二者差异较为明显。但是，通过前文对美国若干种证明标准的介绍可以发现，并不是所有的美国法证明标准都与我国证明标准在主客观程度上截然不同，某些美国法的证明标准和我国的证明标准是接近的，特别是那些在美国用于程序法事实证明的标准，则完全可以加以借鉴。

例如，美国"相当理由"证明标准，又称"合理根据"标准，一般为警察机关申请实施强制性侦查行为时的证明标准，即适用于控方程序法

---

① 参见刘蕾《美国合理根据证明标准及对我国证据法的启示》，《北京理工大学学报》（社会科学版）2006年第3期。

请求事实（项）证明的证明标准，就并非只关注对主观确信程度的反映，实际上也强调证明标准的客观性。合理根据（相当理由）标准中的"合理"本身是一个很抽象的概念，但出于操作需要它又必须被解释。判断合理与否，必定涉及判断者的主观信念，不能超越人的主观认识领域，从这个角度说，完全客观的证明标准是不存在的。但是英美证据法学者并不认为以各种"合理根据（相当理由）""合理相信""合理怀疑"构成的英美证明标准体系是一种单纯的主观判断，而是认为这些标准是客观的："合理根据（相当理由）"是指作为一个正常的人，处在那样一种特定场合，以公正而不带偏见的态度把一切现有的信息情况考虑在内，认为某人很可能犯了罪①。尽管该解释承认合理根据（相当理由）的判定属于人的主观判断范畴，但判断的主体不是特定的人、特定的司法官员，而是"一般人"、普通人，该标准的确比依赖法官主观信念形成自由心证所做的判断客观很多。无怪有学者研究英美证据法得出的结论是"英美证据法的一个特征就是它并不太强调主观信念在作为证明标准的必备准绳时的重要性。多数时候，证明标准所强调的是'人际'统一标准——例如一个常人面对合格信息时的看法。"② 对于证明标准的客观性和主观性问题，如果采用上述辩证的角度对待，则很多实际无本质区别的争论就可以停息了。③

相当理由（合理根据）证明标准是主观性和客观性的结合，既关注实施强制性侦查行为依据的客观根据，又关注主体实施强制性侦查行为应具有的主观内心确信程度。既不一味强调客观，也不一味奢谈主观，是具有合理性和借鉴意义的。虽然我国证明标准是以客观性为主的，但是相当理由（合理根据）证明标准的上述特点，使对它的借鉴不会像实体法事实证明标准那样在理论层面存在太大的问题。而且，适当关注证明标准的主观性也应当是我国证明标准研究的发展趋势。

（四）相当理由（合理根据）证明标准对我国的借鉴作用

在前文的证明责任的分析中，笔者谈到国家追诉机关应当是遵守法律

---

① 李义冠：《美国刑事审判制度》，法律出版社1999年版，第31—32页。

② [美]米尔建·R. 达马斯卡：《漂移的证据法》李学军等译，中国政法大学出版社2003年版，第49—50页。

③ 刘蕾：《美国合理根据证明标准及对我国证据法的启示》，《北京理工大学学报》（社会科学版）2006年第3期。

的楷模，应当严格遵从法治原则，特别是法律保留原则，对法律的禁止性和义务性规范应严格遵守，这不仅仅是刑事诉讼法的要求，而且是更高位阶的宪法的要求。由于宪法对公民的人身权与财产权做出了明确的列举，并对侵犯这些权利的行为做出了禁止性规定，侦查和检察机关应当尊重并保护公民的宪法基本权利，同时绝不能违反宪法的禁止性规定，即不得实施侵犯这些宪法基本权利的实体性和程序性违法行为。因此，在限制或剥夺公民这些宪法性权利时，侦查和检察机关就必须谨慎，以避免违反宪法的规定。此时，他们需要向中立的第三方（一般为法官）提出限制公民人身权利或财产权利的程序性请求，并向第三方证明其程序性请求的合法性（即拟实施诉讼行为的合法性）。第三方在认可其证明的基础上作出裁判，才能启动某一诉讼行为，进而限制公民的人身权利或财产权利。这是前文笔者分析过的控方承担程序法请求事实（项）证明责任的理论基础，同样，也是控方在证明时需达到较高证明标准的理论基础。

控方程序法请求事实（项），主要是侦检机关准备实施的强制性侦查行为，这些事项多为对公民宪法基本权利的限制和剥夺，因此不能轻易启动。对这些强制性侦查行为应当在实施前进行事前司法审查，由侦检机关证明其准备实施的强制性侦查行为具有合法性，即符合法定条件，经中立第三方审查批准后始得实施。也就是说，控方的程序性请求必须符合法定适用条件，且有充分根据时，裁判方才能批准。这也意味着，控方在提出程序性请求后，必须进行高标准的证明，才能使裁判方确信其实施该诉讼行为是合法且有充分根据的。因此控方就必须要达到一个较高的，最起码是合理的证明标准。

目前，针对控方程序法请求事实（项）的证明并无成体系的证明标准。除了逮捕存在证明标准之外，拘留、取保候审、监视居住、搜查、查封、扣押、冻结、秘密监听等强制措施和强制性措施均由侦检机关依内部行政审批方式决定，故不存在证明，更遑论证明标准。因此，将为数众多的强制措施和强制性措施纳入司法审查的范畴，并合理设定其证明标准就显得非常重要而且必要。前文中，笔者分析过，现行"事实清楚，证据确实充分"的证明标准是最高的标准，应在涉及定罪量刑的实体法事实证明中使用，不适用于控方程序法请求事实（项）的证明。美国法中的相当理由（合理根据）标准为我们提供了很好的参照，相当理由（合理根据）标准很好地平衡了人权保障和侦查效率两种价值，具有相当程度的合理性。该标准一方面符合侦查规律，另一方面符合诉讼行为合法性的要求，既不会过分降低侦查效率，又使得侦查行为受到有效规制，具有适用于我国侦查实践的合理性和可行性。因此，笔者认为应当将其设定为控方程序法请求事实（项）的主要证明标准。

（五）相当理由（合理根据）证明标准适用的对象

在这里笔者必须要对一个重要问题加以说明。那就是逮捕的证明标准是否适用相当理由（合理根据）。

逮捕的证据条件不完全等同于逮捕的证明标准，但是仍然有一个大致的对应关系。1979年刑事诉讼法规定的逮捕的证据条件是"主要犯罪事实已经查清"，其对应的证明标准几乎等同于"事实清楚，证据确实充分"的定罪标准，只是比这一最高标准略低。根据这一规定，在犯罪嫌疑人有数起犯罪事实的情况下，必须查清其中的主要犯罪事实；在犯罪嫌疑人实施数个犯罪行为的情况下，必须查清主要犯罪行为的犯罪事实。现行刑事诉讼法将"主要犯罪事实已经查清"修改为"有证据证明有犯罪事实"，从而从证明对象的要求上放宽了逮捕的条件。从其含义来看，"有证据证明有犯罪事实"中的"犯罪事实"，与1979年刑事诉讼法规定的"主要犯罪事实"是有明显不同的。这里的"犯罪事实"，既可以是单一犯罪行为的事实，也可以是数个犯罪行为中任何一个犯罪行为的事实。对实施多个犯罪行为或者共同犯罪案件的犯罪嫌疑人，只要证实数罪中的一罪或者多次犯罪行为中的一次犯罪行为的，即属有"犯罪事实"。二是从证明程度上放宽了逮捕条件。1979年刑事诉讼法规定的"主要犯罪事实已经查清"，不仅要求证明对象是主要犯罪事实，而且从证明程度上要求对主要犯罪事实"查清"的程度。现行刑事诉讼法规定的"有证据证明有犯罪事实"，只要求能证明有犯罪事实即可，不要求达到"查清"的程度。"查清"和"有证据证明"在证明程度上有着一定的差别，主要表现为二者对构成犯罪事实的要素的数量，并由此而要求的证据的数量上的不同。① 由此可见，我国现行逮捕证明标准已较"事实清楚，证据确实充分"的定罪证明标准有了实质性的降低。

对现行逮捕的证明标准，学者有很多不同意见。一种意见认为现行逮捕证明标准仍然过高，过高的逮捕证明标准和其他因素相互作用，引

---

① 孙谦：《论逮捕的证明要求》，《人民检察》2000年第5期。

发了刑事诉讼中的一系列问题，应当大幅度降低逮捕证明标准。另一种意见认为，现行逮捕的证明标准完全可以保障逮捕的合理适用以及审查批准逮捕顺利进行，刑事诉讼中一系列问题的产生与逮捕证明标准无关，是其他因素综合作用的结果，因此没有必要对逮捕证明标准加以修改。笔者才疏学浅，尚无能力对此发表真知灼见，又恐画蛇添足，横生争议，不利于程序法事实证明体系的阐述，因此只得再次落笔，不对逮捕证明标准进行讨论。只提出简略意见，即在逮捕与羁押分离的前提下，似乎可以考虑降低逮捕证明标准，而将现行的逮捕证明标准适用于分离后的羁押。

笔者在本书中的讨论重点是以搜查为代表的强制性措施证明标准的设立。具体而言，是现行五种强制措施以外的其他强制性措施的证明标准，包括搜查、秘密监听、冻结等等。这些强制性措施一般既无法定适用条件又无证明标准，加之以侦查机关内部行政审批的方式决定，整体上处于不受外界第三方规制，可以由侦查机关随意决策使用的状态。究其原因，是因为这些强制性措施往往涉及对公民财产权和隐私权的限制和侵犯，不像逮捕这种强制措施涉及对公民人身权利的限制和侵犯，故而没有引起立法者的足够关注。随着《宪法》修正案对"公民的合法的私有财产不受侵犯。"①的规定的出台，以及公民人格权、隐私权意识的不断提高，大量强制性措施不受规制、随意使用的现象必将引起人们越来越多的关注。因此，探讨这些强制性措施的司法审查，要求侦检机关在实施这些强制性措施时向中立的第三方提出申请，依照法定条件进行程序法事实证明，并合理设定其证明标准，就具有重要的理论和现实意义。因此，也就成为本章论述的重点，也当然地成为相当理由（合理根据）证明标准适用的对象。

二 优势证据

（一）优势证据证明标准的概念

台湾学者李学灯认为："在民事案件，通常所用证据之优势一语，系指证据力量较为强大，更为可信者而言，足以使审理事实之人对于争执事实认定其存在更胜于其不存在，因此，所谓证据之优势，也即为盖然性之

---

① 2004 年 3 月 14 日第十届全国人大第二次会议通过的宪法修正案规定："公民的合法的私有财产不受侵犯。"

优势。"① 也有学者将优势证据的证明标准归纳为："对于有关的诉讼主张或事实，当事人提出的证据资料必须使法官或陪审团确信其成立或存在的可能性大于其不成立或不存在的可能性，即法官或陪审团信其有的可能性大于信其无的可能性。"② 因此，优势证据证明标准，就是在判断双方当事人所举证据的盖然性大小的基础上决定说服力强的、盖然性占优势的一方当事人的主张可以成立的一种证明标准。对其内涵可以从以下几方面进行理解：第一，优势证据的证据重在证据的质量而非仅仅数量。也即证据是否有优势是对证据质量的评价，而不是单对证据数量的衡量。证据的质量是指证据所产生的盖然性以及证明力的大小，是对证据与待证事实的关联性能否成立的说服力。诉讼证明是运用证据来使他人相信你所主张的待证事实的存在。证据的多少并不能改变证据的质量，针对某一待证事实提出的不具有说服力的几份证据，与仅提出一份无说服力的证据的证明程度是相同的。关键是证据要有"优势"。而证据与待证事实的关联性决定着证据是否有优势，也即证据的证明力的大小。关联性越强则证据的证明力就越大，关联性越弱则证据的证明力就越小，关联性的大小决定了证据质量的高低。因此，优势证据不是指证据的简单数量而是指证据的综合质量。第二，优势证据是民事诉讼中认定待证事实的最低限度的证据，优势证据的证明标准是判定民事案件何方胜诉的最低标准。美国证据法中优势证据的意思非常明确，是指在诉讼证明中，如果有一方当事人首先打破了平衡，达到了优势证据的证明标准，就应获得有利于自己的裁判结果，这就是有人提出的50%与49%的关系。高度盖然性是刑事案件和民事案件证明所要追求的共同目标，优势证据证明标准仅仅是在追求高度盖然性过程中的一种专门针对民事诉讼而设定的相对较低的证明标准。优势证据的证明标准并不排斥"排除合理怀疑""证据确实、充分"，证据当然越充分越好，事实当然也是越清楚越好，但以上所提均不能作为具有可操作性的民事案件的最低限度的证明标准。③

(二) 优势证据证明标准的合理性

优势证据的证明标准，虽然主要用于美国的民事诉讼，但是有时也可

---

① 李学灯：《证据法比较研究》，台湾五南图书出版公司1992年版，第397页。
② 蔡彦敏、洪浩：《正当程序法律分析》，中国政法大学出版社2000年版，第204页。
③ 苏娜：《论民事诉讼中的优势证据规则》，硕士学位论文，郑州大学，2006年。

用于刑事诉讼证明。比如，从表4-1可知，优势证据是做出肯定刑事辩护时的要求，也就是辩方在实体法事实的审判中，证明其辩护主张成立应当达到的证明标准。不仅如此，优势证据实际上是辩方证明其大部分诉讼主张成立时应当达到的证明标准。辩方的诉讼主张可以是实体法主张，如主张被告人无罪罪轻，也可以是程序法主张，如非法证据排除，辩方的大部分诉讼主张都可以适用优势证据的标准。特别是在程序法主张的证明中，即程序法事实的证明中，更是广泛适用优势证据的标准。那么，优势证据为什么可以成为辩方的证明标准呢？这缘于优势证据标准具有以下合理之处：

其一，辩方收集证据的能力有限，给其设定过高的证明标准是对其的求全责备。这也就是为什么在民事诉讼中，原告方只要达到优势证据的证明标准，就可以认为其诉讼主张成立的原因。在刑事诉讼中，这种情况更加突出。如果说在民事诉讼中还是地位平等、权利对等的当事人之间的对抗的话，那么在刑事诉讼中，则是公民个人同拥有强大公权力的国家侦检机关的对抗。控方拥有巨大的国家资源，占有绝对的优势地位，而犯罪嫌疑人、被告人本人可能处于被羁押状态，根本无法收集证据。其法定代理人、辩护人的取证能力也很薄弱，有时又受到诸多限制（在我国这种情况尤为突出）。在这种情况下，要求辩方对其程序法主张进行高标准的证明显然是不可能也是不公正的，既有违程序正义原则，也不利于公正审判原则的实现。因此，在美国刑事诉讼中，并不要求辩方将其诉讼主张证明到排除合理怀疑的程度——要求辩方达到控方的证明标准，本身就是不公平的。甚至也不要求辩方达到明晰而可信的证据的标准，达到这一标准意味着辩方对其程序法主张的证明要使法官在内心达到80%以上的主观确信程度（通俗地讲，就是辩方的证明要让法官觉得可信程度八九不离十）。也许美国法认为明晰而可信的证据标准也是对辩方证明的苛求[①]，因此选择了优势证据这种标准。

通过前文的介绍，可以知道优势证据的标准意味着辩方对其诉讼主张的证明应达到的程度是使法官确信其成立或存在的可能性大于其不成立或不存在的可能性，这样的标准是符合辩方取证能力和司法实践规律的。

[①] 只有在辩方对已获得令状的搜查等强制措施和强制性措施的合法性提出异议时，在某些州才需要达到这样的证明标准。

其二，优势证据的证明标准虽然大大降低了辩方的证明难度，却并不是对其证明程度毫无限制。优势证据的证明标准是辩方证明其诉讼主张应达到的最低程度，如果辩方能证明到明晰可信的证据的程度，甚至证明到排除合理怀疑的程度，那当然更是求之不得，只是法律鉴于辩方取证能力的薄弱而不作要求。在辩方的证明中，优势证据的标准必须达到，如果证明不到这个程度，辩方的证明责任就没有完成，其诉讼主张就无法得到法院的支持，就要承担相应的消极后果。由此可见，优势证据的证明标准是对辩方证明其诉讼主张要求的最低标准，辩方只有证明到这一程度，才能使法官相信其主张，支持其主张。从这一点上讲，优势证据也是符合逻辑的合理的证明标准。

(三) 优势证据证明标准对我国的借鉴意义

笔者在前文中分析过，由于证明主体、证明责任和证明对象的不同，使证明标准呈现出层次性，特别是程序法事实的证明标准，这种层次性的特点更加明显。长期以来，在我国刑事诉讼证明中，辩方证明标准和控方证明标准不加区分，弱小的辩方被要求和强大的控方一样承担"事实清楚，证据确实充分"的证明标准，这种现象带来了一系列的问题。

辩方可以提出程序性请求事项或程序性争议事项，但自己却无法直接处理这些诉讼事项，实施这些诉讼行为，只能请求法院为其处理这些诉讼事项，实施这些诉讼行为。因此，辩方对其诉讼主张的证明并非仅仅证明某一主张本身，而是通过证明其诉讼主张的合法性，促使法院为其处理某一诉讼事项，实施某一诉讼行为。如辩方提出调取证据的程序性请求事项；或者提出排除非法证据的程序性争议事项，首先要向法院提出申请，既而必须向法院证明其申请，也就是证明其申请法院实施的某一诉讼行为具有合法性。在其证明达到一定标准时，法院始能支持其主张，受理其申请，为辩方处理某一诉讼事项，实施某一诉讼行为。

过高的证明标准使辩方提出的程序性请求和程序性争议往往石沉大海。最典型的例子就是非法证据排除中辩方所处的困境。《非法证据排除规定》颁布之前，辩方在提出非法证据排除这一程序法争议事实（项）时，往往会陷入由证明标准造成的困境。很多法官要求辩方必须将其程序性主张"某一证据材料是违法取得的，应当排除"证明到和控方一样的"事实清楚，证据确实充分"的标准。而辩方往往无法达到这种定罪量刑时才应当适用的证明标准。于是，其提出的程序法争议事实（项）就会被法庭置之不理，有关非法证据排除的法律规定也就形同虚设。

不仅如此，在辩方提出的程序法请求事实（项）和非程序性违法引发的程序法争议事实（项）中，辩方均负有证明责任，但其证明标准却没有任何规定。如申请调取证据、申请回避、申请变更强制措施（逮捕变更为取保候审）等等。在实践中，一些司法工作人员机械适用证明标准或恣意提高证明标准，有些情况下，辩方甚至被要求按照定罪量刑的标准进行证明。这样的证明标准辩方很难达到，于是辩方提出的程序性请求事实（项）和非程序性违法引发的程序法争议事实（项）在很多时候也就被法庭置之不理了。

因此，合理设定辩方证明标准，在我国具有重要的理论和实践意义，而优势证据的证明标准给我们提供了很好的参照。优势证据标准很好地平衡了辩方的取证能力与举证责任之间的矛盾。辩方通过证明在法官内心达到的50%以上的主观确信程度，符合常识和逻辑。能够使法律赋予犯罪嫌疑人、被告人的权利得以实现，能够使辩方提出的一系列程序法请求事实（项）和程序法争议事实（项）得到法庭的支持。最终，使某些诉讼行为得以实施，某些程序性争议得以解决。因此应当可以适用于程序法事实的证明。

在刑事诉讼中，凡是辩方承担证明责任时，都可以将其证明标准设定为优势证据。如在程序性违法引发的程序法争议事实（项）（非法证据排除）的证明中，辩方需达到的证明标准可以设定为优势证据；在程序法请求事实（项）（回避）中辩方请求需达到的证明标准可以设定为优势证据；在非程序性违法引发的程序法争议事实（项）（变更强制措施）的证明中，辩方的证明标准也可以设定为优势证据。

三　明晰而可信的证据和证据确实充分（排除合理怀疑）

（一）明晰而可信的证据（清楚的和有说服力的证据）

美国1984年联邦保释改革法规定：如果被告人被控以暴力犯罪、最高刑为终身监禁或死刑的任何犯罪、最高刑期为十年以上监禁的毒品犯罪，或者任何由以前曾被定以两项以上上述罪行的人实施的任何其他重罪，那么治安法官在收到检察官的动议后必须举行羁押聆讯。在涉及可能具有逃跑、妨害司法，或者威胁未来的证人或陪审员的"严重危险"的案件中，根据检察官的动议或者法官自己的动议，也必须举行聆讯。羁押聆讯一般必须在治安法官初次聆讯被告人时进行。在羁押聆讯时，根据成文法被告人有权由律师代理、为自己作证、提供证人并交叉询问检察官传唤的证人。另一方面，在聆讯中不适用刑事审判中关于证据可采性的规则，这意味着政府可以在羁押聆讯中使用传闻和违宪得来的证据，而在审判中这两种证据都是不可采的。政府负有以"清楚的和有说服力的证据"（"明晰而可信的证据"）证明为确保安全而具有羁押必要性的责任。①

由上文的介绍可知，明晰而可信的证据，又称清楚的和有说服力的证据，在美国可用作重罪案件预防性羁押中控方的证明标准。明晰而可信的证据的标准，意味着控方证明时应使认证主体在内心达到约80%以上的主观确信程度（通俗地讲，就是控方的证明要让法官觉得可信程度八九不离十）。笔者认为明晰而可信的证据可适用于非程序性违法引发的程序法争议事实（项）的证明中控方的证明标准。特别是在逮捕和羁押分离之后，可以设定为未决羁押决定、延长和解除事项中控方的证明标准。因未决羁押涉及在定罪前长时间剥夺公民自由，故控方的证明标准应当高于其在申请实施强制性侦查行为时的证明标准"相当理由"。同时，由于控方不存在程序性违法，不必对其诉讼行为的合法性进行高标准的证明，故不需要达到非法证据排除等程序性违法引发的程序法争议事实（项）的证明中控方的证明标准，也就是不需要达到排除合理怀疑的证明标准。故可参考美国法，将控方对未决羁押的证明标准设定为明晰而可信的证据。其他非程序性违法引发的程序法争议事实（项），如回避争议和管辖权异议，其控方证明标准也可比照未决羁押设定。

（二）证据确实充分（排除合理怀疑）

前文对美国法中的三个证明标准分别加以介绍，笔者认为这三个证明标准都可适用于程序法事实的证明。本着拿来主义的精神，我们对借鉴美国法中这三个标准的合理性和可行性分别进行了分析。其实，除了这三个证明标准可以用于程序法事实的证明外，还有一个"本土的"证明标准也可以适用于程序法事实的证明。这就是我国《非法证据排除规定》以及新修订的《刑事诉讼法》要求的控方证明标准"证据确实充分"。

---

① 18U. S. C. 3 142（f）（2005）.

我国《关于办理刑事案件排除非法证据若干问题的规定》① 以及新修订的《刑事诉讼法》明确规定了控方在非法证据排除事项上的证明标准，即"证据确实充分"。"证据确实充分"虽然与我国定罪量刑的实体法事实证明标准"事实清楚，证据确实充分"的表述略有不同，但其盖然性程度则是完全一致的。由于实体法事项证明最终目的是还原案件事实或曰重建案件事实，因此"事实清楚"是其对证明的一个必然要求。刑事证明的本质和其他形式逻辑的证明一样，都需要首先设定假设命题，再运用论据加以论证。具体地说，就是侦检机关对案件事实提出一个假设，然后运用证据证明其对案件事实的假设，进而还原案件事实。检察机关在法庭上的公诉行为实际就是提出案件事实假设，运用证据证明，还原案件事实的过程。还原或重现案件事实需要靠确实充分的证据，即由确实充分的证据证明控方对案件事实的具体假设。因此，证据确实充分更应该是证明标准的实质性要求，在这一点上实体法事项的证明和程序法事项的证明是相通的，"证据确实充分"应当是他们对证明标准共同的实质性要求。只是由于实体法事实的证明既需要关注事实问题，又需要关注法律问题，所以其证明标准一般表述为"事实清楚，证据确实充分"；而程序法事实的证明一般只需要关注法律问题，所以其证明标准可直接表述为"证据确实充分"。故而，新修订的《刑事诉讼法》和《关于办理刑事案件排除非法证据若干问题的规定》在言辞证据合法性问题上规定的控方的证明标准"证据确实充分"和在定罪量刑问题上规定的控方的证明标准"事实清楚，证据确实充分"实际上是完全一致的。

新修订的《刑事诉讼法》第五十三条规定："……证据确实、充分，应当符合以下条件：（一）定罪量刑的事实都有证据证明；（二）据以定案的证据均经法定程序查证属实；（三）综合全案证据，对所认定事实已排除合理怀疑。"② 由上述规定可知中国法已经在证明标准上接受了排除

---

① 第十一条："对被告人审判前供述的合法性，公诉人不提供证据加以证明，或者已提供的证据不够确实、充分的，该供述不能作为定案的根据。"

② 新修订的《刑事诉讼法》第五十三条规定："对一切案件的判处都要重证据，重调查研究，不轻信口供。只有被告人供述，没有其他证据的，不能认定被告人有罪和处以刑罚；没有被告人供述，证据确实、充分的，可以认定被告人有罪和处以刑罚。证据确实、充分，应当符合以下条件：（一）定罪量刑的事实都有证据证明；（二）据以定案的证据均经法定程序查证属实；（三）综合全案证据，对所认定事实已排除合理怀疑。"

合理怀疑的主观标准,并已将其应用于我国证明标准的表述和解释。这确实是一个让人激动的划时代的变化。中国法第一次肯定了"证据确实充分的标准"相当于美国法中"排除合理怀疑的标准",这也就是笔者在前文中指出排除合理怀疑标准也可以适用于程序法事实证明的原因。有关排除合理怀疑这一证明标准的论述可见于很多论文中,笔者此处就不再赘述了。

证据确实充分的标准,是我国实体法事实(定罪量刑)证明的最高证明标准,也是程序法事实证明中的最高证明标准,其所对应的应当是最为重大的程序法事项。非法证据排除事项,即证据合法性争议事项,是程序性违法引发的程序法争议事实(项),事关重大的程序法利益,甚至会对实体法利益产生一定影响。因此,在控方对其取证行为合法性进行证明时,应当达到程序法事实证明中的最高标准,也就是证据确实充分的标准。

除了非法证据排除事项之外,其他程序性违法引发的程序法争议事实(项)亦关乎重大的程序法利益,甚至会对实体法利益产生一定影响。故而,控方的证明标准也可以适用"证据确实充分"的最高标准。

四 程序法事实证明中证明标准的层次

通过前文的分析,程序法事项的证明中存在的证明标准可以表述如下:在程序性违法引发的程序法争议事实(项)的证明中,辩方需达到的证明标准可设定为优势证据,控方需达到的证明标准应为证据确实充分;在程序法请求事实(项)中控方请求需达到的证明标准可设定为相当理由,辩方请求需达到的证明标准可设定为优势证据;在非程序性违法引发的程序法争议事实(项)的证明中,辩方的证明标准可设定为优势证据;控方的证明标准可设定为明晰而可信的证据。

这些证明标准并不相同,存在一定的层次性。辩方的程序性请求的证明标准应当最低,优势证据;与其相当的是辩方提出的程序性争议的证明标准,优势证据;与之相仿的是控方的程序性请求的证明标准,相当理由;在非程序性违法引发的程序法争议事实(项)的证明中,辩方的证明标准应当与之相当,优势证据;再高一些的证明标准是在非程序性违法引发的程序法争议事实(项)的证明中,控方的证明标准,明晰而可信的证据(相当于我国现行逮捕证明标准);最高一层的程序法事项证明的证明标准是在程序性违法引发的程序法争议事实(项)中控方的证明标准，证据确实充分（或曰排除合理怀疑）。总计三个层次的证明标准。①

第三节 控方程序法请求事实（项）证明标准一——逮捕

一 控方程序法请求事项的证明标准

1. 在前文的证明责任的分析中，笔者谈到国家追诉机关应当是遵守法律的楷模，应当严格遵守法治原则，特别是法律保留原则，对法律的禁止性和授权性规范应严格遵从，这不仅仅是刑事诉讼法的要求，更是更高位阶的宪法的要求。由于宪法对公民的人身权与财产权做出了明确的列举，并对侵犯这些权利的行为做出了禁止性规定，侦查和检察机关应当尊重并保护公民的这些宪法权利，同时绝不能违反宪法的禁止性规定，即不得实施侵犯这些宪法权利的实体性和程序性违法行为。因此，在限制或剥夺公民这些宪法性权利时，侦查和检察机关就必须谨慎，以避免违反宪法的规定。此时，他们需要向中立的第三方（一般为司法审判机关）提出限制公民人身权利或财产权利的程序性请求，并向第三方证明其程序性请求的合法性（即拟实施诉讼行为的合法性）。第三方在认可其证明的基础上作出裁判，才能启动某一诉讼行为限制公民的人身权利或财产权利。这是前文笔者分析过的控方承担程序性请求事项证明责任的理论基础，同样，也是控方在证明时需达到较高证明标准的理论基础。

控方程序性请求事项多为对公民宪法权利的限制和剥夺，因此不能轻易启动，必须存在相当理由或合理根据时，才能批准。也就是说，控方的程序性请求依据的事实必须合理可信，裁判方才能批准。这也意味着，控方在提出程序性请求后，必须进行高标准的证明，才能使裁判方确信其启动该诉讼行为是必要而且可信的，因此控方就必须要达到一个较高的，最起码是合理的证明标准。

2. 根据前文的介绍，可以知道，美国强制性侦查行为的主要证明标

---

① 当然，如果将相当理由和优势证据都视为具有50%以上的主观内心确信程度，则总计三个层次的证明标准；如果认为相当理由的主观内心确信程度略低于优势证据，则总计四个层次的证明标准。因为无关程序法事实证明标准的设定和程序法事实证明标准层次性的大局，所以可以不必过多计较。

准是相当理由（合理根据），美国强制性侦查行为的证明标准大致就是本书所说的控方程序性请求行为的证明标准。与美国强制性侦查行为，即控方程序性请求事项的证明标准相对照，让笔者来分析一下我国的控方程序性请求事项即强制性侦查行为的证明标准。

在前文中笔者分析过，在我国的强制性侦查行为中，只有逮捕存在着适用的条件，而其他几乎所有强制措施和强制性措施都没有法律规定的适用条件，那么，在证明标准上，是不是也是这样呢？逮捕在我国有其证明标准，即"证据确实、充足"[①]。但是，拘留、取保候审、监视居住和搜查、扣押、秘密监听等强制性侦查行为都没有明确的证明标准。和证明对象一样，我国除逮捕以外，其他几乎所有强制性侦查行为的证明标准都是一片法律上的空白。没有规矩不成方圆，控方程序性请求行为关乎公民的人身权和财产权，是对公民宪法权利的限制，多为强制措施和强制性措施。启动这种带有强制性的诉讼行为必须慎之又慎，必须有严格的程序和标准，否则就很容易使这些宪法权利形同虚设，受到国家公权力的肆意侵犯。因此，设置控方程序性请求事项的司法审查程序，要求控方对其程序性请求进行证明就显得非常重要。正是这一原因使控方负有对其程序性请求举证的证明责任，这一点在上一章笔者已经分析过，基于同样的原因，还必须对控方的证明设定合理的证明标准，才能使控方的证明不流于形式，控方的证明责任真正落到实处。因此，设置控方程序性请求的证明标准是控方强制性侦查行为法制化的必然要求。由此，设置控方具体程序性请求事项的具体标准是具有重要意义的。

二　我国逮捕的证明标准

我国逮捕必须同时具备以下三个条件：（1）有证据证明有犯罪事实。（2）可能判处徒刑以上刑罚。（3）采取取保候审、监视居住等方法，尚不足以防止发生社会危险性，而有逮捕必要的。其中逮捕的证据条件是"有证据证明有犯罪事实。"根据有关规定，有证据证明有犯罪事实是指同时具备下列情形：（1）有证据证明发生了犯罪事实。（2）有证据证明犯罪事实是犯罪嫌疑人实施的。（3）证明犯罪嫌疑人实施犯罪行为的证据已有查证属实的。

---

① 孙谦:《论逮捕的证明要求》,《人民检察》2000年第5期。

逮捕的证据条件不同于逮捕的证明标准，孙谦在《论逮捕的证明要求》中指出"证明要求，亦即证明标准。""我国刑事诉讼法规定的逮捕的证明要求，其基本含义就是'证据确实、充足'。"也就是说，我国逮捕的证明标准是"证据确实、充足"。[①] 逮捕不同于定罪，逮捕的证明标准低于定罪的证明标准，不要求证明犯罪嫌疑人实施犯罪行为的所有证据都已查证属实，只要求有证据已被查证属实即可。

逮捕的证据条件不同于逮捕的证明标准，但是仍然有一个大致的对应关系。1979年《刑事诉讼法》规定的逮捕的证据条件是"主要犯罪事实已经查清"，其对应的证明标准几乎等同于"事实清楚，证据确实充分"的定罪标准，只是比这一最高标准略低。根据这一规定，在犯罪嫌疑人有数起犯罪事实的情况下，必须查清其中的主要犯罪事实；在犯罪嫌疑人实施数个犯罪行为的情况下，必须查清主要犯罪行为的犯罪事实。现行刑事诉讼法将"主要犯罪事实已经查清"修改为"有证据证明有犯罪事实"，从而从证明对象的要求上放宽了逮捕的条件。从其含义来看，"有证据证明有犯罪事实"中的"犯罪事实"，与1979年《刑事诉讼法》规定的"主要犯罪事实"是有明显不同的。这里的"犯罪事实"，既可以是单一犯罪行为的事实，也可以是数个犯罪行为中任何一个犯罪行为的事实。对实施多个犯罪行为或者共同犯罪案件的犯罪嫌疑人，只要证实数罪中的一罪或者多次犯罪行为中的一次犯罪行为的，即属有"犯罪事实"。二是从证明程度上放宽了逮捕条件。1979年《刑事诉讼法》规定的"主要犯罪事实已经查清"，不仅要求证明对象是主要犯罪事实，而且从证明程度上要求对主要犯罪事实"查清"的程度。现行刑事诉讼法规定的"有证据证明有犯罪事实"，只要求能证明有犯罪事实即可，不要求达到"查清"的程度。"查清"和"有证据证明"在证明程度上有着一定的差别，主要表现为二者对构成犯罪事实的要素的数量，并由此而要求的证据的数量上的不同。[②] 由此可见，我国现行逮捕证明标准已较"事实清楚，证据确实充分"的定罪证明标准有了实质性的降低。

比较我国逮捕的证明标准和美国逮捕的证明标准，会发现我国逮捕的

[①] "证明要求，亦即证明标准。""我国刑事诉讼法规定的逮捕的证明要求，其基本含义就是'证据确实、充足'。"参见孙谦《论逮捕的证明要求》，《人民检察》2000年第5期。

[②] 孙谦：《论逮捕的证明要求》，《人民检察》2000年第5期。

证明标准远高于美国的证明标准。美国逮捕的证明标准是相当理由或曰合理根据，这一标准和优势证据标准相仿，按数字标准衡量就是大约50%的主观内心确信程度，而我国的逮捕证明标准"证据确实、充足"，从主观内心确信程度角度衡量基本相当于美国第三等的证明标准——明晰可信的证明，即80%的主观内心确信程度，这一标准在美国是某些州驳回保释以及精神病辩护的证明标准，是仅次于排除合理怀疑的非常高的证明标准。因此，比较而言，我国逮捕的证明标准仍然显得过高。在我国，最高层次的证明标准是"事实清楚，证明确实充分"，即实体性审判中定罪量刑的标准。在1979年的第一部《刑事诉讼法》中，逮捕的证明标准和定罪量刑的证明标准几乎是一样的。由于逮捕的证明标准过高，而当时规定的拘留期限较短，公安机关往往难以在法律规定的拘留期限内完成侦查和证据收集，因而无法达到逮捕的证明标准而不能对犯罪嫌疑人实施逮捕。于是，侦查机关大量使用收容审查措施，收容审查是一种刑事诉讼法之外的行政手段，使用这一手段本身就无法无据，并在司法实践中造成了对公民人身权的严重侵犯。后在崔敏教授等学者的呼吁和推动下，《刑事诉讼法》在1996年修改时将收容审查明确废除，并相应降低逮捕证明标准，延长某些类型犯罪的拘留期限。在1996年刑诉法中逮捕的证明标准就是前面笔者所说的现行证明标准，后来为了加强对这一标准的把握，最高人民检察院出台司法解释《人民检察院刑事诉讼规则》，对逮捕证明标准进行解释，以增加其可操作性。这些规定正是笔者对逮捕证明标准进行论述的基础。

1997年刑诉法修改时降低逮捕证明标准的初衷是解决因逮捕证明标准过高而造成的一系列问题。但旧的问题解决了，新的问题又出现了。

众所周知，我国司法实践中的刑讯逼供现象是很严重的，刑诉法修改之前，刑讯问题虽然存在，但还未像今天这样受到全社会的普通关注。收容审查被废除后，虽然降低了逮捕的标准，延长了拘留的期限，但侦查机关仍然认为在普通拘留期限内无法搜集到足够的证据达到批准逮捕的标准。原本针对流窜作案、结伙作案适用的37天的特殊拘留期限很多时候被随意用于普通犯罪；而且，为了在拘留期限内获得犯罪嫌疑人供述和实物证据的线索，刑讯逼供手段被大量使用。

由于侦查机关内部的绩效考评制度将报捕率作为考评标准，很多侦查人员把将犯罪嫌疑人成功批准逮捕，作为完成任务的标准，只要自己责任侦查的犯罪嫌疑人被检察机关批准逮捕，就意味工作结束完事大吉。

而负责批准逮捕的检察机关也有自己的绩效考评制度，错误逮捕率是考评检察工作人员批捕工作的重要指标。在错案追究和国家赔偿中更是如此，错误逮捕是确定错案和国家赔偿责任的重要标准。而关于错误逮捕的定义在我国又不尽合理，在现行制度下错误逮捕是以被逮捕的犯罪嫌疑人在此后的刑事诉讼程序中被做出不起诉决定或无罪判决为标准的，是典型的以成败论英雄的倒推模式，并不以逮捕时是否符合逮捕条件或达到逮捕证明标准为衡量标准。这就使得检察工作人员为了避免承担不利后果，人为提高批准逮捕的条件或证明标准，很多时候居然人为提高到了定罪量刑的证明标准。而检察机关逮捕证明标准的提升又迫使公安人员在拘留期限内收集到足以完成定罪量刑的证明材料，以防止在报捕时被退回，造成报捕率下降，影响自身绩效考评，侦查机关承受的这份压力自然会转嫁到犯罪嫌疑人身上，因为犯罪嫌疑人是获取有罪证据的最佳线索，刑讯逼供手段自然而然地大行其道。造成刑讯逼供盛行的原因是综合的，以口供为导向的侦查思路和侦查手段的落后是主要原因，不合理的绩效考评标准、错案追究制度与国家赔偿制度中的一些规定也起到了推波助澜的作用，而逮捕证明标准过高也不能不说是造成刑讯问题的一个原因。因此，刑诉法学界在研究我国证明标准时普遍主张进一步降低逮捕的证明标准，使之合理化，以清除其在诉讼中的副作用。

三　造成我国逮捕证明标准过高的原因

造成我国逮捕证明标准过高的原因除了前面分析过的国家赔偿和错案追究以及绩效考核之外，真实的原因在于我国的逮捕和未决羁押不分离，证明标准混同。

羁押，根据《布莱克法律词典》，其含义是扣押或者扣留某人或某物的行为。羁押是一种强制性的行为，概括地说就是指对人的身体加以拘束。作为法律概念的羁押则与专门机关的职务活动有关。一般情况下，羁押只与刑事追诉活动有关。

在西方国家，羁押一般是一种独立的强制措施。在这些国家，逮捕与羁押在适用程序方面是明显分离的。从各国的立法情况来看，逮捕不过是以强制方式使嫌疑人到案的一种措施，它一般只会带来较短时间的人身自由的剥夺。在逮捕后法定的羁押期限结束后，犯罪嫌疑人必须被送交司法官员，由司法官员根据案件是否具备羁押理由和条件，作出是否羁押的决定或命令。一般情况下，逮捕与羁押构成了两个相互独立的程序，是两种相互独立的强制措施。西方国家的无证逮捕相当于我国的拘留，它与羁押的关系和逮捕与羁押的关系相同，亦是两个相互独立的强制措施。

在我国，羁押则不是一种法定的独立的强制措施，而是由刑事拘留和逮捕的适用所带来的持续限制犯罪嫌疑人、被告人人身自由的当然状态和必然结果。不同于西方国家逮捕与羁押分离的制度设计，我国实行捕押合一的制度。刑事诉讼法没有就羁押作专门的定义，除了在《刑事诉讼法》第一百二十八条侦查羁押期限的延长中提到"羁押"外，其他条款均未提到"羁押"二字。在我国，羁押无论在适用理由还是适用程序上都基本上依附于整个刑事追诉活动，服从于侦查、审查起诉和审判活动，在期限上随着诉讼活动的延长相应地延长，而并没有形成独立、封闭的司法控制系统。

有学者对我国现行羁押下了如下定义："刑事诉讼未决羁押是指犯罪嫌疑人、被告人在法院做出生效判决之前被剥夺人身自由的状态。"[①] 在这里，未决羁押的性质被界定为一种法律上的状态。根据上文的论述，在现阶段的中国，显然只能将羁押视为一种"剥夺人身自由的状态"，而不能定义为"强制措施"。因此，笔者赞成这种观点，也就是状态说。

在大陆法系国家和一些混合法系国家，羁押被认为是强制措施的一种，均与其他强制措施规定于相同的章节中，如法国《刑事诉讼法典》将临时羁押与司法管制规定在同一节，属于预审法官的侦查手段；德国《刑事诉讼法典》将羁押规定在逮捕、暂时逮捕一章；意大利《刑事诉讼法典》将羁押规定在人身防范措施中的强制措施章节中；日本《刑事诉讼法》将羁押与被告人的传唤、拘传规定在一章；俄罗斯《刑事诉讼法典》将羁押规定于强制措施章。由此可见，羁押在这些国家被认为是一种强制措施。羁押与逮捕的不同之处在于羁押是较长时间剥夺嫌疑人、被告人人身自由的强制措施，而逮捕则是较短时间或暂时限制

《美国的刑事司法制度—审前羁押和保释》一文指出，在美国，羁押不被视为强制措施，因为美国羁押被告人与警察的侦查行为是完全分开的，警察不能为了调查把人进行扣留，即便是法院认为被告人应当被羁

---

① 陈瑞华：《未决羁押制度的实证研究》，北京大学出版社2004年版，第38页。

押,如果这个阶段被告人已有辩护律师,警察和检察官都没有权利向被告人直接进行询问,如果需要询问,则必须经过辩护律师的许可,这表明在美国羁押不是强制措施。既然羁押不属于强制措施,自然与美国法中的强制措施逮捕完全不同。

正是因为逮捕和未决羁押存在着差异,故而在大多数国家这两者都是分别设立的互为独立的两种强制措施。甚至在我国台湾地区,也是如此。在陈水扁案中,可以看到就陈的羁押和延押问题,辩方和控方一次次上诉,一级一级的法院一次次地做出裁决。就区别逮捕和羁押而言,陈水扁案给了我们很大的启发。

既然逮捕只是将犯罪嫌疑人强制到案并讯问的手段,不涉及对公民人身自由长时间的剥夺和限制,那么这一强制措施对公民宪法权利的侵犯程度较小,启动它就应相对容易,造成后果不会过于严重。而羁押则会长时间剥夺公民人身自由,且在审判定罪前,是对公民宪法权利最严厉的限制和暂时性剥夺,适用不当造成的后果会非常严重,启动它就要相对严格。由于二者的重要性不同,因而二者的证明标准也就不同。逮捕的证明标准和条件应当设定的较低,而羁押的证明标准和条件应当设定较高。这也就是为什么,在美国将逮捕证明标准只要是相当理由,而羁押的证明标准却要达到明晰可信的证据。

因此,将羁押和逮捕分离,并降低逮捕的证明标准,适当设定羁押的证明标准是解决我国司法实践中一系列问题的有益尝试。

在逮捕和未决羁押分离为两种强制措施之后,它们相应地成为两个程序性事项,各自具有了各自的证明对象,即逮捕的合法性与羁押的合法性,也就是实务中所说的逮捕的条件和羁押的条件。由于二者的功能和目的不同。设立不同的证明对象,有助于确立不同的证明方向,如逮捕的功能和目的是对犯罪嫌疑人进行强制讯问,正式启动刑事侦查,那么逮捕证明对象的重新设立就将引导证明集中于证明犯罪嫌疑人是否实施了犯罪。而羁押的功能和目的是排除诉讼妨碍,确保犯罪嫌疑人参加诉讼,那么单独设立羁押的证明对象就将引导证明集中于犯罪嫌疑人在候审期间是否会逃跑,销毁证据,妨碍诉讼或者实施新的违法犯罪行为。不同的证明对象解决不同的证明问题,不同的程序性事项发挥不同的功能和作用。

在逮捕和未决羁押分离后,二者不但具有各自独立的证明对象,同时也具有各自的证明标准,针对不同的证明对象,其证明标准也各不相同。

二者不同的证明标准笔者在前文已有所涉及——可将控方对未决羁押的证明标准设定为明晰而可信的证据，即80%以上的主观内心确信程度，而逮捕的证明标准以相当理由为宜，即50%以上的主观内心确信程度。下文详述。

四 逮捕标准过高造成的问题

重新设立逮捕的证明标准，必须注意保持侦查效率价值和人权保障价值的平衡。我国目前逮捕证明标准较高，看起来是将人权保障价值放在了首位，在对公民逮捕的问题上慎之又慎，实际上这种畸高的证明标准是因为逮捕和羁押未分离造成的。这种过高的证明标准适用于犯罪嫌疑人的羁押决定以及羁押延长确实有其意义，但单纯适用于逮捕则显得过高。如果严格执行就会造成侦查效率价值被严重损害，必要的逮捕措施无法实施。但是，在实践中侦查效率并未因此降低，其原因在于拘留替代了逮捕的功能。拘留，相当于美国的无证逮捕，原本是适用于现行犯和重大犯罪嫌疑分子的强制措施，却实际上承担着逮捕的功能。由于我国现行逮捕标准过高，侦查机关不能随意对公民实施逮捕，而我国侦查手段又比较落后，破案大多数情况下并非由证到供，而是由供到证，严重依赖犯罪嫌疑人口供。而侦查机关只有在对犯罪嫌疑人采取强制措施，特别是限制和剥夺了嫌疑人的人身自由后，才能利用这种环境对嫌疑人身体和精神造成的强大压力从容地取得嫌疑人供述。但对嫌疑人实施逮捕需要经过司法审查，且需达到较高的证明标准（在实践中有时是接近于定罪量刑的证明标准）。侦查机关根本无法通过逮捕获得嫌疑人供述，而无法获得嫌疑人有罪供述意味着无法获得充分证据对其实施逮捕，于是就使侦查机关的逮捕问题处于悖论的状态。但是不必担心，任何国家的侦查机关都不会放弃侦查效率这一价值，此路不通可以改走彼路。于是，不需要司法审查、可以由公安机关自行决定、没有任何证明标准要求的拘留就自然成为逮捕的替代措施。原本针对现行犯和重大嫌疑分子的拘留俨然成为适用于所有犯罪嫌疑人的强制措施。侦查机关在侦查中一般都是先将犯罪嫌疑人拘留，然后利用拘留造成的犯罪嫌疑人被羁押的状态攻坚作战，在拘留期限届满前拿下犯罪嫌疑人的有罪供述。如果拘留的一般期限14天不够，则使用本应针对具有流窜作案、团伙作案、多次作案嫌疑的犯罪嫌疑人的延长至37天的特别拘留期限，来获取犯罪嫌疑人的有罪供述。这样一来，拘留实际上成为逮捕的前置程序，成为公安机关"御用"的"逮捕"措施，拘留的功能也发生了异化。通过提高逮捕证明标准保护人权，避免随意限制公民人身自由的初衷并没有实现，侦查机关可以通过拘留不受审查和限制地限制公民的人身自由，侦查价值得到了充分保障，而人权保障价值却并未真正实现。

另一方面，前面笔者分析过，过高的逮捕证明标准也是造成刑讯逼供的一个原因。如果说，设立较高的逮捕证明标准的初衷是为了谨慎启动逮捕措施，加强对人权的保障，但在实际上，过高的证明标准却助长了刑讯逼供的产生。

从前面的分析，我们可以发现畸高的逮捕标准无法阻止侦查机关随意实施逮捕行为，侦查机关可以通过刑事拘留实施实质上的"逮捕"。过高的逮捕证明标准无法很好地保障人权，反而促使刑讯手段的采用。这样的逮捕证明标准确实是有问题的。

五　借鉴相当理由证明标准的可行性

1. 前文中，笔者用大量的篇幅分析了现行逮捕证明标准过高在实践中引发的问题，也介绍了美国等其他国家逮捕的证明标准，在上述理论分析与比较研究的基础上，笔者认为应当降低逮捕证明标准。

由于逮捕问题的实践性特点，单纯对其证明标准进行思辨研究是不合适的。对该问题的研究，显然应当建立在实证研究和比较研究的基础上。由于目前缺乏对逮捕证明标准进行实证研究的条件，故笔者的研究只能局限于比较法的研究。

前文中，笔者对其他国家逮捕的证明标准进行了较详尽的介绍，可以发现对逮捕的证明标准有明确规定的典型国家当属美国。美国宪法第四修正案以及联邦和州的刑事诉讼法将逮捕的证明标准规定为相当理由。实际上，在美国，逮捕的证明对象或曰逮捕条件与逮捕的证明标准是混杂规定在一起的。相当理由具体地讲是逮捕的证明标准，也是诸如搜查等其他强制性侦查行为的证明标准。而如果将相当理由抽象出来，就成为逮捕的条件和搜查的条件，即启动逮捕行为和搜查行为都需要符合的条件。此时相当理由就成为了这些强制性侦查行为的证明对象，控方要证明逮捕具有相当理由或搜查具有相当理由，也就是要证明逮捕符合逮捕的条件，搜查符合搜查的条件。

美国相当理由的证明标准，概率化后相当于50%以上的主观内心确信程度，即控方举证证明其逮捕请求依据事实具有50%以上的可信性时，中立的裁判方就应当批准控方的逮捕请求，这种标准与优势证据在概率上大致处于同一水平。优势证据，很多情况下是应用于美国民事诉讼的证明标准，其意思就是某种情况或事实存在比不存在更有可能。如果说相当理由的标准比较抽象晦涩难于理解，那么优势证据标准则更好理解和解释，笔者不妨把逮捕的证明标准转换成优势证据，此时要证明对犯罪嫌疑人实施逮捕符合逮捕条件这一命题，就要证明到实施逮捕符合逮捕条件的可能性大于不符合逮捕条件的可能性。说得更简单一点，就是要证明到犯罪嫌疑人犯罪的可能性大于未犯罪的可能性。这样一来，相当理由这个抽象的标准就一下子变成了具体可操作的标准了。

2. 我国证明标准偏重于客观性的表述，如事实清楚，证据确实充分。而以美国为代表的英美法系国家的证明标准则偏重于主观性的表述，如排除合理怀疑，大陆法系国家亦然。其证明标准更多是对某一案件事实的主观确信程度的反映，而我国的证明标准是对接近客观真实程度的反映。二者的角度存在较大差异，特别是在实体性法律事项上，二者差异较为明显。但是，通过前文对美国若干种证明标准的介绍，笔者可以发现，美国程序法事项的证明标准和我国的证明标准是接近的，完全可以借鉴使用。

如美国逮捕的证明标准是相当理由或曰合理根据，实际上都强调证明标准的客观性，并非只关注对主观确信程度的反映。其在解释"相当理由"的证明标准时所给出的标准和根据完全是客观性的。而我国逮捕证明标准正是以客观性为主的。所以美式逮捕的证明标准借鉴并不会像实体法事实证明标准那样在制度层面和认识论层面存在太大的问题。而且，适当关注证明标准的主观性也肯定是我国证明标准研究的发展趋势。美式逮捕证明标准是主观性和客观性的结合，既关注逮捕依据的客观根据，又关注启动逮捕的主观确信程度，既不一味强调客观，也不一味奢谈主观，是具有合理性和借鉴意义的。

六　相当理由证明标准的合理性

相当理由的证明标准符合侦查实践的特征。相当理由从概率上描述就是主观内心确信程度要达到50%以上，而我国的逮捕证明标准相当于美国明晰可信的证据标准，从概率上描述就是80%以上。刚才在文章中笔者已经分析过,这样高的证明标准在实践中带来了一系列的问题,因而应当适当降低。而搜查在我国即无条件也无证明标准,只要有怀疑就可以实施,甚至都不需要合理怀疑(美国合理怀疑证明标准的主观内心确信程度在30%以上)。这种无证明标准的状态亟待改变。相当理由,是符合侦查实践特征的。在侦查阶段,特别是逮捕前,侦查机关不可能搜集到非常充分的证据证明犯罪嫌疑人有罪,即达到80%以上的证明标准,更不可能要求其证明达到定罪量刑的证明标准95%以上。由于证明标准实际上是内心确信程度的反映,因此不能要求侦查机关在侦查阶段就通过其证明使审查其程序性请求的第三方认定犯罪嫌疑人犯罪的内心,主观内心确信程度达到80%以上,即犯罪嫌疑人实施犯罪八九不离十。而只能要求侦查机关通过其证明使第三方大致确信嫌疑人有可能实施了犯罪,注意,只是大致确信而已。在侦查阶段,对犯罪的侦查和证据收集工作刚刚展开,侦查机关不大可能在较短时间内收集到大量证据,不可能完成主观内心确信程度达到80%以上,甚至接近95%的任务。但是,要求侦查机关申请逮捕时证明到50%以上的主观内心确信程度却是可能的。

首先,50%以上的主观内心确信程度符合侦查的规律。在侦查阶段,在嫌疑人未羁押时侦查机关能够证明到的主观内心确信程度达到50%已经是较高的标准。后文中笔者会在逮捕的配套措施和拘留中谈到拘留的异化问题,设定50%主观内心确信程度的逮捕证明标准的前提是严格拘留的适用,改变目前拘留异化为逮捕前置程序的状态。如侦查机关不能所以通过拘留羁押犯罪嫌疑人以获得达到逮捕证明标准的证据,那么50%主观内心确信程度的逮捕证明标准就是合理或较高的证明标准。因为嫌疑人尚未羁押,所以无从获取其供述,侦查机关需要收集其他非自白证据以证明到这一程度,以目前我国的侦查手段而言,已经很不容易,实在不能再高了。

其次,50%以上的主观内心确信程度符合合法性和逻辑。逮捕限制的是公民的宪法权利,如果错误,产生的后果非常严重,故而其证明标准虽然不能过高,但也不能过低。50%以上的证明标准,相当于优势证据的标准,具体而言是嫌疑人犯罪的可能性大于未犯罪的可能性。此时实施逮捕行为,限制嫌疑人人身自由才符合逻辑,不会造成公民宪法权利被肆意侵犯,有利于保障人权。

其三,逮捕证明标准以现行的80%以上的主观内心确信程度降至

50%左右,看似是降低了侦查机关启动逮捕的难度,实际上未非如此。在后文中笔者会谈到逮捕证明标准降低必须有配套制度与之配合。具体地说,就是拘留与羁押也必须分离,且拘留的适用应被严格限制。拘留不能再成为逮捕的前置程序和侦查机关可随意适用的无证逮捕。对拘留要进行事后审查,设立拘留的证明标准。在堵死了拘留这个后门之后,此时侦查机关已不可能通过拘留后对犯罪嫌疑人的羁押取得嫌疑人的供述,并以此取得的证据达到逮捕的证明标准。侦查机关只能通过短时间对犯罪嫌疑人的讯问(与羁押分离后的拘留此时类似于拘传,拘留后仍可对犯罪嫌疑人进行讯问。)获得证据,或者自行收集犯罪嫌疑人供述之外的证据。可以想象,此时第二种收集证据的思路必然被广泛运用。这样就有力地促进了侦查机关侦查思路的转变。即从目前依赖犯罪嫌疑人口供为主的由供到证的侦查思路向主动收集非自白证据为主的由证到供的侦查思路的转变。

七 与逮捕证明标准降低相适应的配套制度

学界建议降低逮捕证明标准的初衷是认为过高的证明标准与司法实践脱节,造成一系列的制度异化,且诱发了刑讯逼供,那么降低了逮捕的证明标准就可以解决上述问题,遏制刑讯逼供了吗?笔者认为不然。

解决刑事诉讼中出现的问题,要有全面综合的思路,要以全面综合的方法因应多种因素引发的问题,不能头痛医头,脚痛医脚,否则一定是按下葫芦起来瓢,疲于奔命而不得要领。所谓全面综合的方法就是建立或改革某一制度时,一定要同时注意建立和改革其配套制度,只有这样才能真正解决司法实践中出现的问题。逮捕的证明标准也是如此,如果只是认定逮捕证明标准过高诱发了刑讯逼供,就简单地降低证明标准,而不考虑配套措施的问题,其结果只能是逮捕的证明标准降下来了,刑讯逼供仍没有减少;或者从法律规定上降低了证明标准而在具体操作中却依然居高不下;再或者,降低了逮捕标准非但没有解决刑讯逼供问题,却使侦查机关可以更容易的滥用逮捕措施,肆意侵犯公民人身权利。

那么笔者应当关注的逮捕配套措施有哪些呢?建立健全这些配套措施总的原则是哪种措施有问题就改革哪种措施。

首先,必须严格限制拘留的适用,明确拘留无证逮捕的性质,使逮捕成为常态而拘留成为特殊形式。应当规定拘留只能适用于现行犯和重大嫌疑分子,不能适用于其他犯罪嫌疑人,更不能成为逮捕的前置程序。规定拘留的证明标准，且证明标准应与逮捕一样，也应当是相当理由，要求侦查机关在拘留嫌疑人后向第三方裁判者进行事后证明。不允许侦查机关利用拘留做前置程序，在拘留期间获取犯罪嫌疑人供述和证据线索以达到提请逮捕标准。

其次，完成侦查思路的转变。不能先抓了犯罪嫌疑人再通过犯罪嫌疑人供述达到逮捕证明标准（相当理由，主观内心确信程度达到50%）。而应在抓人之前通过其他证据（非犯罪嫌疑人供述）证明犯罪嫌疑人应当逮捕（主观内心确信程度达到50%）之后，再去抓人。不能先抓人再去取证和证明，而是先取证和证明，再去抓人。

不能以获取嫌疑人供述作为证明嫌疑人有罪的唯一途径，必须真正两条腿走路，将嫌疑人供述之外的其他言辞证据和实物证据作为获得嫌疑人有罪证据的同样重要的途径，通过后一个途径获得的嫌疑人有罪的证据能达到逮捕的证明标准，即证明嫌疑人犯罪的初步成立，依此证据实施逮捕后，再通过获取嫌疑人供述获得更多的足以确定嫌疑人应当羁押的证据（即80%的主观内心确信程度）。并以此证据为基础，向裁判方提出对犯罪嫌疑人实施未决羁押的程序性请求，由裁判方决定对犯罪嫌疑人是否实施羁押。（显然，这种方式是以逮捕和羁押的正式分离为前提的）。

其三，前面讲了降低逮捕的证明标准，是以逮捕和羁押相分离为前提的。只有逮捕和羁押分离了，才能大幅度地降低逮捕的证明标准，否则可能会造成逮捕措施被滥用，公民人身自由受到随意侵犯。

其四，应修改错案追究和国家赔偿中和错误逮捕相关的规定，斩断二者不合理的联系，以降低实践中被人为提高的证明标准。应当重新界定错误逮捕的概念，不能再以成败论英雄，不能再以嫌疑人是否有罪、甚至是否被判实刑作为判断逮捕错误与否的标准。"错误逮捕"应当也只能是指"违法逮捕"，即属于违反刑事诉讼法的程序性违法行为。依照逮捕时搜集到的证据可认定对犯罪嫌疑人的逮捕符合逮捕条件，能够达到逮捕证明标准，未违反刑事诉讼法，不存在程序性违法行为的逮捕措施，是正当的逮捕行为。即使在日后对犯罪嫌疑人做出不起诉决定、缓刑判决甚至是无罪判决，都不能认定此前的逮捕行为为错误逮捕。甚至可以取消"错误逮捕"的概念，用"违法逮捕"代替之。以此松开检察机关被束缚的手脚，也相应减轻公安机关证明的压力。除非存在故意或明显的重大过失，否则也不应追究办案人员的责任。

其五，解除束缚不等于可以滥用逮捕措施。侦查机关必须严格依证明启动逮捕措施，符合逮捕条件，其所收集的证据可以证明符合逮捕条件的主观内心确信程度达到了50%以上。否则，负责审查程序性请求的第三方不得批准其程序性请求。

以上配套措施与降低逮捕的证明标准环环相扣，相辅相成，惟其如此才能解决实践中的一系列问题。通过降低逮捕的证明标准及配套措施的实现，解决刑讯逼供的问题，进而解决由于逮捕和侦查阶段不合理制度造成的审查起诉和审判阶段的一系列困难，理顺刑事诉讼的进程，解决各种程序性违法问题。

第四节　控方程序法请求事实（项）证明标准之二——拘留

一　拘留证明标准概述

由前文的分析我们可以知道，目前我国刑事拘留的功能被严重异化，已远离了它作为针对现行犯和重大嫌疑分子采取的强制措施的设置目的，成为不是逮捕的"逮捕"，或者说是侦查机关可以任意使用的特殊"逮捕"。

拘留的异化主要表现在以下几个方面：（1）在司法实践中，拘留不仅针对现行犯和重大嫌疑分子，而且针对各种犯罪中的各种嫌疑人。（2）拘留成为逮捕的前置程序，几乎所有的嫌疑人在被逮捕前都会被刑事拘留。（3）拘留与羁押不分离，侦查机关通过拘留将嫌疑人羁押，然后利用羁押获取嫌疑人供述。（4）拘留期间的讯问工作已成为侦查机关完成对逮捕条件证明的主要途径和方法，侦查机关通过被拘留人供述获取其有罪的证据，以此达到逮捕的证明标准，对嫌疑人实施逮捕。（5）拘留不需要任何司法审查，侦查机关可以根据自身需要随意适用，通过拘留剥夺公民人身自由的现象非常严重。

在前文中笔者分析了造成拘留异化的原因——由于逮捕证明标准过高，其适用受到第三方的制约，因此拘留成为侦查机关运用自如的侦查手段，成为了绕过逮捕的法律漏洞。这种异化的结果，使拘留成为侦查机关的神兵利器，虽然对犯罪分子是一种行之有效的侦查手段，但也成为肆意侵犯公民宪法权利的双刃剑。

　　有些学者可能不同意笔者的观点，会指出在美国也存在着无证逮捕，其性质与我国的拘留是一样的，而且在美国的司法实践中，无证逮捕的适用比例远远超过了有证逮捕。针对这种观点，笔者意见如下：首先，笔者赞同无证逮捕在性质和功能上类似我国拘留的观点，但是不认为二者是对应关系，理由如下：(1) 美国的无证逮捕与未决羁押是分离的，实际上是介于我国拘传和拘留之间的一种强制措施。警察在实施无证逮捕之后，应当立刻将嫌疑人带到法官面前，由法官决定是否对其实施羁押。即，嫌疑人不会被警察剥夺太长时间的人身自由。而我国的拘留则与未决羁押相结合，且时间过长。嫌疑人一旦被拘留就意味着其处于被羁押的状态，人身自由当然被剥夺。而且我国的拘留期限，少则几天，多则十几天，最长甚至可以达到 37 天，这一最长期限是国际公约规定的最长拘留期限 (3 天) 的 12 倍多。(2) 美国的无证逮捕虽然在逮捕时无证，但是在逮捕后仍要接受法官的司法审查。虽然在无证逮捕时不需向法官证明已达到"相当理由"的主观内心确信程度，但是无证逮捕当时的客观条件和警察的主观认识却仍必须符合相当理由的标准，而且要在事后的司法审查中向法官证明实施无证逮捕时的主观内心确信程度可以达到"相当理由"的标准。否则会被法官裁定非法而造成释放嫌疑人的后果。我国的拘留既没有事先司法审查也没有事后司法审查，且缺乏证明标准。警察在实施拘留时，当时的客观条件和主观认识都不必达到与逮捕同样的证明标准。

　　从上面的分析中，我们可以看出，美国的无证逮捕与我国的拘留是形似而神不似的。我国的刑事拘留在对公民人身自由限制和剥夺的程度和时间上超过美国的无证逮捕，而在适用的难易程度上却比无证逮捕容易。我国的拘留性质上就是逮捕，但是却不经过司法审查，不需要申请令状，可以说是侦查机关专享的逮捕措施，用起来得心应手，几乎没有任何外界制约。加之逮捕措施适用的困难，拘留就更成为达到侦查目的的有效手段，所以在司法实践中被严重异化.

　　那么，如何解决拘留的异化问题呢？美国的刑事诉讼立法和实践给了我们很好的启示。借鉴美国的无证逮捕措施，我们可以发现规制拘留滥用的方法——将拘留性质定位为无证逮捕，即将逮捕视为剥夺人身自由的常态，而将拘留视为缺少逮捕证的特殊形式。既然是"逮捕"，那么拘留这种"无证逮捕"也要遵守逮捕的审查程序并符合逮捕的条件与证明标准。

自然，拘留的审查程序是事后审查，在侦查机关将嫌疑人拘留后，要将嫌疑人在最短的时间内送交第三方进行司法审查（检察院负责审查批准逮捕的侦监部门而不是公安机关自己的法制处，在未来还可能是预审法官）。侦查人员应证明其实施拘留时符合拘留的条件，并应当达到相应的证明标准（如何为拘留设定证明标准见下文）。如果侦查人员履行了证明责任，对拘留条件完成了证明并达到了相应的证明标准，那么第三方审查者应认定拘留（即无证逮捕）合法，如果侦查人员无法达到证明标准，且其行为又无法补正，那么审查机关应当认定拘留行为违法，并立即释放嫌疑人。

那么，拘留的证明标准如何设定呢？在我国的现行法中，拘留的条件是有法律规定的。事实上，在所有的强制措施和强制性措施中，拘留是除逮捕之外唯一有法律规定的适用条件的——这也从另一个角度证明了拘留这种强制措施的重要性和严厉性。拘留具有明确的适用条件，意味着拘留的证明对象也是明确的。此时，我们所需要进行的工作就是合理地设定拘留的证明标准。在前文中，笔者介绍了美国的有证逮捕和无证逮捕，可以发现美国无证逮捕的证明标准和有证逮捕的证明标准是一样的——都是相当理由。这就意味着，美国警察在实施无证逮捕时，虽然不需要事先申请逮捕证，但是要有"相当理由"才能进行，也就是说警察必须要对嫌疑人符合逮捕条件具有50%以上的主观内心确信程度，才能实施逮捕。

笔者认为，我国拘留的证明标准也应当与逮捕的证明标准相同，也应当定位于"相对理由"，即达到50%以上的主观内心确信程度。那么，如果将拘留的证明标准设定的和逮捕一样高，会不会增加证明的难度，造成适用拘留的困难呢？笔者认为不必有这种担心。虽然笔者将拘留定性为无证逮捕，但实质上它与逮捕是有一定区别的，因此法律上才设定了不同的适用条件，即不同的证明对象。不同的证明对象实际上指引着控方证明的不同方向。虽然拘留证明标准与逮捕证明标准一致，但由于证明对象不同，证明方向不同，同样的证明标准并不意味着同样的证明难度。完成拘留适用条件证明需要达到的50%以上的主观内心确信程度，并不需要像完成逮捕适用条件证明那样，对嫌疑人实施犯罪达到50%以上的主观内心确信程度，而只需证明对嫌疑人正在实施犯罪或刚刚实施犯罪以及有重大犯罪嫌疑达到了50%以上的主观内心确定程度。这种拘留适用条件证明所需要达到的"相当理由"的证明标准实际上并不像逮捕的证明标准那样难以达到，并没有增加警察适用拘留措施的难度。

另外，这样的证明标准是经过实践检验的。自美国宪法第四修正案将"相当理由"规定为绝大多数强制性侦查行为的证明标准后，最高法院通过判例的形式对无证逮捕的证明标准又进行过进一步的解释，在漫长的时间里，无证逮捕"相当理由"的证明标准一直为司法实务界所接受，并在执法实践中被严格执行。美国长期的司法实践为我国确立拘留证明标准提供了很好的域外参考，证明"相当理由"的拘留标准在实践中是可行的。

二 设定拘留证明标准的必要性

设定拘留证明标准是必要的，具体原因如下：

1. 设定拘留证明标准是与其严厉程度相关的。目前，我国的拘留与羁押是合二为一的，一旦采取拘留措施之后，就意味着嫌疑人将被羁押，而且被羁押的时间少则几天，多则十几天，最长可达 37 天。人身自由是受宪法保护的公民基本权利，是最基本的人权，长时间限制和剥夺这样的宪法权利必须慎之又慎。我国法律虽然设立了拘留的适用条件，但却没有设定拘留的证明标准，显然不利于控制如此严厉的强制措施的肆意使用。目前，拘留措施的采用，不需要中立的第三方进行司法审查，只是在侦查机关内部进行事后行政审查，如果再没有明确的证明标准，就更不容易规范其合法性了。

2. 设定拘留证明标准有利于堵住法律漏洞，阻止侦查机关绕过逮捕程序随意使用拘留措施，解决拘留措施异化的问题。无论是无证逮捕还是拘留，其设置目的都是为解决下列问题——在侦查人员无法及时提前申请逮捕令状时，能够及时制止犯罪行为，控制现行犯罪嫌疑人或有重大犯罪嫌疑的人。因此，拘留是缘于来不及申请令状所采取的替代措施，而不是随意限制公民人身自由的方便手段。所以，必须要设立拘留的证明标准，才能堵住侦查人员将拘留异化适用的方便之门。另外，将拘留的证明标准设定的与逮捕相同，才能真正堵住侦查人员的迂回之路。当然，阻止拘留的异化还要与事后第三方的司法审查相结合才能具有实效，不过设定其证明标准肯定是一个不可缺少的重要条件。

3. 设定拘留的证明标准可以与逮捕和羁押的证明标准相呼应，建立和完善限制人身权的强制措施的证明标准体系。也可以进一步与搜查和秘密监听的证明标准相呼应,建立和完善强制性侦查行为的证明标准体系。设定拘留的证明标准本身就具有法制上的重要意义,同时也是降低逮捕证明标准不可或缺的配套措施。

三 拘留与羁押分离的问题

鉴于我国拘留的性质类似于国外的无证逮捕,要解决拘留异化的问题,要设定合理的证明标准,就必然要谈到拘留与羁押分离的问题。

在前文中笔者分析过,要降低逮捕的证明标准,必须将逮捕与羁押分离。既然拘留的性质是无证逮捕,那么在逮捕与羁押分离后,作为无证逮捕的拘留当然应当与羁押分离,否则拘留就会变成比逮捕和羁押都严厉的强制措施,整个强制措施体系从逻辑上就会变得混乱而不合理。世界主要国家普遍将拘留或无证逮捕与羁押分离,视二者为两种独立的措施,结合适用的非常罕见。这是法治发达国家立法和司法的常态,也是经过长期法治实践检验的合理制度。

拘留本身的性质也决定了将它与长时间的羁押结合是不合理的。拘留本质上是无证逮捕,其功能和目的是制止当前犯罪,控制现行犯和重大嫌疑分子。这个功能由即时的短时间的拘留行为就可以完成,完全不需要目前与之结合的持续的较长时间的羁押行为。羁押相对于拘留的功能和目的来说既没有道理也没有意义,唯一的用途,也许就是有助于获取嫌疑人的口供。实际上,羁押与拘留结合本身,就从法律层面认可了拘留脱离原本的目的和功能,异化成为一种事实上的侦查手段。

谈到拘留与羁押的分离问题,就不能不谈到缩短我国现行拘留羁押时间的问题。联合国《公民权利和政治权利公约》明确规定,拘留的期限不能超过3天,而我国的拘留羁押期限最长竟能达到37天,是该公约规定最长日期的12.5倍,显然是令人无法接受的。我国《刑事诉讼法》第八十九条规定:"公安机关对被拘留的人,认为需要逮捕的,应当在拘留后的三日以内,提请人民检察院审查批准。在特殊情况下,提请审查批准的时间可以延长一日至四日。对于流窜作案、多次作案、结伙作案的重大嫌疑分子,提请审查批准的时间可以延长至三十日。人民检察院应当自接到公安机关提请批准逮捕书后的七日以内,作出批准逮捕或者不批准逮捕的决定……"这一规定使得我国拘留的理论时间可以达到以下时限——少则8—10天(1+7或3+7),多则14天(3+4+7),最长甚至可以达到 37 天（30 + 7）。更有甚者，针对"流窜作案、多次作案、结伙作案的重大嫌疑分子"的最长拘留期限 37 天在实践中有时会被滥用于普通嫌疑人。《公民权利和政治权利公约》规定：嫌疑人被拘留后应不迟延地被带到法官面前处理，最长不得超过 3 天，其原因并非承认拘留与羁押结合的合法性，而是考虑到将嫌疑人交付给法官这个过程客观上需要一定时间，所以规定了 3 天的宽延期；退一步讲，即使《公约》承认了拘留与羁押结合的合法性，它所能容忍的最高限度也只有 3 天。

如果从立法上不能将拘留与羁押完全分离，那么也必须大幅度缩短拘留的羁押期限，继续刑诉法修改的步伐，将 37 天的拘留期限尽量缩减到国际标准。在这里需要指出，1997 年刑诉法修改时，之所以将拘留羁押期限规定的如此之长，是为了废除违法性和不合理性程度更高的收容审查，以长时间的拘留作为取消收容审查制度后的替代措施。在当年，这堪称中国刑事诉讼的重要进步。时隔 40 年之后，我们应该努力推动拘留功能的正常化，使其与羁押分离，成为真正的强制措施，而非侦查手段。做不到这一点，最起码也要走出第二步——缩短拘留的羁押期限。

第五节 控方程序法请求事实（项）
证明标准三——搜查

一 设定搜查条件和搜查证明标准的必要性

在前文的论述中，我们从整体上分析了控方程序法请求事实（项）的证明标准，在这一节里，笔者拟着重探讨搜查问题。

（一）搜查措施的概念和重要性

搜查是我国刑事诉讼法规定的七种侦查行为之一，是指侦查人员依法对犯罪嫌疑人以及其他可能隐藏罪犯或证据的人身、物品、住处和其他有关地方进行搜索、检查。[1] 它是侦查机关同犯罪行为做斗争的重要手段，对于侦查机关及时收集证据，查获犯罪嫌疑人，防止其逃跑、毁灭、转移证据，揭露、证实犯罪，保证诉讼顺利进行，从而有力打击犯罪具有十分

---

[1] 崔敏主编：《刑事诉讼法教程》，中国人民公安大学出版社 2002 年版，第 460 页。

重要的意义。①

作为一种侦查行为,搜查关系到公民的诸多宪法性权利,如人身自由、住宅不受侵犯、隐私权、财产所有权等,这些权利是一个人生存、发展的基本保障。早在1627年英国市民向国王提出的《权利请愿书中》,就已经阐明了住宅不受侵犯的权利。诚如十八世纪英国一位大法官所言:"源于英国法律,举凡于私产之任何侵犯,无论些微,均属非法。任何人未经吾之许可而踏足我土,我土即便丝毫无损,彼亦当为此承担责任。"② 美国宪法亦明确规定:"人民保护其身体、住宅、文件与财产之权利,以对抗无理由之搜查和扣押,不得被侵犯。"③《中华人民共和国宪法》第37条第3款规定:"禁止非法搜查公民的身体。"第39条规定:"中华人民共和国公民的住宅不受侵犯。禁止非法搜查或者非法侵入公民的住宅。"2004年3月14日第十届全国人大第二次会议通过的宪法修正案也明确规定:"公民的合法的私有财产不受侵犯。"

因为搜查行为具有强制性,它与拘留、逮捕等强制措施一样必然会涉及对公民人身、自由以及财产权的限制,从而出现维护社会秩序、安全与保障公民基本人权的价值冲突。因而要完善侦查程序,实现上述两大价值目标的统一,有关搜查程序问题的讨论就是不可回避的。需要说明的是,本书的搜查程序主要是指有证搜查。

在我国的控方程序法请求事实(项)中,有关人身权限制与剥夺的程序法请求事实(项)受到了更多的重视。比如,逮捕既规定了条件又规定了证明标准,拘留则只规定了条件,关于财产权限制的程序法请求事实(项)更是受到忽视。我国有关强制性侦查行为条件与证明标准的规定本来就很少,又都集中于涉及人身权的强制措施中,事关财产权的强制性措施基本就是法律遗忘的角落。搜查,作为一项重要的强制性措施,法律既未规定适用条件(即证明对象),也未规定证明标准。事实上,在我国现行法中根本就没有针对搜查的司法审查制度,就更不要说什么证明问题了。

(二)我国现行搜查制度存在的问题

由于搜查程序与公民的人身自由、财产权等基本权利息息相关,即便

---

① 崔敏、郭玺:《论搜查程序》,《中国刑事法杂志》2004年第5期。
② 转引自魏定仁、甘超英、付思明《宪法学》,北京大学出版社2001年版,第288页。
③ 崔敏、郭玺:《论搜查程序》,《中国刑事法杂志》2004年第5期。

是合法搜查，也会对公民的正常生活造成影响。随意启动搜查程序，必将对公民权利造成极大威胁。因此，搜查程序的启动必须十分慎重。在我国侦查实践中，存在着脱离实际需要、过度使用搜查措施的现象，其根本原因就在于搜查程序的启动过于随意。分析起来，造成搜查启动程序随意性的原因有以下两点：

1. 未对搜查条件做出明确规定

所谓搜查条件，也称搜查的法定条件、搜查的法定适用条件、提请搜查的条件，就是侦查人员认为应当实施搜查行为的理由或者根据。设置搜查条件，一方面是使侦查人员的搜查请求符合合法性的要求，另一方面，也为搜查证的签发机关做出正确判断提供了依据。在美国刑事诉讼中，法官签发搜查证的最基本要求（条件）有三个：首先是有具体搜查地点、对象和要扣押的人或物的告发书；其次是要以宣誓或代誓宣言证实；最后便是要求存在"可能的理由"（Probable cause）。所谓"可能的理由"，就是笔者在前文介绍的"相当理由"或"合理根据"，是执法人员认识到的和掌握的事实和情况可以使一个具有理性认知能力的人相信在某个地方或某人身上可以找到某件东西。也就是说，警察在提请搜查时，必须另有相当的证据证明被搜查的物品与犯罪活动有关并且将会在被搜查的场所或人身上被发现。我国的刑诉法中，未对提请搜查的条件做出明确规定，只是在134条中规定："为了收集犯罪证据、查获犯罪人，侦查人员可以对犯罪嫌疑人以及可能隐藏罪犯或者犯罪证据的人的身体、物品、住处和其他有关的地方进行搜查。"细细推敲，我们就可以发现这样的规定是多么"危险"。因为在案件侦破之前，任何人都可能是嫌疑人，也可能是隐藏罪犯或犯罪证据的人，在不要求具体说明搜查的地点和对象，并有相当理由的情况下，那么侦查人员只要是为了收集证据，为了查获犯罪人，就可要求对他怀疑的任何一个人的人身、物品、住所进行搜查。

2. 搜查决定权由侦查机关行使

我国刑诉法与国外刑诉法相比，在搜查程序上的最大区别就是将签发搜查证的决定权交由侦查机关行使，实行侦查机关内部审查。根据我国《人民检察院刑事诉讼规则》和《公安机关办理刑事案件程序规定》的规定，检察长和县级以上公安机关负责人是搜查的决定者。现代诉讼理论认为，控辩双方应是平等对抗的两方，而将搜查的决定权交由侦查机关行使，无疑使侦查机关绝对地凌驾于被追诉人之上，违背了"平等武装原则"和程序正义的要求。正是因为我国刑事诉讼法中缺乏司法分权机制，才有学者批评我国刑事诉讼法是一部集权型刑事诉讼法。一方面侦查人员无须"可能的理由"就可请求对怀疑对象进行搜查，而另一方面，是否搜查的决定权同时掌握在侦查机关手中，这两方面因素结合在一起，搜查程序启动的随意性就不可避免了。

3. 我国搜查制度存在的其他问题

除去上文所提到的两个主要问题之外，我国搜查制度还存在着以下一些问题：A 缺乏中立司法权的审查；B 搜查程序轻易启动，缺乏应有的证明标准；C 搜查证不符合"特定性"要求，违法搜查严重；D 执行程序粗陋，程序自治性和独立性不足；E 无证搜查语意不清，范围模糊，缺乏相应的制约机制；F 对搜查相对人的救济途径不畅。

(三) 域外搜查立法和司法实践

1. 搜查的发动和批准权限

启动程序是搜查程序的逻辑起点，也是证明程序合法性的重要依据。启动程序应十分慎重，因为不合法的、不必要的和缺乏合理性的搜查行为必然导致公民合法权益的损害。许多法治国家对搜查申请、批准的主体，适用的条件都做出了严格规定。

为防止搜查权力的滥用，保护公民的合法权益，众多法治国家和我国台湾地区大都将搜查批准权和执行权予以分离。美国，基于联邦宪法第四修正案令状主义的要求，搜查权原则上属于法官，侦查机关只有在紧急情况下才有搜查权。美国联邦最高法院宣称，对令状程序的依赖之所以受到青睐，是因为它"在中间插入了一个牵涉司法公正性的有序的程序，通过该程序，一名中立的超然的司法官对合理根据问题进行见多识广的详细的判断。将这种判断留给警察将会导致那些经常进行具有紧迫性的犯罪侦查工作的人草率行事。"在英国，逮捕前的搜查权以及附带于逮捕的搜查权，实际上属于警察固有的权力，但在其他情况下，除非经过被搜查人同意或者治安法官许可，不得进行搜查。搜查证一般由治安法官签发，由警官来执行搜查。根据《德国刑事诉讼法》第 108 条之规定，对于人身、物品、住所或者其他场所的搜查原则上由法官决定，但在延缓搜查会有危险时，也可以由检察官或他的辅助官员决定。凡是由检察官或其辅助官员决定的搜查措施，必须在 3 日内提请法官确认。法国的搜查权在初步侦查中属于司法警察，但须经被搜查人同意；在现行犯侦查中，搜查权属于司法警察和司法官；在正式侦查中属于预审法官，但预审法官可以授权司法警察官行使。意大利侦查期间的搜查，原则上由法官或检察官批准，并作出附理由的决定。在日本，批准搜查的是法官，执行搜查的是检察官，或者是司法警察职员，但应遵照检察官的指挥。俄罗斯对住宅及人身搜查原则上由法官决定，但有紧急情形时除外。我国台湾地区"刑事诉讼法"第128条第1款规定：侦查中检察官认有搜索之必要者，除第131条第2项（径行搜索）所定情形外，应以书面记载前条第2项各款之事项，并叙述理由，声请该管法院核发搜索票。司法警察官因调查犯罪嫌疑人犯罪情形及搜集证据，认为有搜索之必要时，得依前项规定，报请检察官许可后，向该管法院声请核发搜索票。前二项之声请经法院驳回者，不得声明不服。该条第2款规定：搜索，除由法官或检察官亲自实施外，由检察事务官、司法警察官或司法警察执行。检察事务官为执行搜索，必要时，得请求司法警察官或司法警察辅助。综合以上各国情况，不论是英美法系国家和地区还是大陆法系国家和地区，通常情况下有证搜查都需要经过处于中立地位的法官签发令状，警察和检察官无权自行签发令状进行搜查。将批准权和执行权分开，由不同的机关来行使，有利于从制度上和程序上对搜查进行有效的制约，防止搜查权力的滥用，保护公民的正当权益。[①]

2. 主要法治国家搜查证明标准的具体规定

刑事搜查证明标准，也称搜查的实质要件，也有人把它称为搜查的证明要求，即在什么情况下司法机关才能签发搜查令状，它与搜查的程序要件相对应。西方法治国家除通过法律或判例确立了司法令状主义对刑事搜查予以节制外，基于人权保障和正当程序的要求，又确立了一层更高的门槛，即刑事搜查证明标准作为实质要件。美国宪法第四修正案规定了"相当理由或合理根据"作为搜查的证明标准，其含义是：当执法人员认识到所掌握的事实和情况可以使一个具有合理警觉的人相信犯罪已经发生或犯罪正在发生（在逮捕的情况下），或者相信在某个地方或某人身上可以找到某件东西（在搜查的情况下），才可以认为存在相当理由或合理根据。[②] 美国在将搜查的司法令状主义作为宪法内容的同时，又从宪法层次确立了搜查的证明标准，使法院对搜查的控制具有现实的可能性、可操作

---

① 刘继雁：《法治视野下的刑事搜查制度研究》，硕士学位论文，西南政法大学，2007年。
② 周宝峰：《刑事被告人权利宪法化研究》，内蒙古大学出版社2007年版，第205页。

性,避免司法控制流于形式,同时也使令状的签发带有实质的合理性和正当性。这在深层次上折射出美国对公民基本权利限制的慎重。① 因为"所有的搜查、扣押都必须提出可能成立的理由——而非有时如此。"② 对于警察依据令状而实施的强制搜查行为,合理根据的最初判断主体为治安法官,其认定相当理由或合理根据的依据包括警察自己对具体事实和情况的了解、可靠的第三人的举报(传闻事实)以及第三人的举报加上警察确证的事实。关于治安法官判断是否存在相当理由或合理根据的标准,联邦最高法院在 Aguilar 和 Spinelli 案中确立了"双重检验标准"(或称"双叉标准")。该标准强调两个条件:一个是线民的可靠性,即为什么警察相信这个人?另一个是线民举报信息的可靠性,即该线人怎样知道他声称了解的信息?③ 双重检验标准被联邦最高法院在 Gates 案中加以修改,代之以"综合判断标准",即在判断是否构成合理根据时,法官无需苛刻地审查情报的每一个方面,而只需根据常识对情报加以综合判断,而且情报在某些方面的缺陷可用另外一些方面来弥补。④ 在英国,对于有证搜查,英国刑事诉讼程序确立以"合理的理由"作为搜查的证明标准。英国搜查的"合理的理由"由法官根据申请人提供的材料判断,而不是由执行搜查的警察自行判断。法官判断合理的理由是基于可靠的情报或信息,而不能建立在只有个人因素而没有情报和信息的基础上,也不能基于某人或某群体更可能犯罪这种僵化的观点做出。⑤ 英国《1984 年警察与刑事证据法》第 1 条规定,对搜查人身或车辆或在车辆上或车辆内的任何物品,除非警察有合理的理由提出"怀疑";对"处于用作住宅的花园或院子里或用作住宅的其他地方,警察不可行使本条授予的权力来搜查他,除非该警察有合理的理由相信。"可见,英国对不同对象的搜查适用不同的标准,对搜查人身或车辆采用了"合理的理由怀疑",对住宅采用了"合理的理由相信","相信"的证明标准要高于"怀疑"。第 8 条对搜查的"合

---

① 参见宋敏振《刑事搜查法律控制研究》,硕士学位论文,内蒙古大学,2008 年。

② [美]阿克希尔·瑞德·艾玛:《第四修正案的基本原则:禁止"无理"搜查、扣押和逮捕》,《美国刑事诉讼中的辩护》,法律出版社 2001 年版,第 209 页。

③ [美] Robert. M. Bloom:《刑事诉讼法(注译本)》,郝银钟、张泽涛注,孙远校,中国方正出版社 2003 年版,第 46 页。

④ 李学军:《美国刑事诉讼规则》,中国检察出版社 2003 年版,第 54 页。

⑤ 宋敏振:《刑事搜查法律控制研究》,硕士学位论文,内蒙古大学,2008 年。

理的理由"规定为:一项严重可捕罪已经发生;并且在申请书载明的场所内存在着可能对查清该犯罪具有重大意义的材料(不论该材料单独还是与其他材料一起发生这种作用),并且该材料可能成为相关的证据,并且进入搜查是可能或现实的。① 在德国,《刑事诉讼法》第一百零二条规定,"对于具有犯罪行为的主犯、共犯嫌疑,或者具有庇护、藏匿犯人或者赃物罪嫌疑的人员,为了破获他,或者在推测进行搜查可能收集到证据材料的时候,可以搜查他的住房与其他房间以及他的人身和属于他的物品。"第一百零三条规定,"对其他人员,只有在为了破获被指控人、追踪犯罪行为线索或者扣押一定的物品,并且只能在依据事实可以推测所寻找的人员、线索或者物品就在应予搜查的房间里的时候,才准许予以搜查。"② 可见,在德国,由于被搜查人在诉讼程序中的地位不同,搜查的证明标准也不同,对于犯罪嫌疑人为"推测"可能收集证据,而对于犯罪嫌疑人以外的其他人的搜查为"依据实事进行推测"。法国的搜查一般由预审法官做出,其有权对任何可能发现有利于查明事实真相的地点进行搜查,但在不同的诉讼阶段有不同的要求。在初步侦查阶段,司法警察经检察官许可进行搜查,但搜查人身、住所须经被搜查人同意。在现行犯罪侦查阶段,司法警察根据犯罪的性质有权对可能参与犯罪或持有犯罪证据的人或住所进行搜查,司法官有权对律师的办公室或者住所以及医师、公证人、诉讼代理人的办公室或新闻或音像、通信部门的所在地进行搜查。在正式侦查阶段,预审法官有权对可能发现有利于查明事实真相之物件的地点进行搜查,但多数时候是由预审法官签发搜查证而由司法警察执行。由于法国的刑事搜查笼罩在浓厚的职权主义色彩下,法官或司法警察官进行搜查依职权自由判断搜查理由,搜查基本上属于任意性的。日本《宪法》规定,任何人、其住所、文件及所有物不受搜查及没收之权利,除非依据有权的司法官签发的明确规定搜查场所以及扣押物品的令状进行搜查和扣收。③ 依据日本《刑事诉讼法》第102条和第222条第1款的规

---

① 中国政法大学刑事法律研究中心组织编译:《英国刑事诉讼法(选编)》,中国政法大学出版社2001年版,第257页。

② 汪建成、黄伟明:《欧盟成员国刑事诉讼概论》,中国人民大学出版社2000年版,第197页。

③ [日]松尾浩也:《日本刑事诉讼法》(上卷),丁相顺译,金光旭校,中国人民大学出版社2005年版,第74页。

定，法院在必要时，可以对被告人的身体、物品、住所或其他的场所进行搜查，对被告人以外的人的身体、物品、住所或其他的场所，以足以认为有应予扣押的物品存在的情形为限，可以进行搜查。① 可见，在日本，对犯罪嫌疑人的搜查，法官"认为有必要时"可以进行，而嫌疑人以外的人则受"足以认为有应予扣押的物品存在"的限制。

二　合理设定我国的搜查条件

（一）美国搜查条件与证明标准的不同

在关于美国刑事诉讼法的翻译中经常存在这样的一个问题，就是关于搜查的条件与证明标准常常混淆。搜查的证明标准一般被译作相当理由或合理根据，但在分析逮捕、搜查的启动条件时，也使用相当理由或合理根据一词指代启动搜查需要符合的条件。这种表述经常会使人产生混乱和误解。实际上，在美国刑事诉讼中，搜查的条件可以表述为相当理由（为分析时不引起歧义，本段只使用"相当理由"一词），其证明标准同样也可以表述为相当理由，但二者内涵却是不同的。作为搜查条件的相当理由是指以下内容：A 要被扣押的财产是否与犯罪活动有关，而且 B 在要搜查的地方能否发现它。搜查条件实际上就是搜查事项的证明对象。侦查机关应当证明其申请的搜查行为符合搜查的条件，也就意味着侦查机关要对其证明对象加以证明。那么，证明到什么程度可以使法官认定符合搜查的条件呢？这就是搜查证明标准要解决的问题。美国刑事诉讼中的搜查证明标准也被界定为相当理由。不过，此"相当理由"非彼"相当理由"，与搜查的条件，即证明对象之相当理由的内涵不同。作为证明标准的相当理由特指警察机关的证明应使法官内心达到的确信程度——约为 50% 以上的主观内心确信程度。换个易于接受的说法就是，警察机关要向法官证明搜查符合法定条件，让法官在内心中大致可以相信在要搜查的地方能够发现与犯罪活动有关的财物。一个相当理由描述的是搜查应符合的法定条件是什么，另一个相当理由描述的是法官签署搜查令状时最起码得对搜查符合法定条件这个问题相信到什么程度。前者是搜查的条件，后者是搜查的证明标准。笔者尊重译者艰苦的工作，仍然使用"相当理由"的提法来描述搜查的条件与搜查的证明标准，同时指出其内涵上的差异，以避免在论

---

① 宋英辉译：《日本刑事诉讼法》，中国政法大学出版社 2000 年版，第 26 页。

述时造成误解。

英美法系国家在搜查的条件和搜查的证明标准上往往都会有所规定。以美国法为例，其搜查的条件与逮捕的条件一样都是相当理由，规定严谨详细。而大陆法系国家在证明对象和证明标准上较之英美法系国家则不是那么严格。我们可以发现一个有趣的现象，那就是越接近英美法系的国家，在搜查证明对象和证明标准上就规定的越严格越细致，反之，则对这二者的规定越粗疏。

比如日本在第二次世界大战中被美国征服后，其法律制度迅速向英美法系靠拢，和平宪法和新刑事诉讼法中加入了大量关于保护公民权的规定，在搜查条件和证明标准的规定上也最接近美国，而德国虽然也在战败后吸收了大量英美法关于人权保护的规定，但由于其与东德等华沙条约组织成员国接壤的前沿位置，不可能不把社会控制放在第一位，因此其关于搜查条件和证明标准的规定也就相对粗疏。而法国则在某种程度上处于故步自封的状态，其刑事诉讼的很多规定还停留在拿破仑时代，加之1942年被德国征服后法律制度的纳粹化残留，使之对搜查条件和证明标准的规定也较为粗疏。①

除了以上原因之外，其实出现这种差别的重要原因还在于法德等大陆国家通过二级预审法官和侦查法官制度，使司法权前出至侦查阶段，由司法权在侦查阶段直接控制侦查权这一行政性质公权力。而且众所周知，预审法官力量非常强大②，足以控制侦查权。故而从这个角度上讲，也许法德通过这种方式找到了控制搜查权滥用的方法，因此没有必要像英美那样规定明确详细的搜查条件和证明标准，并通过一个一个的案例，由最高法院不厌其烦地做出解释。既然规定搜查条件和证明标准的目的是为了控制侦查权的滥用，那么不管采用什么样的方法，只要能达到相同的目的就可以，由于大陆法系自身的特点，也许这样的规定本身就可以解决搜查权滥用的问题，而不必与英美法系国家一样。

（二）美国的搜查条件

搜查证（search warrant）是一个书面的命令，由治安法官签发，指示

---

① 笔者认为，是否规定以及如何规定搜查条件和证明标准，实际上是对侦查机关搜查行为限制多寡的试金石。

② 德国虽然取消了预审法官，代以侦查法官，但其职权仍足以影响和控制侦查行为。

治安官员寻找与犯罪有关的财产,并且向法庭出示。几乎在所有的州,要获得搜查证,警察必须在书面形式并且签名的宣誓申请书中陈述相当理由。一般规则是,依据宪法第四修正案只有有证进行的搜查或扣押才是有效的。无效搜查可能是有效的,但那是例外而不是原则。

签发有效的搜查证有四个基本要件:A 陈述相当理由,B 有宣誓或代宣言支持,C 描述将要被搜查的地方和将要被押扣的物品,D 治安法官署名。其中的相当理由可以视为搜查的实质条件,也就是我们一般所说的"搜查的条件"。

相当理由(probable cause)不仅仅是怀疑,它是指:在警察了解范围内,且包含着他们合理信赖信息的事实和情况本身,足以使一个合理谨慎的人有理由相信犯罪已发生或者正在实施的情形。这种定义对逮捕同样适用。区别在于逮捕着重于"要被逮捕的人是否实施了犯罪行为"。与此相反,在对物的搜查和扣押中,相当理由的着重点在于"要被扣押的财产是否与犯罪活动有关",而且"在要搜查的地方能否发现它"。

美国逮捕条件与拘留条件的比较:

相同之处:A 都需要相当理由,且相当理由的概括定义也相同。B 相当理由是由法官决定,不是由警察决定的。C 警察必须声明他或她的出现,州法律规定有例外。D 警察可以合法没收一目了然看到的可押扣的物品。

不同之处:A 在搜查证中,警察寻找作为证据的物品;在逮捕证中,警察试图逮捕一个嫌疑人以羁押他。B 搜查证如果没有执行,通常在法律规定的时段之后就会因期满而失效(因为相当理由可能不存在);逮捕证不会过期,除非被法院撤回。C 有些司法辖区限制搜查证需在白天适当的时间内执行;而逮捕证则可以随时执行。

(三)如何设定我国的搜查条件

美国搜查的条件可以表述为两点:A 被扣押的财产是否与犯罪活动有关,B 在要搜查的地方能否发现它。这个条件是符合侦查实际的。搜查的目的就是寻找与犯罪有关的实物证据,因此在搜查前确定要被扣押的财产是否与犯罪活动有关,在要搜查的地方能否发现要被扣押的财产,是直接与搜查目的相关的。同时,这种搜查的条件很好地平衡了侦查效率价值与公民财产权保障价值。搜查的两个条件限定搜查行为只能针对与犯罪活动有关的涉案财产,搜查涉及的场所只能是能够发现涉案财产的地方。除此之外，与犯罪活动无关的财产和不可能找到涉案财产的地方则不允许搜查。这种限定，看似简单，实则切中要害，可以有效地规制侦查机关滥用搜查措施肆意侵犯公民财产权的行为。这样的搜查条件和搜查的证明标准相结合，更是为防止搜查权的恣意使用上了双保险。

我国应当借鉴美国的搜查条件，设定自己的搜查条件。我国的搜查条件完全可以比照美国的搜查条件设定为：在准备实施搜查的地方存在与犯罪活动有关的财物。我国搜查条件亦可分解为两个要件：A 被扣押的财产是否与犯罪活动有关，B 在要搜查的地方能否发现它。可以想象，这样的搜查条件不会给启动搜查行为设置过高的标准，不会对侦查效率有丝毫的减损。同时，却可以填补我国搜查条件的空白，有效地遏制搜查权无节制滥用的现象，促使侦查机关合理谨慎地使用搜查权，保证其对公民宪法基本权利的最起码的尊重。综上，我国的搜查条件应设定为"在准备实施搜查的地方存在与犯罪活动有关的财物"。设定我国的搜查条件，无论从理论还是实践上都具有重大的现实意义。

搜查的条件设定后，必须要设定合理的证明标准，以使搜查条件的设定不会流于形式。在应然状态下，如果我国建立了针对搜查措施的司法审查制度或针对违法搜查的司法救济制度。那么，搜查条件的设定，可以使司法审查和司法救济对搜查行为合法性的审查有的放矢。明确的证明对象可以使控方的证明有的放矢，也可以使裁判方的认证有的放矢。而搜查证明标准的规定则可以使控方对搜查条件的证明有确定的标准。控方的证明达到了证明标准规定的主观内心确信程度，就视为控方完成了证明责任，裁判方应当批准搜查申请，允许启动搜查程序；如果控方的证明达不到证明标准规定的主观内心确信程度，就视为控方没有完成证明责任，裁判方应当驳回搜查申请，不允许启动搜查程序。

在实然状态下，当我国的搜查仍然以侦查机关内部的行政审批为唯一途径时，设定搜查条件和证明标准也多少可以对搜查权的滥用加以些许限制。在我国现行法中，搜查只有目的而没有任何限定条件，如果设定了搜查的适用条件，多少可以使侦查机关在适用搜查措施时，将其限定在与侦查条件相关的地点上，即确实与犯罪有关的地点，而不是毫无限制的任何地点。而合理设定了搜查的证明标准，则可要求申请搜查的侦查人员在申请搜查时最起码要有一定主观内心确信程度，除了单纯的怀疑之外要有一定依据。不但自己要内心确信，而且要通过证明让审查者具有一定的主观内心确信。而不能只凭借怀疑，甚至是不合理的怀疑就随意适用搜查措施。

当然，即便在侦查机关内部关于搜查的行政审批程序中设定了启动条件（搜查条件）和证明标准，其作用能有多大仍然未曾可知。但是这种方法却是在无法触及《宪法》《刑事诉讼法》关于司法职权配置的情况下唯一的选择。从积极的意义上说，也许是规制搜查权滥用问题迈出的第一步。不能通过搜查本身发现犯罪，而是在发生犯罪后，通过搜查获取证据。

在申请搜查之前，控方应当对是否满足搜查的条件（即下列两个命题）有一定的主观内心确信程度——A 要被扣押的物品是否与犯罪活动有关，B 在要搜查的地方能否发现它。侦查机关应当对上述两个问题，依据现有证据材料、信息和事实具有一定内心确信之后，才能申请搜查。裁判者（无论是侦查机关的内部行政审批者还是外部司法审批者）都必须在侦查机关提出搜查理由和相关事实依据的基础上进行审查和认证。如果他已经能够基本确信要被扣押的物品与犯罪有关，而且在要搜查的地方能够发现它，那么，此时才能批准搜查。而不能像以前那样只凭怀疑或所谓的侦查需要，而不加区别地一味批准。

那么，搜查的证明标准要设定到什么程度才合适呢？笔者认为，美国搜查中的"相当理由"标准是符合证明理论与司法实践要求的。根据前文的分析，相当理由的标准大约对应 50% 以上的主观内心确信程度，可以通俗地解释为：执法人员认识到的和掌握的事实和情况可以使一个具有理性认知能力的人相信在某个地方或某人身上可以找到某件东西，相信要被扣押的物品与犯罪有关的可能性大于与犯罪无关的可能性，而且在要搜查的地方发现它的可能性大于不能发现它的可能性。

首先，设定相当理由的证明标准符合我国《宪法》关于公民权利的规定。《中华人民共和国宪法》第 37 条第 3 款规定："……禁止非法搜查公民的身体。"第 39 条规定："中华人民共和国公民的住宅不受侵犯。禁止非法搜查或者非法侵入公民的住宅。"2004 年 3 月 14 日，第十届全国人大第二次会议通过的宪法修正案已经明确规定："公民的合法的私有财产不受侵犯。"而搜查作为一种强制性措施，从某种意义上说，正是对公民财产权的一种限制，也是对公民人格权的一种侵犯。由于搜查行为实施时，侦查人员直接进入公民的办公室、工作场所及住所，并会邀请被搜查处所的负责人员、工作人员、居民或居委会成员到场，对被搜查人的影响可想而知。如果搜查是必要的和合法的还罢，如果干脆是不合法的，那么就是对被搜查人人格权、名誉权的直接侵犯。日本刑事诉讼法要求，警察在搜查后如未发现任何可疑物品应当应被搜查人要求出具证明书，证明该搜查未出现任何可疑涉嫌物品，以清除公民的疑虑和不安，就是考虑到搜查行为对公民人格权、名誉权造成了伤害。如果说单纯对公民财产权的限制还不足以引起我们对规制搜查行为的重视的话，那么搜查行为可能引发的对公民人格权、名誉权的侵害是否可以再添一枚沉重的砝码呢？由于搜查行为可能对公民的财产权和人格权、名誉权造成较大侵害，因此采取搜查措施就应当慎之又慎。不能没有任何根据，仅凭无端猜测就启动搜查措施，而起码要达到一定的主观内心确信程度，也就是证明标准才可以决定实施。相当理由 50% 的主观内心确信程度是一种合理逻辑的证明标准——搜查申请者必须达到这样的主观内心确信程度才能申请搜查，而审查批准者必须具有这样的主观内心确信程度才能批准实施搜查。笔者以为，这个确信程度或者说证明标准是对宪法所规定的公民权利最低限度的尊重。

其次，相当理由的证明标准符合侦查的规律。设定搜查证明标准是为了规制搜查权的滥用，防止肆意使用搜查权对公民权利的侵犯，而并不是要降低侦查效率。侦查效率的价值始终是侦查阶段首要的价值，因此在设定搜查的证明标准时，该标准设定不宜过高，应当符合侦查的规律。在侦查的初始阶段，侦查机关不可能掌握十分充分的证据材料，在达到非常高的主观内心确信程度之后才去申请搜查。证据材料不是凭空出现的，是需要通过侦查机关的侦查活动收集获取的，而搜查措施正是侦查机关搜集获取证据材料的重要手段。因此设定过高的证明标准将使搜查活动难以启动。而且，搜查措施本身就是搜集获取证据材料的重要手段，搜查活动难以启动也将使整个侦查活动陷于停顿。相当理由的证明标准是合理的，50% 的主观内心确信程度在实现人权保障价值的同时又不会降低侦查的效率价值，不会出现搜查活动难以启动，侦查活动陷于停顿的情况。美国刑事诉讼数十年的成功实践，为我们提供了很好的域外样本和有力的证明。因此，笔者以为，将相当理由设定为我国搜查措施的证明标准是符合侦查规律的。

其他强制性措施与搜查性质相近，其证明标准可以参照搜查设定，而其法定适用条件亦可参照搜查斟酌确定。

第六节　辩方程序法请求事实（项）的证明标准

笔者在前文分析过，优势证据标准可以适用于辩方负担证明责任时的程序法事实证明。因而，笔者认为"优势证据"是可以接受的辩方程序法请求事实（项）的证明标准，详见第六章第二节，此处就不再赘述。

第七节　程序性违法引发的程序法争议事实（项）的证明标准

一　《非法证据排除规定》以及新修订的《刑事诉讼法》对证明标准的规定

我国《非法证据排除规定》第六条规定，辩方应提供相关线索或者证据，有学者称之为初步证明。在辩方提供了相关线索或者证据，完成了初步证明之后，如果法官认为言辞证据合法性存在疑问，则将证明责任转移给控方，要求控方对言辞证据的合法性进行证明。新修订的《刑事诉讼法》第五十六条规定："在对证据收集的合法性进行法庭调查的过程中，人民检察院应当对证据收集的合法性加以证明。现有证据材料不能证明证据收集合法性的，人民检察院可以提请人民法院通知有关侦查人员或者其他人员出庭说明情况；人民法院可以通知有关侦查人员或者其他人员出庭说明情况。有关侦查人员或者其他人员也可以要求出庭说明情况。经人民法院通知，有关人员应当出庭"。

我国《非法证据排除规定》第十一条规定："对被告人审判前供述的合法性，公诉人不提供证据加以证明，或者已提供的证据不够确实、充分的，该供述不能作为定案的根据。"新修订的《刑事诉讼法》第五十八条规定，对于经过法庭审理，确认或者不能排除存在本法第五十四条规定的以非法方法收集证据情形的，对有关证据应当予以排除。由此确立"证据确实充分"为控方在非法证据排除事项上的证明标准。笔者在前文中论述过"证据确实充分"虽然与我国定罪量刑的实体法事实证明标准"事实清楚，证据确实充分"略有不同，但其盖然性程度则可推知为相仿，甚至是一致的。

之所以在表述上有所差异是因为，实体法事项的证明既要解决事实问题又要解决法律问题，而程序法事项的证明只解决法律问题，实体法事项的证明，以定罪量刑的事项为代表既要解决与案件事实有关的"七何"问题，又要解决针对案件事实的法律适用问题，因此证明标准需要在事实和法律两个方面进行表达，就有了"事实清楚，证据确实充分"的表述。程序法事项的证明，以非法证据排除事项为代表，只需要解决法律问题，即言辞证据的合法性问题，或诉讼行为（取证行为）的合法性问题，并不需要完全解决非法取证行为本身的事实认定问题。虽然证据合法性或诉讼行为合法性的认定在一定程度上要依赖于非法取证行为的事实调查，但却并不必然要求非法取证行为存在与否达到"事实清楚"的程度。这不是非法证据排除或程序法事实证明需要解决的问题，而是在非法取证行为严重到可能构成犯罪时，在针对刑讯逼供或暴力取证犯罪的定罪量刑问题进行的实体法事项的证明中需要解决的问题。也就是在另一个刑事案件中需要解决的问题，与本案程序法事实证明无关。在很多情况下，非法取证行为的程度达不到触犯刑法正条的程度，因此对这些非法取证行为事实的认定在刑事诉讼领域就更加不会出现。由此，在非法证据排除事项的证明中，其证明标准也就相应地表述为"证据确实充分"，而不必有"事实清楚"的字样。另一方面，从诉讼效率的角度上看，在针对非法证据排除的证明上也不可能和在定罪量刑的问题上一样有充裕的时间，在客观上也无法做到非法取证行为的事实认定"事实清楚"。故而《非法证据排除规定》及新修订的《刑事诉讼法》对非法证据排除控方证明标准的表述应当说是合理的。

非法证据排除的证明标准"证明确实充分"和我国定罪量刑的证明标准"事实清楚，证据确实充分"是相仿甚至一致的。不同于控方证明标准，《非法证据排除规定》及新修订的《刑事诉讼法》并没有对辩方证明标准做出具体明确的规定。《非法证据排除规定》第六条以及新修订的《刑事诉讼法》第五十六条规定法庭可要求辩方提供相关线索和材料，也就是规定辩方负有提出证据的责任，但是却并未规定辩方的证明标准，也就是说《非法证据排除规定》以及新修订的《刑事诉讼法》并没有规定辩方对证据合法性问题证明到什么程度可以卸下证明责任，由法庭将证明责任转移给控方。有学者认为辩方应证明非法证据排除问题到初步成立的程度，但是初步成立又是什么程度，是什么样的证明标准，大致具有多大的盖然性，这些问题《非法证据排除规定》及新修订的《刑事诉讼法》都没有给笔者一个明确的答案。因此，严格地说《非法证据排除规定》及新修订的《刑事诉讼法》只规定了辩方的证明责任，并未明确规定辩方的证明标准。

证据合法性争议，即非法证据排除问题是程序法争议事实（项）证明的典型问题，也是目前我国法律及司法解释有明确规定的问题。证据合法性争议之外的程序法争议事实（项）的证明，其证明标准更是无从察访。笔者从学术研究的角度进行分析，可以认为其他由程序性违法引发的程序法争议事实（项）的证明标准与证据合法性的证明标准相似，由于证明责任在控辩双方之间存在转移，在这些程序法争议事实（项）的证明中一定也同时存在两个证明标准，即控方的证明标准和辩方的证明标准。

二 域外非法证据排除证明标准考察

以上是我国《非法证据排除规定》及新修订的《刑事诉讼法》对证据合法性争议事项证明标准的规定，下面笔者来看一下域外非法证据排除规则对证明标准的规定。

域外非法证据的外延要大于我国。不仅包括以刑讯逼供取得的犯罪嫌疑人、被告人供述和以暴力、威胁方法取得的证人证言、被害人陈述这类非法言辞证据，同时包括以非法手段取得的实物证据和根据非法证据取得的衍生证据（即毒树之果）。非法手段不限于刑讯逼供和暴力取证，非法搜查、扣押、逮捕、监听都属于非法手段的范畴，通过这些非法侦查行为取得的证据都可能属于非法证据。

在证明责任一章中笔者已经介绍了各国对非法证据排除的规定，既包括证明责任又包括证明标准，在此，笔者再对证明标准问题进行集中的回顾。国际上一般将非法证据划分为非法搜查扣押所获得的实物证据和非法取得的自白两大类。与我国非法证据内涵外延最接近的是非法取得的自白，笔者就集中介绍一下域外自白证明标准的有关规定：

（一）美国关于非法自白的证明

美国联邦《宪法》修正案第5条和第14条赋予了被告人不被强迫自证其罪的特权，并且在"米兰达诉亚利桑那州"一案以后的判例中确立了诸多的措施来保障该特权的行使,非法自白的证明规则便是其中之一。在"米兰达"案中,法院将显示被告方在明智地、自愿地的情况下放弃沉默权的证明责任分配给了控方,随后大多数州也相应地要求控方就自白的合法性承担提供证据责任和说服责任。①

但是,控方对自白合法性的证明适用何种证明标准? 是应当证明到排除合理怀疑的程度,还是只需要优势证据即可呢? 在"lego 诉 Twomey"案②中,联邦最高法院对此进行了激烈的争论。布伦南、道格拉斯和马歇尔三位大法官认为,优势证据不足以对被告人的宪法性权利提供充分的保护,而其他四位大法官则认为,没有实质性的证据显示,采用优势证据标准会给被告人的联邦宪法性权利带来损害;况且,被告人自白的自愿性并非被告人犯罪的事实,同时,法律还有其他排斥自白的规则(诸如:不能以自白为定罪的唯一证据;非真实的自白,不得为证据;不符合逮捕羁押规则的自白,不得为证据);也可以达到适当保障的目的。结果,联邦最高法院以 4∶3 作出终局裁判,认为只要控方对自白合法性的证明达到了优势证据的程度,即可认定自白具有自愿性。③ 在联邦法院判例的影响下,一些州也采用了上述标准,但另一些州仍旧采用排除合理疑问的证明标准来解决自白合法性的争议。④

(二) 英国法

英国在非法证据的证明责任分配方面采取了类似于美国的政策。近几十年来,英国特别注意以成文法的形式引导刑事诉讼实践。对于非法口供的证明,根据英国 1984 年的《警察与刑事证据法》第 76 条规定,在辩护方对供述的合法性发生争议的案件中,控诉方有责任证明该供述不是以非法方法获取的,而且这种证明必须达到排除合理疑问的程度;即使辩护方没有提出排除非法供述的申请,法庭对供述的合法性有疑问时,也可以依职权主动要求控诉方证明供述的合法性。为此,英国专门设置一种审查

---

① 李学灯:《证据法比较研究》,台湾五南图书出版公司 1992 年版,第 215 页。
② lego v. twomey 92 S. Ct, 619 (1972).
③ See Yale Kamisar, Wayne R Lafave & Jerold H. Isterd: Modern Criminal Procedure, 7th, 1990, west Pub. co., p. 788;另可参见周叔厚《证据法论》,国际文化事业有限公司 1989 年版,第 844 页。
④ 孙长永、黄维智、赖早兴:《刑事证明责任制度研究》,中国法制出版社 2009 年版,第 330—337 页。

供述合法性的审前程序，即审查聆讯程序（voir dire）。在这一程序中，被告人可以提出证据证明供述是非法获取的，但他并不是必须这样做。①

（三）法国法和德国法

大陆法系国家的刑事诉讼以实体真实为基本理念，并采取职权主义的诉讼构造，真实的发现和诉讼的推进均由官方依职权进行。在处理证据合法性的争议问题上，也体现了职权主义的特点。

至于非法证据的证明标准，从实践来看，德国学界多数人"同意适用定罪的证明标准，因此，一旦存在是否排除证据的合理怀疑，证据就应被排除。"而法院通常会排除那些"具有很大可能性"系通过违法活动所取得的证据。②

（四）日本法

《日本刑事诉讼法》第319条规定："出于强制、拷问或者胁迫的自白，经过不适当的长期扣留或拘禁后的自白以及其他有不是出于自由意志之疑的自白，都不得作为证据。"根据这一规定，日本学界通说主张对非法自白的证明应当采用严格证明的方式，证明标准的适用应当达到排除合理怀疑的程度。

（五）域外非法证据排除证明标准分析

我国非法言辞证据的证明标准有两个，辩方的初步证明的标准和控方"证据确实充分"的证明标准，域外国家在非法取得的自白问题上一般也会区分控辩双方的证明责任和对应的不同的证明标准。在控方证明标准上，我国《非法证据排除规定》以及新修订的《刑事诉讼法》的规定和域外主要法治国家是相似的，都是与定罪量刑相仿的最高的证明标准，或曰"事实清楚，证据确实充分"，或曰"排除合理怀疑（疑问）"。但却唯独与美国不同，美国在控方证明标准上反而要求较低，这恐怕是出乎很多人意料的。美国是适用非法证据排除规则的代表性国家，但是在自白合法性的证明上，仅要求控方达到"优势证据"即可。

在辩方证明标准上，各国略有不同，有的与我国《非法证据排除规定》以及新修订的《刑事诉讼法》的规定相仿，即要求辩方承担提出线

---

① See Stephen Seabrooke and John Sprack: Criminal Evidence and Procedure: the Essential Framewok, 2nd, Blackstone, 1999, p.135.

② 岳礼玲：《德国刑事证据制度中的若干问题》，载樊崇义主编《诉讼法学新探——陈光中教授七十华诞祝贺文集》，中国法制出版社2000年版，第396页。

索和证据的初步证明责任,证明标准低于控方,但仍需要一定程度的证明,有的与我国《非法证据排除规定》以及新修订的《刑事诉讼法》规定不同,不要求辩方承担提出问题责任,即初步证明的责任,也不需辩方对非法证据排除主张进行证明,或曰将该主张证明到初步成立的程度;辩方只需对控方证据提出质疑,证明证据合法性的责任就自然由控方承担。辩方不需要证明,也就谈不到有什么证明标准。

由上文对域外自白合法性控辩双方证明责任和证明标准的介绍可以发现,我国的《非法证据排除规定》以及新修订的《刑事诉讼法》对言辞证据合法性证明责任和证明标准的规定与其他主要法治国家相仿符合当今世界法制潮流,确实是我国法制文明的一个巨大进步,但是白玉微瑕,《非法证据排除规定》以及新修订的《刑事诉讼法》还是存在一个问题,那就是对辩方证明标准语焉不详。在证明责任一章证明责任裁判转移的问题上,笔者初步提出了这个问题,在这一章里准备进行分析。

三 非法证据排除中辩方证明标准问题

我国《非法证据排除规定》以及新修订的《刑事诉讼法》并没有规定具体明确的辩方证明标准,唯一与之相关的是第六条。第六条规定:"被告人及其辩护人提出被告人审判前供述是非法取得的,法庭应当要求其提供涉嫌非法取证的人员、时间、地点、方式、内容等相关线索或者证据。"新修订的《刑事诉讼法》第五十六条第二款规定:当事人及其辩护人、诉讼代理人有权申请人民法院对以非法方法收集的证据依法予以排除。申请排除以非法方法收集的证据的,应当提供相关的线索或者材料。与其说该条规定的是辩方证明标准,不如说该条规定的是辩方的证明责任。《非法证据排除规定》第六条及新修订的《刑事诉讼法》第五十六条第二款实际上是说明在证据合法性争议问题上,我国并不实行证明责任倒置,而是实行证明责任转移。也就是说辩方不能只对证据的合法性提出质疑,而不进行任何的证明,就直接依照证明责任倒置的原则由控方对证据的合法性进行证明;辩方不但要首先对证据的合法性提出质疑,同时还必须将非法取证问题证明到初步成立的程度,才能由法庭裁判,将证明责任转移给控方,由控方对证据合法性问题进行证明。第六条并没有说明辩方应当证明到何种程度,也就是达到什么样的证明标准,才能卸掉证明责任,说服法官将证明责任转移给控方。有学者认为辩方对非法证据排除命题应证明到初步成立的程度，那么什么又是初步成立呢？它是一个什么样的主观内心确信程度，又有大致多少的盖然性呢？

辩方证明标准并不是一个可有可无的问题，未对该证明标准进行规定可能会引发一系列的问题，甚至可能使《非法证据排除规定》及新修订的《刑事诉讼法》的有关规定形同虚设。①

在证明责任一章中，笔者谈到证明责任裁判转移中存在的问题——在证据合法性问题上辩方证明责任由法庭裁判转移给控方，那么以什么标准认证辩方已经履行了证明责任，达到了法庭应当将证明责任转移给控方的程度？这一问题就与辩方的证明标准密切相关。如果不能回答辩方的证明标准是什么这个问题，就不能回答辩方的证明责任何时应裁判转移给控方的问题。有人说，只要辩方的证明使法庭认为可能存在非法证据时，辩方的证明标准就达到了，辩方的证明责任就可以裁判转移给控方，这是一个很简单的问题。笔者继续追问，辩方证明到什么程度可以使法庭认为可能存在非法证据呢？还是没有答案。在没有明确具体的辩方证明标准的情况下，法官的自由裁量权将不受任何限制，辩方对证据合法性问题证明到什么程度才能卸下证明责任完全由法官决定，而且没有任何标准可以遵循。同样程度的证明，在甲法官处可以认定可能存在非法证据的情况，在乙法官处就可以认定不可能存在非法证据的情况，这样一定会引发法律适用的不统一，在司法实践中还可能引发更多严重的问题。

在辩方已经提供了非法取证的相关线索或者证据，足以使一个理智的谨慎的公民相信可能存在非法证据的情况下，如果法官仍然认为辩方没有将非法取证问题证明到初步成立的程度，拒不将证明责任裁判转移给控方，那么这种情况将使整个《非法证据排除规定》及新修订的《刑事诉

---

① 在讨论这个问题时，王敏远研究员曾指出，非法证据排除立法的原意是只要辩方提出，法官就应当展开证据合法性的调查，辩方不必举证，并不需要达到某种证明标准，也不需要证明责任的裁判转移。立法的原意本来是实行完全的证明责任倒置，由控方对非法证据排除承担证明责任，辩方不承担任何证明责任（前文第五章第二节第二标题所述的第一种观点），在司法实践中却被某些司法工作人员误解或者曲解为"辩方应当先对证据非法问题进行初步的证明，在辩方完成初步证明，法庭认为该证据确有可能非法时，责令控方对证据的合法性进行证明，此时证明责任转移给控方"（第五章第二节第二标题所述的第三种观点），这确实是令人遗憾的"改良"。指出立法可能被曲解之处不但必要而且紧迫，只有这样才能将立法原意恢复原貌，不让各界辛苦努力取得的成果付之东流。同时，及时堵住立法中可能存在的漏洞，也可以让意图曲解法律者无机可乘，能够象习近平总书记讲话指出的那样，把权力关进制度的笼子里。

讼法》变成空中楼阁，镜花水月。而法庭拒绝裁判转移证明责任的最佳借口就是辩方没有将非法取证问题证明到初步成立的程度或者说没有达到初步成立的证明标准，因此不能引发证明责任的转移，那么什么是初步成立，什么是辩方应达到的证明标准呢？法律和司法解释都没规定，标准只存在于法官的心中，只是一种感觉。这种感觉不是"人民群众的感觉"，也不是法官整体或法律人整体的感觉，而是张、王、李、赵、刘法官个人最主观的感觉。真成了"说你行你就行不行也行，说你不行就不行行也不行。"

因此，辩方证明标准实在是整个非法证据排除问题证明中的关键环节，牵一发而动全身。如果不能在后续的立法或司法解释中明确证据合法性证明中辩方的证明标准的话，法官以辩方证明未达到证明标准为由，拒不裁判证明责任转移的问题就几乎肯定会发生，法律工作者辛苦建立的阻挡非法证据的千里之堤就可能会毁于这样的"蚁穴"。

在前后文中笔者都提到在中国刑事司法实践中存在的怪现象，就是法官对控方证明的要求更加宽松，而对辩方证明的要求则非常苛刻，在《非法证据排除规定》出台之前，在非法证据排除问题上竟然有要求辩方进行严格证明而允许控方进行自由证明的众多案例。[①] 对钻法律漏洞者而言，证明方法上的改良和证明责任、证明标准上的改良可以彼此呼应，结合起来对非法证据排除制度进行"脱胎换骨"式的"大改良"，使其面目全非，完全违反立法原意。

那么，非法证据排除中辩方"初步成立"的证明标准应当设定到什么程度呢？笔者在前文分析过，优势证据标准可以适用于辩方负担证明责任时的程序法事实证明。因而，笔者认为"优势证据"可以成为非法证据排除中辩方的证明标准，详见第六章第二节，此处就不再赘述。

四 其他的程序性违法引发的程序法争议事实（项）的证明标准

证据合法性争议，即非法证据排除问题是程序法争议事实（项）证明的典型问题，也是目前我国法律及司法解释有明确规定的问题。证据合法性争议之外的程序法争议事实（项）的证明，其证明标准则无从察访。笔者在第一章概述中曾指出，违法侦检行为可分为违法取证行为和违法实

---

① 这一问题笔者会在证明方法一章详细分析。

施的其他侦检行为。违法取证行为包括获取言词证据的违法取证行为和获取实物证据的违法取证行为。获取实物证据的违法取证行为和违法实施的其他侦检行为也可以成为程序法争议事实（项）。这些程序法争议事实（项）的引发原因同非法言辞证据排除一样，是程序性违法行为，其证明对象也是诉讼行为的合法性。在我国，这些程序法事项还是未受到关注的领域，不象非法言辞证据排除的讨论已经渐趋成熟。但《非法证据排除规定》及新修订的《刑事诉讼法》在这一问题上有一定突破——《非法证据排除规定》第十四条规定："物证、书证的取得明显违反法律规定，可能影响公正审判的，应当予以补正或者作出合理解释，否则，该物证、书证不能作为定案的根据。"新修订的《刑事诉讼法》第五十四条第一款规定："采用刑讯逼供等非法方法收集的犯罪嫌疑人、被告人供述和采用暴力、威胁等非法方法收集的证人证言、被害人陈述，应当予以排除。收集物证、书证，不符合法定程序，可能严重影响司法公正的，应当予以补正或者作出合理解释；不能补正或者作出合理解释的，对该证据应当予以排除。"虽然说，《非法证据排除规定》及新修订的《刑事诉讼法》都只有一条涉及违法获取实物证据的问题，且没有比较详细具体的规定，但毕竟已经突破言辞证据的局限进入实物证据的领域。获取实物证据的违法取证行为和违法实施的其他侦检行为其证明机理与获取言辞证据的违法取证行为（即非法证据排除）是一样的，故而其证明要素也应当相同或相似，也就是说其他由程序性违法引发的程序法争议事实（项）的证明标准也是和非法言辞证据排除相似的。由于证明责任在控辩双方之间存在转移，在这些程序法争议事实（项）的证明中一定同时存在两个证明标准，即控方的证明标准和辩方的证明标准。具体而言，在辩方提出"物证、书证的取得明显违反法律规定，可能影响公正审判的"程序法争议事实（项）时，必须要进行初步证明，证明的标准可以和非法证据排除一样设定为优势证据。当辩方证明达到这一标准时，证明责任应由法官裁判转移给控方，控方应当承担证明责任，其证明必须达到一定的证明标准。该证明标准亦可与《非法证据排除规定》及新修订的《刑事诉讼法》中所要求的控方在非法言词证据排除证明中的证明标准相同，即必须达到"证据确实充分"的程度。

那么，违法实施的其他侦检行为的证明责任呢？在违法逮捕、违法拘留、违法查封、违法扣押、违法冻结、违法监听等行为中，也应当采用证明责任转移的方法①。也就是说，辩方如果提出控方某一诉讼行为程序性违法，那么他就应当承担提出证据责任，也就是对该程序性违法事项进行证明，在将其证明到初步成立时即可卸下证明责任，此时辩方需达到的证明标准应当是优势证据。这时，如果裁判方对该诉讼行为的合法性产生了合理的怀疑，则证明责任转移至控方，由控方负起提出证据责任和说服责任，其证明必须达到一定的证明标准。该证明标准亦可与《非法证据排除规定》及新修订的《刑事诉讼法》中所要求的控方在非法言辞证据排除证明中的证明标准相同，即必须达到"证据确实充分"的程度。

第八节　非程序性违法引发的程序法争议事实（项）的证明标准

非程序性违法引发的程序法争议事实（项）包括两个证明标准：控方的证明标准和辩方的证明标准。由于未决羁押的决定、延长和解除具有典型性，因此笔者仍以未决羁押事项为例来分析非程序性违法引发的程序法争议事实（项）的证明标准。

羁押，根据《布莱克法律词典》，其含义是扣押或者扣留某人或某物的行为。未决羁押是一种强制性的行为，概括地说就是指对人的身体加以拘束。作为法律概念的未决羁押则与专门机关的职务活动有关。一般情况下，未决羁押只与刑事追诉活动有关。

在西方国家，未决羁押一般是一种独立的强制措施。在这些国家，逮捕与未决羁押在适用程序方面是明显分离的。从各国的立法情况来看，逮捕不过是以强制方式使嫌疑人到案的一种措施，它一般只会带来较短时间的人身自由的剥夺。在逮捕后法定的羁押期限结束后，犯罪嫌疑人必须被送交司法官员，由司法官员根据案件是否具备未决羁押理由和条件，做出是否羁押的决定或命令。一般情况下，逮捕与未决羁押构成了两个相互独立的程序，是两种相互独立的强制措施。西方国家的无证逮捕相当于我国的拘留，它与未决羁押的关系和逮捕与未决羁押的关系相同，亦是两个相互独立的强制措施。

在我国，未决羁押则不是一种法定的独立的强制措施，而是由刑事拘

---

① 见证明责任一章。

留和逮捕的适用所带来的持续限制犯罪嫌疑人、被告人人身自由的当然状态和必然结果。不同于西方国家逮捕与未决羁押分离的制度设计，我国实行捕押合一的制度。刑事诉讼法没有就未决羁押作专门的定义，除了在侦查未决羁押期限的延长中提到"羁押"外，其他条款均未提到"羁押"二字。在我国，未决羁押无论在适用理由还是适用程序上都基本上依附于整个刑事追诉活动，服从于侦查、审查起诉和审判活动，在期限上随着诉讼活动的延长相应地延长，而并没有形成独立、封闭的司法控制系统。

有学者对我国现行未决羁押下了如下定义："刑事诉讼未决羁押是指犯罪嫌疑人、被告人在法院做出生效判决之前被剥夺人身自由的状态。"① 在这里，未决羁押的性质被界定为一种法律上的状态。根据上文的论述，在现阶段的中国，显然只能将未决羁押视为一种"剥夺人身自由的状态"，而不能定义为"强制措施"。

在大陆法系国家和一些混合法系国家，未决羁押被认为是强制措施的一种，均与其他强制措施规定于相同的章节中，如法国《刑事诉讼法典》将临时未决羁押与司法管制规定在同一节，属于预审法官的侦查手段；德国《刑事诉讼法典》将未决羁押规定在逮捕、暂时逮捕一章；意大利《刑事诉讼法典》将未决羁押规定在人身防范措施中的强制措施章节中；日本《刑事诉讼法》将未决羁押与被告人的传唤、拘传规定在一章；俄罗斯《刑事诉讼法典》将未决羁押规定于强制措施章节中。由此可见，未决羁押在这些国家被认为是一种强制措施。未决羁押与逮捕这两种强制措施的不同之处在于未决羁押是较长时间剥夺嫌疑人、被告人人身自由的强制措施，而逮捕则是较短时间或暂时限制人身自由的强制措施。

《美国的刑事司法制度——审前羁押和保释》一文中指出，在美国，羁押不被视为强制措施，因为美国羁押被告人与警察的侦查行为是完全分开的，警察不能为了调查把人进行扣留，即便是法院认为被告人应当被羁押。如果这个阶段被告人已有辩护律师，警察和检察官都没有权利向被告人直接进行询问，如果需要询问，则必须经过辩护律师的许可。这表明，在美国羁押不是强制措施。既然羁押不属于强制措施，自然与美国法中的强制措施逮捕完全不同。

正是因为逮捕和未决羁押存在着差异，故而在大多数国家这两者都是

---

① 陈瑞华：《未决羁押制度的实证研究》，中国人民大学出版社2002年版，第321页。

分别设立的互为独立的两种强制措施。甚至在我国台湾地区也是如此。在陈水扁案中，可以看到就陈的羁押和延押问题，辩方和控方一次次上诉，一级一级的法院一次次地做出裁决。就区别逮捕和未决羁押而言，陈水扁案给了我们很大的启发。

既然逮捕只是将犯罪嫌疑人强制到案并讯问的手段，不涉及对公民人身自由长时间的剥夺和限制，那么这一强制措施对公民宪法权利的侵犯程度较小，启动它就应相对容易，造成后果不会过于严重。而未决羁押则会长时间剥夺公民人身自由，且在审判定罪前，是对公民宪法权利最严厉的限制和暂时性剥夺，适用不当造成的后果会非常严重，启动它就要相对严格。由于二者的重要性不同，因而二者的证明标准也就不同。逮捕的证明标准和条件应当设定的较低，而未决羁押的证明标准和条件应当设定较高。这也就是为什么在美国控方申请逮捕需要达到的证明标准是相当理由，而申请未决羁押需要达到的证明标准则可能是明晰可信的证据。

因此，分离逮捕和未决羁押为两种强制措施，并降低逮捕的证明标准，适当设定未决羁押的证明标准应当是一种合理而有益的尝试。

在逮捕和未决羁押分离为两种强制措施之后，它们相应地成为两种程序法事项，各自具有各自的证明对象，即逮捕的合法性与未决羁押的合法性，也就是实务中所说的逮捕的法定适用条件和未决羁押的法定适用条件。由于二者的功能和目的不同，设定不同的证明对象，有助于确立不同的证明方向，如逮捕的功能和目的是强制犯罪嫌疑人到案，对犯罪嫌疑人进行讯问，正式启动刑事侦查程序。那么，逮捕证明对象（法定适用条件）的重新设定就将引导侦查机关的证明集中于犯罪嫌疑人是否实施了犯罪。而未决羁押的功能和目的是排除诉讼妨碍，确保犯罪嫌疑人参加诉讼，消除社会危险性。那么单独设立未决羁押的证明对象（法定适用条件）就将引导证明集中于犯罪嫌疑人在候审期间是否会逃跑、销毁证据、妨碍诉讼或者实施新的违法犯罪行为。不同的程序法事项发挥不同的功能和作用，而不同的证明对象解决不同的证明问题。

在逮捕和未决羁押分离后，二者不但具有各自独立的证明对象（法定适用条件），同时也自然会具有各自的证明标准，针对不同的证明对象，其证明标准也各不相同。二者不同的证明标准笔者在前文已有所涉及——可将控方对未决羁押的证明标准设定为明晰而可信的证据。

明晰而可信的证据，这是一个很高的标准，类似于我国现行逮捕的标准。它介于控方采取强制措施应达到的证明标准相当理由和定罪应达到的证明标准"事实清楚，证据确实充分"①之间。它的主观内心确信程度大约为80%以上。具体而言，就是在决定羁押与否的司法审查中，控方如主张对犯罪嫌疑进行未决羁押，则必须将未决羁押符合法定条件这一命题证明到明晰而可信的程度，使法官对该主张的内心确信程度达到80%以上，也就是说控方的证明要让法官基本上相信对犯罪嫌疑人实施未决羁押是正确的，达到八九不离十的程度。

由于未决羁押是在法庭裁判之前对犯罪嫌疑人、被告人人身自由的较长时间剥夺，是最严厉的强制措施种类，其强度仅次于我国实体刑罚中的有期徒刑，与拘役相当，比管制严厉。不仅时间较长，而且其性质亦是在法院裁判之前对公民人身自由的剥夺，处理不甚就会造成对公民宪法基本权利的严重侵犯。因此，控方请求未决羁押的证明标准必须设定较高，才能与其严厉程度相适应，才能防止随意适用未决羁押措施对公民权的严重侵犯。故而，应适用仅次于定罪标准的明晰而可信的证据标准，或我国现行逮捕标准，才能起到应有的规制作用。

逮捕与未决羁押分离后，性质上就相当于现行法中的拘传或短期刑事拘留（1—3天），严厉程度大大下降，其证明标准也可适当降低。

根据前文的分析，辩方的证明标准皆可设定为优势证据，非程序性违法引发的程序法争议事实（项）的证明标准亦然，不再赘述。

---

① 相当于美国法中排除合理怀疑的标准，以及《非法证据排除规定》中要求控方达到的证据确实充分这一程序法事实证明的最高标准。

第七章

程序法事实证明的证明方法

第一节 程序法事实证明方法概述

证明方法的问题是一个比较繁杂的问题，证明方法区分为严格证明和自由证明，这两种证明方法涉及三个方面（四个证明要素）：证据范围、证据调查程序和心证程度。其中证据范围包括证据方法[①]和证据能力[②]，而心证的程度实际就是英美法体系中的证明标准。一个证明方法问题涉及四个证明要素，与其说是一种证明的方式方法倒不如说是一种证明的模式。关于证明标准的问题，虽然已有专章论述，但在证明方法这一章，笔者仍会谈及相关的内容。

证明方法是大陆法系国家的理论，而且是发端于德国法，英美法系国家并不使用严格证明与自由证明的概念。但是，英美法系国家在事关实体法事实证明和程序法事实证明的问题时，也会在证据范围（主要是证据资格）、证据调查程序和证明标准等方面有所区别。而且，其理论界和实务界也或多或少地受到了严格证明和自由证明理论的影响。

需要指出的是，本书在论述程序法事实证明制度时，往往倾向于英美法系国家的体例，此处加入证明方法一章，实在是因为证明方法确为证明要素之一，且其地位重要不可省略。同时，严格证明和自由证明之理论，已不仅是德、日、台湾地区之理论，英美法系国家也存在与之类似的制

---

① 证据方法或曰证据形式，或曰证据的法定形式。
② 证据范围是指可以用于严格证明的证据的范围，属于该范围的证据材料需具备以下条件——既要属于法定证据方法，又要具有证据能力。

度。故而实有加以论述之必要，希望能够恰到好处，不生画蛇添足之嫌。

一　严格证明与自由证明理论的发端

证明方法研究近年来在我国方兴未艾，严格证明与自由证明这两种方法因其功用之重大而受到众多学者的关注。严格证明和自由证明的理论发端于德国，后逐步传入日本和我国台湾。

1. 严格证明与自由证明理论最早起源于德国的刑事诉讼法领域。早在19世纪，为填补刑事诉讼两种证明方式——严格证明与释明之间的空白，相当于自由证明概念的证明方式即被承认，不过，自由证明这一术语直到1926年才被德国学者迪恩茨在其论文《刑事诉讼中的三种证明》中首次被使用。在之后的时间里，经刑事法学者的努力倡导，形成了较为系统的严格证明与自由证明理论，并逐渐发展成为德国刑事诉讼的通说。在德国刑事诉讼法上，自由证明的事项一般包括以下事实：第一，对裁判只具诉讼上重要性之事实认定，如有权提起告诉之人知悉犯罪行为及行为人之时间或者对证人年龄之认定，此对宣誓极具重要性；第二，对除判决以外之裁判中的事实认定，如羁押命令之签发或开启审判程序之裁定等；第三，有关诉讼要件的事实认定，但如果该项实施同时影响罪责及刑罚时除外；第四，对被告是否被是以法律禁止之讯问方法被讯问之证明等。20世纪30年代以后，梅耶、休宾等一批民事法学者相继撰文将严格证明与自由证明理论引入民事诉讼领域。[①]

2. 稍后，严格证明与自由证明理论从德国传入日本。1933年，日本学者小野清一郎将该理论与犯罪构成要件理论相结合，使该理论得到了重大发展。日本学者松冈正章曾撰写《严格证明与自由证明》一文系统地阐述，使该理论在日本刑诉法学界占据了一席之地。日本学者认为，需要证实的事实由实体法上的事实和诉讼法上的事实组成。实体法上的事实包括：犯罪事实（构成要件事实、处罚条件事实）和犯罪事实以外的事实（影响法律上构成犯罪的事实、法律上加重减免理由的事实、酌情减轻处罚或缓期执行条件的事实）。诉讼法上的事实包括：作为诉讼条件的事实、作为诉讼行为要件的事实、有关证明证据能力和证明力的事实和诉讼

---

① ［德］克劳思·罗科信：《德国刑事诉讼法》，吴丽琪译，法律出版社2003年版，第207页。

法上的其他事实。对于实体法事实中作为犯罪构成要件的事实、倾向于从重、加重被告人刑罚的事实，要进行严格证明，其他的实体法事实则可以进行自由证明；对于程序法事实，只需进行自由证明。①

3. 该理论传入我国台湾地区后亦有所发展。蔡敦铭教授结合台湾地区刑事诉讼法认为，适用自由证明的事项包括：（1）犯罪有关的部分事实。具体包括：阻却违法性事由，如正当防卫、紧急避险的事实；阻却责任性事由，如心神丧失的事实；量刑事由，如我国台湾地区《刑法》第五十七条第三、六、八项事实。（2）具有诉讼法意义的事项。主要有：诉讼条件的事实，如告诉乃论的告诉、撤回告诉；诉讼能力的事实，如被告心神丧失不能接受审判；案件相牵连的事实；时效已经过的事实；曾经大赦的事实。（3）与证据的信用性或真实性有关的辅助性事实，包括自白任意性的事实；证人的信用性事实；鉴定人适格的事实；书证依法制作的事实。此外，他认为如果习惯法成为证明对象，可以适用自由证明。②另外，台湾刑事法学者林钰雄也认为：严格证明具有严格的形式性之求，对于法院形成相当的限制，旷日持久，乃至于绑手绑脚。因此，不可能期待所有的争点全部使用严格证明程序来证明，这也是严格证明法则仅限于案件犯罪事实及其法律效果问题之认定，并且也仅适用于审判程序的原因。③

二 严格证明与自由证明的差异

依通说之见，严格证明与自由证明的差异体现在可以使用的证据范围（证据方法与证据能力）、证据调查程序、心证程度（证明标准）等三个方面。④ 按严格证明之要求，只能以具备证据能力的法定证据方法为基础，经历正式的证据调查程序，并达到排除合理怀疑（内心确信）之证

---

① 熊秋红：《对刑事证明标准的思考——以刑事证明中的可能性和主观内心确信程度为视角》，《法商研究》2003 年第 3 期。

② 蔡敦铭：《刑事诉讼法论（修订版）》，五南图书出版公司 1992 年版，第 205—20 页。

③ 林钰雄：《刑事诉讼法》（上册），中国人民大学出版社 2005 年版，第 352 页。

④ [日] 松尾浩也：《日本刑事诉讼法》（下卷），丁相顺译，中国人民大学出版社 2005 年版，第 12 页；[德] 克劳思·罗科信：《刑事诉讼法》，吴丽琪译，法律出版社 2003 年版，第 208 页；陈运财：《刑事诉讼之举证责任与推定》，载黄东熊主编《刑事证据法则之新发展》，学林文化事业有限公司 2003 年版，第 464 页。

明标准。而所谓自由证明，在可以使用的证据范围上，不受法定证据方法限制，准许采用通常情况下不具证据能力之证据，如传闻证据和品格证据；在证据调查方法①上，"法院得以一般实务之惯例以自由证明之方式调查之……可不拘任何方式来获取可信性（例如以查阅卷宗或电话询问之方式）"②，"自由证明的证据是否在法庭上出示，出示以后用什么方式调查，由法院裁量。"③ 就证明标准而言，无须达到确信的心证程度，"在许多案例中只需有纯粹的可使人相信之释明程度即已足"④。所谓"释明"即"当事人提出证据，使法院得生薄弱心证之行为"⑤。对于程序法事实，得适用自由证明之方法，在理论及实务上基本没有争议。⑥

三 为什么要区分严格证明与自由证明

如果仅从追求事实真相和司法的绝对公正上看，证明自然是越严格越好。因为证明越严格，意味着认定事实出现差错的概率就越低，诉讼证明所认定的事实就越可靠，诉讼结果也会越公正。但这种期望，却注定只能是一种美丽的幻想，如果对一些不重要的事实的证明也要求达到一种非常严格的程度，势必导致司法资源的浪费和审判的拖延。⑦

第一，因为司法资源是有限的，为合理分配司法资源，避免资源浪费，根据证明事项的重要程度，宜选择适用不同的证明方法。凡是证明事项对诉讼利益影响大的宜适用严格证明，凡是证明事项对诉讼利益影响小的宜适用自由证明。

第二，有些事项的裁决比较简单，没有必要进行复杂的严格证明。比如程序法事项，尽管也很重要，但一般而言，其裁决比实体法事项的裁决要简单。所以根据一个事项裁决的难易程度，可以选择适用严格证明或自由证明。

---

① 证据调查方法也称证据调查程序。
② ［德］克劳思·罗科信：《刑事诉讼法》，吴丽琪译，法律出版社2003年版，第208页。
③ ［日］田口守一：《刑事诉讼法》，刘迪等译，法律出版社2000年版，第221页。
④ ［德］克劳思·罗科信：《刑事诉讼法》，吴丽琪译，法律出版社2003年版，第208页。
⑤ 周叔厚：《证据法论》，三民书局股份有限公司2000年版，第17页。
⑥ 黄朝义：《严格证明与自由证明》，载黄东熊主编《刑事证据法则之新发展》，学林文化事业有限公司2003年版，第81页。
⑦ 竺常赟：《刑事诉讼严格证明与自由证明规则的构建》，《华东政法大学学报》2009年第4期。

第三,根据天平倒向弱者的原理,诉讼的天平应倒向弱者,这种倾斜也应反映在证明方法的选择上。对强大的国家机关,应当用严格证明加以严格的规制,以约束公权力,防止国家机关滥用定罪权力。相对于国家机关,被告方是弱者,其法律手段非常有限。出于保护弱者的考虑,辩方证明应当适用较为灵活、宽松的自由证明。

四 为什么用自由证明方法证明程序法事实

在严格证明背后,映射出程序法和证据法本身的权力制约功能。正如我国台湾学者杨云骅所言:"法官行使审判权,他可以判人生死、给人定罪,这是国家最严厉的一种刑罚权……在这里,一定要慎重,一定要受到约束。所以,一定要提到严格证明程序,要求他的严格性。"① 换言之,对实体法事实特别是定罪事实进行严格证明,旨在通过限制国家权力,防止在罪责问题上恣意认定以保障被告人权利,此乃正当法律程序的当然要求。在自由证明背后,则表达了对诉讼经济的适当关照。用严密的规则限制国家权力与以适当的成本解决纠纷之间不可避免地存在紧张关系。如果对于所有的实体法事实与程序法事实均进行严格证明,从限制国家权力、保障人权的角度而言,或许是最佳选择,但在诉讼经济上则存在很大问题。诉讼过程一方面必须追求迅速解决,另一方面又具备高度的复杂性与多样性,若对各种程序法事实皆以严格方式证明之,则会造成时间和经济上的巨大浪费;对其进行一定程度的自由证明,即使有不利于程序的精密保障之虞,但两相权衡,应是更为妥当的选择(甚至是唯一现实的选择)。②

同时,对程序法事实适用自由证明在很多时候有利于被告人;强行要求严格证明,反而对被告人不利,无法实现严格证明所追求的限制国家权力以保护被告人的初衷。自由证明允许采纳不具备证据法定形式与证据能力的证据材料,使得更多有利于被告人的证据材料能够适用于程序性裁判。而一旦适用严格证明,这些证据材料则会被大量排除。此一实益进一步说明,自由证明并非全然是基于诉讼经济的考虑,而更有其希望通过尽

---

① 林钰雄、杨云骅:《严格证明的映射:自由证明法则及其运用》,《国家检察官学院学报》2007年第5期。

② 康怀宇、康玉:《刑事程序法事实的证明方法——自由证明及其具体运用的比较法研究》,《社会科学研究》2009年第3期。

量扩大有利于被告人之事实资料的适用机会,以充分照顾被告人利益的一面。①

五 完全的自由证明和相对的自由证明

严格证明方法在证据范围、证据调查程序和证明标准三方面有既定的严密限制,但自由证明方法通常缺乏完整的理论详解。自由证明的概念经常是在与严格证明相对照的意义上被阐述的,如"用有证据能力的证据并且经过正式的证据调查程序做出的证明,叫'严格的证明';其他的证明,叫'自由的证明'";"自由的证明是不需要严格证明的证明。"② 实际上,在实践中运用自由证明的时候,并非一定要在前述三方面均与严格证明相异。自由证明并非丝毫不受规则约束,"所谓的自由证明,在程度上并非为完全的自由,只能认为属于免除严格证明要件之全部或一部分而已。"③ 换言之,自由证明的具体运用既可能在所有方面不同于严格证明——可以称为"完全自由证明",例如对多数程序法事实的证明;也可能只在某些方面不同于严格证明,而在其他方面与严格证明无异——可以称为"相对的自由证明",例如对非法证据排除等重要程序法事实的证明。

严格证明和自由证明的差异体现在可以使用的证据范围(证据方法与证据能力)、证据调查程序、心证程度(证明标准)等三个方面。所谓的完全自由证明就是在以上三个方面均不必遵守严格证明的要求的自由证明方法。所谓的相对自由证明是在以上三个方面中的某一个或某几个方面遵守严格证明要求的自由证明方法。相对自由证明处于严格证明和完全自由证明之间,相对自由证明遵守的严格证明的要求越多,就越接近严格证明,反之则越接近完全自由证明。

此外,无论是完全自由证明还是相对自由证明,其所适用证据材料之证据能力的自由度通常也受到限制。一般而言,通过严重违法行为(例如刑讯)获取的证据,在任何情况下都没有证据能力,都不能适用于任

---

① 康怀宇、康玉:《刑事程序法事实的证明方法——自由证明及其具体运用的比较法研究》,《社会科学研究》2009 年第 3 期。
② [日]田口守一:《刑事诉讼法》,刘迪等译,法律出版社 2000 年版,第 219—221 页。
③ 黄朝义:《严格证明与自由证明》,载黄东熊主编《刑事证据法则之新发展》,学林文化事业有限公司 2003 年版,第 83 页。

何一种自由证明。因此，即使是"完全的自由证明"，也是"有限度的自由证明"（或曰"谨慎的自由证明"）。

第二节 程序性违法引发的程序法争议事项的证明方法

一 非法证据排除事项中控方的证明方法

前文中，笔者已经分析过，在非法证据排除这种程序性争议事实的证明中，存在两个相反的证明。一个是辩方对存在非法证据且该证据应排除这一命题的证明，而另一个则是控方对这一命题的证伪，或是对该命题的负命题的证明。辩方首先承担证明责任，需要将该命题证明到初步成立的程度。如果裁判方认为辩方已经证明到初步成立的程度，就应当将证明责任从辩方转移给控方。此时控方承担证明责任，须将辩方命题的负命题"非法证据并非存在，即使存在也并非需要排除"证明到证据确实充分的程度。既然在非法证据排除中存在着辩方和控方的两个证明，那么辩方和控方都用什么样的证明方法进行证明呢？是控辩双方都进行严格证明，还是控辩双方都进行自由证明，抑或是一方进行严格证明，一方进行自由证明呢？笔者认为，控辩双方收集证据能力的差异，证明责任在二者间存在转移，以及二者所须达到的证明标准不同，都意味着控辩双方应当运用有所区别的证明方法进行证明。

（一）《非法证据排除规定》以及新修订的《刑事诉讼法》规定的控方证明方法

首先，来看证据范围。证据范围包括证据方法和证据能力，即证据的法定形式和证据的资格问题①。

第一，证据方法。我国的证据方法或曰证据形式，或曰证据的法定形式，分为八种。笔者在《现行法定证据形式批判》一文中指出，我国现行法定证据形式划分标准混乱，证据法定形式内涵不清、外延重叠，在理论上不能自圆其说，在实践上形同虚设，很难发挥指导实践、服务实践的作用。虽然《刑事诉讼法》修改时加入了电子数据和若干笔录，令前述

---

① 为了便于理解，笔者混合使用了大陆法系国家和英美法系国家的概念，其实并不妥当。

情况有所改善，但仍有不少证据材料无法归入八种证据法定形式。严格来说，在严格证明中，如果某一证据材料无法归入种法定形式，就会出现因不具备证据方法而被排除的局面。故此，在我国现行证据法中，无法将证据方法和证据能力一样作为确定严格证明的一种标准。所以，笔者在分析非法证据排除中控方证明方法是严格证明还是自由证明时，就不能以证据方法为区分标准，只能集中关注证据能力、证据调查程序和证明标准。

第二，证据能力。非法证据排除的证明是否要求司法审查时使用的证据都必须具有证据能力？由于《非法证据排除规定》仅实施两年，而新修订的《刑事诉讼法》从2013年1月1日起才开始实施，在司法实践中如何对待证据材料的证据能力，尚无明确的司法解释和司法惯例，因此需要从理论和实践两方面进行探讨。笔者认为，在对非法证据排除问题进行证明时，对辩方可以不必严格限制其所提出证据材料的证据能力，可以以发现真相为主要价值选择，允许其以自由证明的方法进行证明。这是因为，非法证据排除的证明在最初要由辩方负证明责任，由于其证明能力的薄弱，不应当在证明标准上过于苛求辩方，自然也不应在证明方法上苛求辩方，只要其提出的证据材料能够证明证据非法且应排除这一命题，也就不必苛求该证据材料的证据能力。但针对控方，从逻辑上讲，则应要求其使用严格证明的方法。这是因为，非法证据排除的证明本身就是通过证明某一证据材料非法而剥夺其证据能力，或反之，通过证明该证据材料合法而肯定其证据能力。既然如此，控方显然应该通过有证据能力的"合法"证据证明该证据材料合法而具有证据能力，而不能借助本身都不具有证据能力的"不合法"证据证明该证据材料合法而具有证据能力。否则，就会使非法证据排除本身变得矛盾而荒谬。故此，对控方而言，在针对非法证据排除的证明时应当采用具有证据能力的证据，依照证据调查程序进行证明。这也就意味着，控方在进行证明时，在其证据范围内的证据材料必须具有证据能力（当然，从理论上讲还应具有证据的法定形式）。

其次，再来看证据调查程序。《非法证据排除规定》第七条规定："经审查，法庭对被告人审判前供述取得的合法性有疑问的，公诉人应当向法庭提供讯问笔录、原始的讯问过程录音录像或者其他证据，提请法庭通知讯问时其他在场人员或者其他证人出庭作证，仍不能排除刑讯逼供嫌疑的，提请法庭通知讯问人员出庭作证，对该供述取得的合法性予以证明。公诉人当庭不能举证的，可以根据刑事诉讼法第一百九十八条的规定,建议法庭延期审理。经依法通知,讯问人员或者其他人员应当出庭作证。公诉人提交加盖公章的说明材料,未经有关讯问人员签名或者盖章的,不能作为证明取证合法性的证据。控辩双方可以就被告人审判前供述取得的合法性问题进行质证、辩论。"新修订的《刑事诉讼法》第五十七条规定:"在对证据收集的合法性进行法庭调查的过程中,人民检察院应当对证据收集的合法性加以证明。现有证据材料不能证明证据收集的合法性的,人民检察院可以提请人民法院通知有关侦查人员或者其他人员出庭说明情况;人民法院可以通知有关侦查人员或者其他人员出庭说明情况。有关侦查人员或者其他人员也可以要求出庭说明情况。经人民法院通知,有关人员应当出庭。"《非法证据排除规定》及新修订的《刑事诉讼法》的上述规定说明我国法律对非法证据排除采用了比较严格的证据调查程序。

再次,来看内心确信程度,也就是证明标准。我国《非法证据排除规定》第十一条规定:"对被告人审判前供述的合法性,公诉人不提供证据加以证明,或者已提供的证据不够确实、充分的,该供述不能作为定案的根据。"新修订的《刑事诉讼法》第五十八条规定:"对于经过法庭审理,确认或者不能排除存在本法第五十四条规定的以非法方法收集证据情形的,对有关证据应当予以排除。"也就是说控方在对非法证据排除进行证明时须证明到"证据确实充分"的证明标准,达到"排除合理怀疑"的程度,用大陆法系国家的说法,就是达到了"内心确信"的程度。而内心确信程度(即证明标准),正是严格证明与自由证明的一个重要区别。自由证明一般不需达到最高的"内心确信"程度,而严格证明则需要达到最高的"内心确信"程度(即"排除合理怀疑"的证明标准)。因此,我国《非法证据排除规定》及新修订的《刑事诉讼法》对控方证明标准的规定符合严格证明的要求。

综合上文的分析可以发现,无论是证据能力,还是证据调查程序,抑或是内心确信程度,我国《非法证据排除规定》及新修订的《刑事诉讼法》规定的控方证明要素基本上都符合严格证明的要求。这实际上就意味着,我国《非法证据排除规定》及新修订的《刑事诉讼法》要求控方适用的证明方法类似于严格证明。

(二)域外自白任意性证明中控方的证明方法

与我国非法证据排除事项证明最为类似的是域外自白任意性的证明,

很多国家在这一问题上的规定与我国《非法证据排除规定》及新修订的《刑事诉讼法》的规定并不相同。

各法治国家一致认为，不具有任意性的自白无证据能力。涉及自白任意性的事实，允许自由证明。德国的判例认为，对被告是否曾被施以法律禁止之讯问方式问题亦可以自由证明之方法认定之，因为其只关系纯粹的对诉讼程序错误（即违反法定程序）之认定。① 日本的判例同样认为，"法院可以通过适当的方法调查自白的任意性"，允许使用传闻。② 我国台湾地区的理论通说也持同样见解，"大陆法系认自白之证据能力，本属程序的事实……既属程序的事实之证明，以经自由证明为已足"。③ 判例上，法院以前运用严格证明的观念看待对"刑求自白"（即刑讯取得自白）的证明，不过，2005年通过一个著名的判决，开始直接适用自由证明法则。④

就证明标准（心证程度）而言，英国以制定法的方式明确要求"自白具备任意性"必须由检察官"排除合理怀疑"的证明。英国《警察与刑事证据法》第76条（2）规定，法院不应该允许将供认作为反驳被告人的证据，除非控方向法院超出合理怀疑地证明供认（尽管可能是真实的）并非用法律禁止的非法手段获得。⑤ 在美国，最高法院在 Lego v. Twomey（1972）案中，以4票对3票决议认为，仅以"证据的优势"即可成立认为出于自主意思，无须与认定犯罪一样达到"无合理怀疑"程度。其理由有：第一，调查认定"自主意思"的事实，并非被告的犯罪事实。第二，还有其他排斥自白的规则，例如，不能以自白为唯一证据，非真正事实的自白不得为证据，不合逮捕拘禁规定的自白不得为证据，这些规则也可以达到适当保障的目的，不至于因证据优势的证明程度而发生损害。⑥ 众所周知，美国最高法院通过米兰达案的判决，确立了十分严厉的关于供认之可采性的"预防性规则"，从而在实质上改变了普通

---

① [德] 克劳思·罗科信：《刑事诉讼法》，吴丽琪译，法律出版社2003年版，第208页。
② [日] 田口守一：《刑事诉讼法》，刘迪等译，法律出版社2000年版，第221页。
③ 陈朴生：《刑事证据法》，三民书局1979年版，第373页。
④ 林钰雄、杨云骅、赖浩敏：《严格证明的映射：自由证明法则及其运用》，《国家检察官学院学报》2007年第5期。
⑤ [英] 詹妮·麦克埃文：《现代证据法与对抗式程序》，蔡巍译，法律出版社2006年版，第271页。
⑥ 周叔厚：《证据法论》，三民书局股份有限公司2000年版，第17、890页。

法为供认可采性确立的"自愿性标准";在这一基础上,也许的确没有必要再以严格的证明标准加以强化。不过,这应当仅仅理解为是美国的特例,甚至也许可以将 Lego v. Twomey 案视为对米兰达规则的有意反动之一。自白通常是证实罪行的直接证据,其内容与实体法上的犯罪事实密切相关,而非自愿的供述经常缺乏可靠性,如果以此为定案根据,极可能导致事实的误认。更为重要的是,保证自白之任意性还有诸如维护被告人权及尊严,保障法院的正直,威慑警察的违法行为等与查明事实真相无关的政策性价值。故对自白任意性的自由证明,应当加以相对严格的限制:除了以"排除合理怀疑"为证明标准之外,还需特别保障被告人辩解的权利;前述对传闻的利用,本身也有保障被告人利益之考虑;如果要求严格证明,也会禁止有利于被告人的传闻证据,这样反而不利于被告人。

通过上文的介绍,可以发现,域外自白之任意性的证明方法主要是自由证明。德国等大陆法系国家明确规定该事项使用自由的证明方法即可,而美国由于其设定的该事项的证明标准较低而使该证明不可能成为严格证明。只有英国与我国《非法证据排除规定》及新修订的《刑事诉讼法》最相近似,该事项的证明标准,被设定为最高的排除合理怀疑的标准。但现有资料无法说明英国自白任意性的证明在证据范围(即证据方法和证据能力)和证据调查程序等方面也同样需要符合严格证明的要求。

实际上,我国《非法证据排除规定》及新修订的《刑事诉讼法》规定的关于非法证据排除的证明方法是各主要国家中最严格的证明方法,接近于严格证明,应该说这种证明方法的确定是我国司法证明中的一个重大举措。但是,接近于严格证明不等于就是严格证明,《非法证据排除规定》第七条以及新修订的《刑事诉讼法》第五十七条虽然对控方证据调查程序进行了较严格的规定,但仍然留有余地,并未像大陆法系国家那样对适用严格证明方法的证据调查程序做出具体细致的严格规定。这就使得控方应遵守的证据调查程序虽然比较严格,但严格程度却似乎不能等同于大陆法系国家真正意义上的严格证明。另外,各法治国家一般认为涉及自白任意性的程序法事实适用自由证明[①](而且,这些国家的证明方法理论普遍认为程序法事实应当适用自由证明的方法)。虽然我国在《非法证据

---

① 康怀宇、康玉:《刑事程序法事实的证明方法——自由证明及其具体运用的比较法研究》,《社会科学研究》2009 年第 3 期。

排除规定》及新修订的《刑事诉讼法》中对控方证明方法的要求更加严格，但笔者认为还是不宜用"严格证明"对其加以界定，似乎可以用"*接近严格证明的相对自由证明*"对其加以描述。

二　非法证据排除事项中辩方的证明方法

（一）《非法证据排除规定》以及新修订的《刑事诉讼法》颁布前司法实践中的怪现象

《非法证据排除规定》以及新修订的《刑事诉讼法》并未说明辩方证明应适用什么证明方法。这两者只规定了辩方对其主张应负有举证责任并应将其非法证据排除的主张证明到初步成立的程度。而未对辩方进行证明时的证据方法、证据能力和证据调查程序做出具体明确的规定。按照常识，辩方对非法证据排除的证明方法显然应当是自由证明，这本是毋庸置疑的问题，但是在司法实践中存在的怪现象却不得不让笔者对此进行适当论述。

在近年的司法实践中存在这样一个怪现象，那就是辩方提出的证据经常被牵涉进非法证据排除问题。也就是说，辩方提出的证据有时会因为其收集取得证据的方式不合法而被法院以非法证据排除为名从审判中加以排除。同时，辩方对非法证据排除的证明经常被要求达到与控方一致的最高证明标准"事实清楚，证据确实充分"（此时，《非法证据排除规定》还未出台，故只存在"事实清楚，证据确实充分"的唯一表述）。我们来看这样一个案例：控方收集到一份可证明被告人罪轻的证据材料，这份证据材料也是唯一一份可证明被告人罪轻的证据材料。而控方既不向法院提交，也不向辩方展示，在辩方提出调取该证据要求时也拒不提供，辩方迫于无奈不得不偷出该证据材料。此时，控方提出了非法证据排除的要求。于是，这份直接关乎客观真实的证据材料，在控方提出的非法证据排除的要求下，被法庭以取证手段不合法，不具有证据能力为由排除出法庭的适用。面对辩方提出存在刑讯逼供等问题，在司法实践中很多法官要求辩方必须举出充分的证据，证明到"事实清楚，证据确实充分"的程度，否则就对非法证据排除问题不予理睬。辩方证人必须出庭，因为法官根本就不会对书面的辩方证人证言加以采信。与之形成明显对照的是，控方针对非法证据排除的证明却只用出具一张加盖侦察机关公章的"无刑讯逼供情况证明"就算是履行了证明责任，这样的证明程度可能连优势证据的证明标准都达不到（超过50%的内心主观内心确信程度）。实践中法官们的这些做法,实际上是要求辩方对非法证据排除问题进行严格证明。非法证据排除规则竟然成为排除辩方证据的手段,成为遏制辩方诉权的工具。这可能是我国刑事诉讼领域中诸多怪现象中最可称为"咄咄怪事"的一个了。非法证据排除规则,无论是哪个国家,都是针对控方的,是为了防止控方滥用公权力,肆意违法取证,影响刑事诉讼的正常进行,侵犯公民、特别是犯罪嫌疑人或被告人的合法权益。唯独在我国的刑事审判中能够被用来排除辩方取得的证据,而且在辩方证明非法证据排除这一事项时,竟能要求其达到控方本应达到的定罪量刑的最高证明标准。

究其原因,是当时的法律、法规、司法解释规定过于原则化。对于非法证据排除适用的对象和证据标准都没有具体明确的规定,才使得某些法官能在司法实践中将这一证明理论作如此之"大改良"。那么《非法证据排除规定》及新修订的《刑事诉讼法》颁布之后,这一问题能否得到妥善解决呢?

(二)《非法证据排除规定》及新修订的《刑事诉讼法》规定的辩方的证明方法

通过前文对《非法证据排除规定》及新修订的《刑事诉讼法》的分析,可以发现这二者对控方证明要求的是"严格证明"的证明方法,或接近严格证明的相对的自由证明。但是无论是《非法证据排除规定》还是新修订的《刑事诉讼法》都没有对辩方的证明方法做出明确规定。《非法证据排除规定》第六条规定:"被告人及其辩护人提出被告人审判前供述是非法取得的,法庭应当要求其提供涉嫌非法取证的人员、时间、地点、方式、内容等相关线索或者证据。"此外,新修订的《刑事诉讼法》第五十六条规定:"当事人及其辩护人、诉讼代理人有权申请人民法院对以非法方法收集的证据依法予以排除。申请排除以非法方法收集的证据的,应当提供相关线索或者材料。"可以看出《非法证据排除规定》及新修订的《刑事诉讼法》只规定了辩方的证明责任,并没有对辩方的证明方法或者决定证明方法的具体证明要素做出明确规定。虽然把《非法证据排除规定》及新修订的《刑事诉讼法》对辩方证明的简单规定和国外普遍做法相结合,可以推断这二者的立法精神是允许辩方进行自由证明,但这只是笔者在学理上的分析,只是理所当然的推断。只要法律和司法解释没有明确规定,那么就不能想当然地如此认为。由于《非法证据排除规定》及新修订的《刑事诉讼法》对辩方证明方法的模糊规定,加之此前某些地方司法实践中确实出现过要求辩方进行严格证明的"重大改良",笔者不能不对《非法证据排除规定》及新修订的《刑事诉讼法》实施过程中的辩方证明方法有所担心。这种模糊的规定很可能被某些人所利用,随着实践中的"改良"使这二者形同虚设,作用大打折扣。当然,由于证明方法本身是一个理论问题,在法律和司法解释中无法对这个本身就很抽象的问题进行直接规定。但是,由于证明方法是由一系列具体的证明要素组成的,因此,虽然不能直接规定证明方法,但只要依照严格证明和自由证明的特征和区别对具体证明要素进行了明确可操作的规定,也一样可以达到确定证明方法的作用。而构成证明方法的要素无非是证据方法、证据能力、证据调查程序和证明标准。如果对这些要素进行了属于自由证明的规定,那么整体的证明方法当然也就是自由证明的方法。那么,就让笔者来分析一下《非法证据排除规定》及新修订的《刑事诉讼法》对这些证明要素是怎么规定的。

《非法证据排除规定》及新修订的《刑事诉讼法》规定辩方提出非法证据排除的争点,只需要将其证明到初步成立的程度,这无疑是大大降低了辩方的证明责任。但是,什么是初步成立的程度呢？这又是一个抽象的概念,是指达到合理怀疑的程度,还是优势证据或合理根据的程度,抑或是明晰而可信的证据的程度？这二者并没有给出一个明确的解释。那么,在司法实践中又如何执行呢？如果说《非法证据排除规定》及新修订的《刑事诉讼法》出台前,法官在这一问题上有过多的自由裁量权的话,那么在这二者出台后,这一自由裁量权仍然不小。

《非法证据排除规定》及新修订的《刑事诉讼法》并未对辩方举证时证据材料是否需要具有证据能力作出规定,这在司法实践中可能就会出现一些问题。在上文案例中,辩方偷来了证据材料,其取证方法显然不适当。但是,该证据材料原本就已经由控方所收集,控方既不向辩方展示,也不向法院提交,在辩方提出调取该证据要求时都拒不提供,辩方也是迫于无奈才出此下策将证据材料偷出。从本案来讲,事出有因,情有可原。而且,更重要的是,通过该证据材料能够揭示案件的实体法真相或客观真实。一些地方的审判机关不是一直"重实体轻程序",以重视实体法真相发现为名为侦检机关程序性违法行为遮掩美化吗？这么重要的能够揭示实体法真相的材料怎么就能弃之不用呢？

由于《非法证据排除规定》及新修订的《刑事诉讼法》对辩方举证时证据材料是否须具有证据能力未做明确规定,在司法实践中审判人员完全可能像上述案例一样，要求辩方在初步证明时所举证据材料应当具有证据能力。那么辩方缺乏证据能力的证据材料就会被排除出法庭适用，因此造成辩方初步证明无法完成，证据合法性的司法审查之诉也就自然流产。

《非法证据排除规定》及新修订的《刑事诉讼法》对辩方举证时证据调查程序也未作规定，这种法律上的空白会直接造成法律和司法解释适用上的混乱。在严格证明中，每种证据方法都有其对应的证据调查程序，特定的证据形式或证据方法使用特定的证据调查程序是严格证明的要求。比如证人证言，其调查程序是让证人出庭、宣誓，并接受控辩双方质询；而书证，则要求必须当庭宣读或告以要旨。《非法证据排除规定》及新修订的《刑事诉讼法》并未对辩方举证时的证据调查程序作出规定，那么对辩方证据材料法庭应如何调查呢？比如证人证言，是要求辩方证人必须出庭作证，接受质询，还是只要提交书面证言即可？谁也说不清楚。这会让人无所适从，也会给裁判者过大的自由裁量空间，使其对法律和司法解释进行随意解读、按其主观意愿选择证据调查程序成为可能。

（三）《非法证据排除规定》及新修订的《刑事诉讼法》存在的问题及对策

通过以上的分析可以发现，《非法证据排除规定》及新修订的《刑事诉讼法》不但未对辩方证明应使用自由证明方法做出原则性规定，在具体证明要素上也并未做出任何明确规定，实际上使辩方自由证明之使用处于晦暗不明的状态。从理论上说，学界都赞同非法证据排除的辩方证明应使用自由证明，但是由于司法解释没有做出明确规定，在实践中法庭不允许辩方使用自由证明，要求其在相关证明中按照严格证明的方法进行证明也是完全可能的。两个规范性文件并未对此做出任何禁止性规定，也没有任何程序性制裁和程序性救济措施。如果法官就是这样做了，辩方也没有任何办法。这两个规范性文件似乎在心证程度（证明标准）要素上降低了辩方的证明标准，但是其规定又语焉不详，使别有用心者仍然有机可乘，而在证据能力和证据调查程序上更是没有任何规定。因此，总体而言，《非法证据排除规定》及新修订的《刑事诉讼法》并没有解决此前存在的问题，辩方在非法证据排除这一程序法争议事实（项）的证明中仍有可能被强迫进行严格证明。

那么如何解决实践中存在的这一问题呢？首先最高人民法院自己应当明确辩方证明方法。如果认为完全的自由证明方法可行，就应在关于新修订《刑事诉讼法》的司法解释或《非法证据排除规定》的后续解释中予以规定，以此指导全国法院刑事审判工作。

如果从证明方法角度进行原则性规定过于抽象，还可以从诸证明要素入手加以具体规定。首先，可明确规定在非法证据排除的证明中，辩方证据可不具有证据能力。不具有证据能力并不是对辩方的取证手段、方法完全不加限制，对其禁止性规定可以与控方禁止性规定相当。辩方通过暴力、威胁手段获得的证人证言一样不能使用，但除此之外获得的言词证据和实物证据，既然控方可以使用，那么辩方也可以使用。其二，在证据调查程序上辩方也应采取与控方相对等或更灵活的方式。如控方证人不需要出庭则辩方证人也不需要出庭，如控方证人出庭则辩方证人也应出庭。如果控方证人证言可以以书面证言的方式参加证据调查，那么法庭也应当允许辩方证人证言以书面证言的方式参加证据调查。其三，辩方证明标准可适用优势证据标准。笔者强烈建议最高人民法院在司法实践的基础上，尽快出台针对辩方证明标准的具体解释，以避免各地法院在适用《非法证据排除规定》及新修订的《刑事诉讼法》时，因理解不同而适用不同的证明标准，以做到法律适用的统一。同时，也可关闭某些法官肆意解释法律，滥用自由裁量权的大门。至于辩方非法证据排除的证明标准应设定到何种程度，笔者认为优势证据的程度也就可以了，这一问题已在证明责任和证明标准两章专门讨论，此处就不再赘述了。[①]

三　非法证据排除事项中控辩双方适用不同证明方法的原因

（一）为什么控辩双方应采用不同的证明方法

在非法证据排除中允许辩方采取自由证明的原因在于辩方收集证据能

---

① 在讨论这个问题时，王敏远研究员曾指出，非法证据排除立法的原意是只要辩方提出，法官就应当展开证据合法性的调查，辩方不必举证，并不需要达到某种证明标准，也不需要证明责任的裁判转移。立法的原意本来是实行完全的证明责任倒置，由控方对非法证据排除承担证明责任，辩方不承担任何证明责任（前文第五章第二节第二标题所述的第一种观点），在司法实践中却被某些司法工作人员误解或者曲解为"辩方应当先对证据非法问题进行初步的证明，在辩方完成初步证明，法庭认为该证据确有可能非法时，责令控方对证据的合法性进行证明，此时证明责任转移给控方"（第五章第二节第二标题所述的第三种观点），这确实是令人遗憾的"改良"。指出立法可能被曲解之处不但必要而且紧迫，只有这样才能将立法原意恢复原貌，不让各界辛苦努力取得的成果付诸东流。同时，及时堵住立法中可能存在的漏洞，也可以让意图曲解法律者无机可乘，能够象习近平总书记讲话指出的那样，把权力关进制度的笼子里。

力和证明能力的薄弱。辩方由犯罪嫌疑人、被告人及其法定代理人、律师组成。由于辩方中的犯罪嫌疑人、被告人一般在审判前处于被羁押状态,自己不可能调查取证,律师与其会见又会受到种种限制,律师在调查取证时没有强制取证权,也不能要求法庭强制证人到庭作证,因此辩方在取证能力、取证效率上都显得比较低下。而其对手检察机关和侦查机关则是拥有国家公权力的强力机关,无论是取证能力和取证效率都是辩方无法望其项背的。基于平等武装理论,只有控辩双方力量大致对等,才能有公正的刑事诉讼。故而,在证明方法的选用上,一般要求辩方使用自由证明以降低其难度,要求控方使用严格证明或接近严格证明的相对自由证明以遏制其权力滥用。由于辩方证明能力的薄弱,不可能要求它所取得的证据都具有证据能力,即取证手段都无可指摘。也不能要求其证明都能达到控方的证明标准,即"内心确信"或"排除合理怀疑"(证据确实充分)这一最高的证明标准。甚至也不能要求其证据调查程序都遵循严格证明的规定。因为,如果这样,辩方所能收集到的可怜的几份证据,也会因为不具有证据能力而被排除;或者因为达不到最高的证明标准而无法完成证明责任,不得不承担其主张不能成立的消极后果;或者因为不能按照特定证据的特定调查程序参加证据调查,而使其论据不能被采用。正是因为上述原因,大陆法系国家在非法证据排除的证明上允许辩方使用自由证明,英美法系国家也有类似的规定。

但是,域外各国对控方证明方法的要求却与辩方刚好相反:

1. 在证据能力方面,控方作为拥有国家公权力的强力机关,完全有能力取得它想要取得的任何证据,但是公权力不受限制就可能会侵害公民的私权利,甚至是宪法规定的公民基本权利。违法取证,甚至通过暴力、威胁方法取证在侦查阶段时有发生,这也正是非法证据排除规则存在的原因。为了遏制控方不计手段的取证行为,必须对其所举证据材料的证据能力加以严格要求。取证手段必须合法,证据材料必须具有证据能力才能被法庭采用。另一方面,控方是国家公权力机关,承担着依照刑事实体法追究犯罪的职责,自然应当也是刑事程序法的模范遵守者,因而其有能力也有义务保证其提出的证据材料都具有证据能力。故而从这一点上讲也应当对控方证据材料的证据能力做严格要求。

2. 同样道理,在证据调查程序上,也应当要求控方严格按特定证据对应的特定证据调查程序参加证据调查。一方面如果不要求控方遵照特定证据调查程序，很容易损害公正审判原则，使审判流于形式，另一方面也会造成实体法真相难以发现。比如，证人证言的证据调查程序就是证人出庭，接受法官和控辩双方的质询。控方的证人不出庭，一方面侵害了辩方的辩护权，损害了公正审判原则和直接言辞原则；另一方面证人不接受控辩双方质询，肯定不利于实体法真相的发现。故而，应要求控方严格遵守特定证据调查程序。

3. 控方对非法证据排除的证明应达到较高的证明标准。控方收集证据的能力明显强于辩方，故而其掌握的证据数量和证据质量也都明显高于辩方。从这个角度讲，它显然应达到高于辩方的证明标准。另一方面，辩方指控控方实施程序性违法行为，而控方作为追究犯罪行为的国家公权力机关正应当是程序法模范的遵守者。就如同在行政诉讼中面对公民对行政违法行为的指控，行政机关有能力也有必要对其已实施的行政行为的合法性进行证明一样，在刑事诉讼中面对公民对刑事程序性违法行为的指控，控方有能力也有必要对其已实施诉讼行为的合法性进行高标准的证明。因此，其证明标准应高于辩方。

综合上述原因，控方在非法证据排除的证明问题上显然不能和辩方一样使用完全的自由证明方法，而应当使用接近于严格证明的相对自由证明方法。

（二）对控辩双方证明方法要求最起码应一视同仁

在非法证据排除问题的司法实践中还存在着一个与前面提到的要求辩方进行严格证明相关的另一个怪现象，就是控辩双方在证明方法的适用上不能一视同仁，控方甚至可以适用比辩方更"自由"的证明方法。如果说在非法证据排除的证明中要求辩方采用严格证明就已经让人觉得匪夷所思的话，那么在要求辩方进行严格证明的同时允许控方对此问题进行自由证明就应该算作天方夜谭了。如果说因为非法证据排除这一程序法争议事实（项）事关重大，所以要求辩方适用严格证明还可以理解的话，那么在同等情况下居然允许控方适用自由证明，就实在让人无法理解了。

在一些审判中，在非法证据排除问题上，控方提供的证据材料是否具有证据能力很少有人过问。比如犯罪嫌疑人、被告人同监号的被羁押者证明不存在刑讯逼供的证言是否由侦检机关以暴力、威胁手段取得。特定证据方法的证据调查程序也可以不遵守，比如办理案件的侦查人员作证办案过程中不存在刑讯逼供情况时，一般不出庭作证、不接受质询，只提交书面证言即可。证明标准在实践中也非常之低,有些地方只要侦查机关出具证明称"本案中侦查人员某某依法办案,不存在刑讯逼供情况",并加盖公章,法官就认定控方达到了证明标准。控方的证明程度有时连优势证据的标准都无法达到,甚至低于辩方的证明程度,而某些法官却可以认为控方完成了证明责任,认定不存在非法证据排除的必要。更有甚者,全然不顾辩方证据和证明,甚至根本不对双方证据材料进行客观公正的衡量比较,只要控方进行了象征性的证明,哪怕其证明明显低于辩方证明程度,明显缺乏说服力,也会径行认定不适用非法证据排除。这一问题,也是《非法证据排除规定》以及新修订的《刑事诉讼法》在适用时必须解决的棘手问题。

四 其他的程序性违法引发的程序法争议事实(项)的证明方法

非法证据排除是程序性违法引发的程序法争议事实(项)证明的典型,前文在非法证据排除中对控辩双方证明方法的分析也可用于其他的程序性违法引发的程序法争议事实(项)。其他的由程序性违法引发的程序法争议事实(项)的证明方法也与此类似,总的原则是控方应使用接近严格证明的相对自由证明,而辩方则可使用完全的自由证明。

在这里,笔者要解决两个问题,即控方证明方法为什么应选择相对的自由证明,而辩方证明方法为什么应选择完全的自由证明。

(一) 控方应使用相对自由证明还是严格证明

大陆法系国家一般规定,对程序法事实采用自由证明,在审前阶段亦采取自由证明。程序法争议事实(项)一方面是程序法事项,另一方面又主要是由侦查、检察机关实施的审前诉讼行为,多在正式的实体性审判前对其进行程序性裁判。因此无论从哪方面说,对程序法争议事实(项)的证明都可以采用自由证明,而不必一味应用严格证明。程序性违法引发的程序法争议事实(项)当然还包括审判机关在审判阶段实施的违法审判行为,因为其程序法事项的性质而同样应采用自由证明,由于不是本书讨论重点,所以笔者就不对这一问题加以展开了。

大陆法系国家之所以对上述事项采用自由证明,是有一定道理的。程序法争议事实(项)虽然事关重大争议,会对案件实体真相的发现以及诉讼结果产生重大影响,但它们毕竟还不是实体法事实,其重要程度并非事关定罪量刑。另外,司法资源本身也是有限的,从合理分配司法资源和提高诉讼效率的角度也不能动辄对某一事项适用严格证明。

可是从另一个角度讲，程序性违法引发的程序法争议事实（项）不同于普通的程序法事项。程序性违法引发的程序法争议事实（项）一般是指存在程序性违法，控辩双方存在相对诉讼主张，即存在控辩双方的程序性争议，需要在三方主体的完整程序性裁判中通过证明加以确认的重大程序法事项。这种程序法事项事关当事人的重大程序性（法）利益，甚至一定的实体性（法）利益，会对案件实体法真相的发现以及诉讼结果产生重大影响。特别是程序性违法引发的程序法争议事实（项）的证明事关对已经采取的诉讼行为合法性等性质的审查，因此控方显然不能像一般的程序法事项那样采用完全的自由证明，而必须采用接近严格证明的相对自由证明。

前文中笔者论述过，只要不完全符合严格证明要求的证明方法都可以称为自由证明。具体地说，就是只要在证据能力、证据调查程序和证明标准上有任何一项不符合严格证明要求的，都可以称为自由证明。自由证明又由其接近严格证明的程度，可分为相对的自由证明和完全的自由证明。笔者认为在其他程序性违法引发的程序法争议事实（项）的证明中，控方证明方法虽可采用自由证明，但必须采用接近严格证明的相对的自由证明。

(二) *辩方证明方法应采用完全的自由证明*

在前文非法证据排除中笔者谈到了司法实践中存在的一些怪现象，也分析了遏制这些怪现象的方法——即在证据能力、证据调查程序和证明标准三方面明确规定辩方可适用自由证明的方法，并阐述了为什么辩方在非法证据排除问题上必须采取自由证明的方法。这些分析同样适用于其他由程序性违法引发的程序法争议事实（项）的证明。

辩方在这些事项的证明中也应当适用自由证明的方法，即在证据能力、证据调查程序和证明标准上都不应当适用严格证明的要求，最起码应低于同等条件下对控方在上述证明要素上的要求。

目前，我国还没有针对非法证据排除以外的其他程序性违法引发的程序法争议事实（项）的程序性裁判机制，自然也谈不到辩方的证明方法问题。将来在针对上述事项的程序性裁判制度和程序法事实证明制度建立之时，应当吸取非法证据排除司法实践中的经验和教训，从总体上或在各证明要素上明确规定辩方可采用自由证明的方法，以避免前文中辩方对证据合法性争议事项进行严格证明这样的怪现象的重现。

非程序性违法引发的程序法争议事实（项）中控辩双方的证明方法与程序法请求事实（项）证明中控辩双方的证明方法更为相似，故将这部分内容放到该部分再行论述，此处暂不展开。

第三节 非程序性违法引发的程序法争议事实（项）的证明方法

一 控方的证明方法

控方的证明方法实际上是与其责任密切相关的。此处的责任，并不是证明责任，而是指控方作为公权力机关参加刑事诉讼应当负有的职责。控方作为追究犯罪的国家机关应当同时是实体法和程序法的模范遵守者，如果其诉讼行为违反了程序法的规定，存在程序性违法，那么意味着控方法律维护者的职责受到了质疑。此时为确保其职务行为的合法性，控方就必须使用最严格的证明方法证明其诉讼行为的合法性。这就是为什么在以非法证据排除为代表的程序性违法行为引发的程序法争议事实（项）的证明中，控方应当采用接近严格证明的相对自由证明的原因。在控方提出的程序法请求事实（项）中，控方承担着证明其所申请启动的侦查行为或其他诉讼行为合法的职责。因为该诉讼行为一旦启动就会限制和剥夺公民的宪法权利，因此控方的职责要求其必须对启动诉讼行为的合法性进行证明。但因为此时，控方是在正常履行职责，其职责的合法性并未受到质疑，因此控方对其程序性请求，只需采用接近完全自由证明的相对自由证明方法。在非程序性违法引发的程序法争议事实（项）的证明中，控方的职责并未受到质疑，即其诉讼行为的合法性并未受到辩方的质疑。但该诉讼行为的合理性却受到了辩方的质疑，因此引发了程序性争议。比如，在逮捕和羁押分离，独立的羁押决定程序建立后，当控方提出应当将犯罪嫌疑人某某进行未决羁押时，辩方认为实施这一强制性侦查行为不合理，不必对犯罪嫌疑人实施未决羁押，只需对其采取取保候审、监视居住等强制性侦查行为就可以防止其社会危害性。该程序法争议事实（项），需要由程序性裁判组织进行裁判。由于控方采用的证明方法与其职责相关，此时，控方的职责不像由程序性违法引发的程序法争议事实（项）那样，因为职责受到质疑，而必须进行接近严格证明的相对自由证明；也不像在控方提出的程序法请求事实（项）中行使合法职责，只需进行接近完全自由证明的相对自由证明（见下节论述）。介于二者之间的非程序性违法事项引发的程序法争议事实（项）的控方证明方法就应当是介于接近严格证明的相对自由证明与接近完全自由证明的相对自由证明之间的证明方法，既不属于严格证明，也不属于完全自由证明，而属于严格程度居中的相对自由证明。严格证明和自由证明的差异体现在可以使用的证据范围（证据方法与证据能力）、证据调查程序、心证程度（证明标准）等三个方面。所谓的完全自由证明就是在以上三个方面均不必遵守严格证明的要求的自由证明方法。所谓的相对自由证明是在以上三个方面中的某一个或某几个方面遵守严格证明要求的自由证明方法。非程序性违法事项引发的程序法争议事实（项）的控方证明方法在证据范围上不必遵守严格证明的规定，但在证据调查程序上却需要在一定程度上遵守严格证明的要求，证明标准上不必遵守严格证明非法证据排除的证明标准之要求，但也要达到明晰可信的证据之标准，因此属于严格程度居中的相对自由证明。

二 辩方的证明方法

在非程序性违法事项的证明中，辩方的证明方法与程序法争议事实（项）证明和程序法请求事实（项）证明的证明方法一样，都可以采用完全自由证明的方法，其理由可参照前文中论述，此不赘述。

第四节 程序法请求事实（项）的证明方法

程序法请求事实（项）与程序法争议事实（项）不同。程序法争议事实（项）通过完整形式的程序性裁判解决，程序法争议事实（项）的证明中存在着三方主体和两个相反的证明；而程序法请求事实（项）通过不完整形式的程序性裁判解决，程序法请求事实（项）的证明中只存在两方主体和一个证明。程序法争议事实（项）证明中存在着两个证明主体和一个认证主体，一般是通过两个证明主体的证明活动进行对抗，由认证主体最终做出裁决；而程序法请求事实（项）证明中存在着一个证明主体（或控方或辩方）和一个认证主体，一般是通过该证明主体对其程序性请求加以证明，由认证主体进行认证，做出批准或不批准其程序性请求的裁决。

诉讼结构和证明结构上的明显差异，使程序法争议事实（项）和程序法请求事实（项）在证明方法上有了相应的区别。由于程序法争议事实（项）的证明类似于实体法事实的证明，可能存在双方对抗和交叉询问证人等方式，故而可能存在类似于严格证明的相对的自由证明（相对自由证明）。而程序法请求事实（项）的证明，"对相关事实的审查，不必以对质和交叉询问等方式进行，在通常情况下，是由法官就书面材料进行单方面审查并做出决定，这乃是典型的自由证明措施"[①]。因此，无论是控方的程序法请求事实（项）证明还是辩方的程序法请求事实（项）证明，都是典型的自由证明，而不存在严格证明的情况，或像非法证据排除那样的接近于严格证明的相对自由证明的情况。下面，笔者就按控方程序法请求事实（项）证明的证明方法和辩方程序法请求事实（项）的证明方法来分别论述。

一　控方程序法请求事实（项）的证明方法之一——逮捕

对控方程序法请求事实（项）证明的证明方法之分析，笔者以逮捕作为切入点进行。

（一）逮捕申请事项的证明方法分析。

前文中笔者分析过，要看一个事项的证明是自由证明还是严格证明，关键看四个证明要素，即证据方法、证据能力、证据调查程序和证明标准如何要求。下面笔者就此问题分别进行讨论。

证据方法问题在前文笔者已作讨论，可参见本章第二节，因此我们在这里从证据能力开始讨论。

首先，看证据能力。大陆法系国家允许在逮捕事项证明中采用不具有证据法定形式和普通审判程序中无证据能力的材料，英美法系国家允许采用在普通审判程序中不具有证据资格的材料。虽然大陆法系和英美法系国家都允许在普通审判程序中不具有证据能力或证据资格的证据材料被采用，但一般仅限于传闻证据、品格证据以及线人报告，并不是指所有不具有证据能力的证据材料都可以用于该自由证明。通过非法手段取得的证据，特别是属于非法证据排除范畴的证据资料，肯定也不能在该自由证明

---

① 康怀宇、康玉：《刑事程序法事实的证明方法》，《社会科学研究》2009 年第 3 期。

中使用。

其次，来看证据调查程序。控方对逮捕请求的证明一般而言是递交书面材料，书面材料包括提请批准逮捕的请求和理由，同时也包括据以提出程序性请求的能够证明实施逮捕行为合法性的证据材料。由于没有对抗的辩方存在，此时控方没有必要一定出庭，传唤其证人出庭显然也不属必须，书证自然也大可不必宣读。此时裁判方对提请批准逮捕申请的司法审查是单方的书面审。这样的证据调查程序体现的是典型的自由证明方法。

最后，来看证明标准。在证明标准一章，笔者介绍了国外证明标准的设定，无论是大陆法系国家还是英美法系国家，其逮捕的证明标准都低于定罪量刑的证明标准。也就是低于严格证明方法对证明标准的要求——内心确信或排除合理怀疑，即最高的证明标准。可见，一般而言，申请逮捕的证明标准也符合自由证明的要求。

（二）逮捕申请事项自由证明的意义

通过前文的分析，笔者发现各主要国家其逮捕申请事项的证明方法均为自由证明，那么为什么要采用自由证明方法而不采用严格证明方法呢？

首先，是基于侦查效率的考虑。侦查阶段，是刑事诉讼的初始阶段，是破获犯罪，收集证据，抓捕犯罪嫌疑人的关键阶段。侦查阶段工作完成的好坏，直接关系到后续的审查起诉阶段和审判阶段刑事诉讼能否继续进行。因此，在遏制侦查权滥用的同时，绝不能干扰侦查权的正常行使和侦查工作的正常进行。如果将严格证明用于提请批准逮捕（即逮捕申请事项）的证明，可以想象，正常的侦查工作肯定会受到影响。也许可以保障日后的公正审判，但当前的侦查效率却会因此大大降低。因此，在侦查阶段应当更加重视侦查效率这一价值，确保侦查工作顺利进行。

其二，在侦查阶段，特别是审查批准逮捕之前，侦查机关没有能力也不可能收集到足够的具有证据能力的证据，也不可能依照严格的证据调查程序证明到最高的证明标准。这种要求是勉为其难的，也是违反客观规律的。因此，从侦查实践角度要求侦查机关在提请批准逮捕时进行严格证明是不切实际的。

其三，基于司法资源配置上的考虑。在未来中国的庭前预审建立后，为数众多的由程序性违法引发的程序法争议事实（项）和非程序性违法引发的程序法争议事实（项），以及控方提出的程序法请求事实（项）和辩方提出的程序法请求事实（项）都要由同一个审前程序性裁判组织进行裁判。而审判开始后的所有程序法请求事实（项）又都要由同一个实体性审判组织进行裁判，必然会存在司法资源如何分配的问题。在司法资源一定的情况下，对过多的程序法事项进行严格证明肯定会造成有限的司法资源无法应付的局面，一方面可能会影响实体性裁判，另一方面可能会使众多的严格证明流于形式，实际上却以自由证明的状态进行。

其四，对逮捕申请事项进行自由证明已经可以达到限制公权力滥用、保护公民宪法权利和保障公正审判的作用。在提请批准逮捕时（也包括在将来审前司法审查制度建立后，控方提出其他程序性请求时），要求控方不但要提出程序性请求，而且要提出程序性请求所依据的证据并进行证明，本身已经可以限制公权力的滥用，防止侦查机关肆意动用公权力侵犯公民的宪法基本权利。而且，这种自由证明足以使裁判官获得实体真相，保障未来的公正审判的进行。

综合以上原因可以发现，对提请批准逮捕，允许控方仅进行自由证明是具有积极意义和现实可能性的。不仅是提请批准逮捕这一种程序法请求事实（项）可以进行自由证明，所有的控方提出的程序法请求事实（项）都可以根据上述几点理由进行自由证明。

但有一点需要指出，从整体上，控方在程序法请求事实（项）中适用的证明方法还是应当比辩方在程序法请求事实（项）中适用的证明方法[①]严格一些。首先，应当指出控方虽不必遵守严格的证据调查程序，但不等于完全不必遵守任何证据调查程序。无论从哪个角度说，控方应当遵守的证据调查程序都应比辩方严格。其次，在证明程序上应对控方提出更严格的要求，如在必要时，审查批准机关可以要求提出程序性请求的控方到庭说明情况，甚至要求控方证人[②]接受询问等。特别是控方请求采取强制措施时，为尊重公民的宪法基本权利，法庭一般应要求其出庭说明情况。[③] 总之，为达到保障人权、限制公权力滥用的目的，从整体上，控方程序法请求事实（项）证明方法的设定应较辩方程序法请求事实（项）

---

① 辩方在程序性请求事项中适用的证明方法应为完全的自由证明，见后文。

② 如提供情报的线人。

③ 此处的"出庭"可作广义理解，不一定是出席正式的庭审程序，控方在法官办公室向法官说明情况，亦可视为"出庭"，而且控方在程序性请求事项的证明中的"出庭说明"主要应当是这种形式。

证明方法更为严格①。似乎可以将控方程序法请求事实（项）的证明方法描述为接近完全自由证明的相对自由证明。

二 控方程序法请求事实（项）的证明方法之二——其他事项

在前文中笔者结合大陆法系国家和英美法系国家的司法实践，从证据能力、证据调查程序和证明标准三个方面论证了提请批准逮捕使用的证明方法应当是自由证明。前述分析，也可以适用于控方申请监视居住、申请取保候审、申请搜查、申请冻结和申请秘密监听等一系列程序法请求事实（项）。在这些控方程序法请求事实（项）的证明中使用自由证明方法的理由可参照上文提请批准逮捕的几点理由，且没有特别的问题需要讨论，故不再耗费笔墨进行论述。在此只提出结论——提请批准逮捕之外的其他控方程序法请求事实（项），特别是搜查、秘密监听等强制性侦查行为，在未来的事前司法审查中都可以通过自由证明的方法予以证明。

三 辩方程序法请求事实（项）的证明方法

在前文非法证据排除问题上，笔者已经详尽论述了辩方可以采用完全自由证明的理由。这些理由同样适用于辩方程序法请求事实（项）的证明。故而，此处笔者也不再重复论述，只提出结论性的观点，即辩方程序法请求事实（项）的证明可以采用完全自由证明的方法。

笔者在前文还指出司法实践中存在的强迫辩方进行严格证明的不合理做法，以及解决这一问题的办法，这些分析也同样适用于辩方程序法请求事实（项）的证明。相对于程序法争议事实（项）中强迫辩方进行严格证明的情况，由于辩方程序法请求事实（项）重要性一般不大，不会对诉讼结果造成重大影响，故而在这一问题上此类现象不是特别严重，但仍然需要未雨绸缪、防患于未然。

---

① 控方程序性请求事项的证明方法应属于相对自由证明，详见证明方法一章。

第八章

程序法事实证明的主体

我国 1979 年刑事诉讼法规定，刑事诉讼法的目的是打击犯罪和保护人民。此后，人们逐步地认识到单纯将打击犯罪作为刑事诉讼法的目的，并非创制刑事诉讼法的初衷。刑事诉讼法存在的价值应当是通过一系列刑事诉讼的规则、制度，依法打击犯罪、保护人民，同时防止公权力的滥用，避免国家机关在刑事诉讼过程中对公民的人身、财产等权利造成不必要的伤害。因此，刑事诉讼的双重目的理论被提出，人权保障作为与打击犯罪等量齐观的刑事诉讼目的，被广大学者所普遍接受。打击犯罪与保护人权作为刑事诉讼的双重目的都很重要，不能偏废，如何在刑事诉讼中平衡二者关系，在打击犯罪的同时保障公民人权成为学者们新的思索。学界普遍认为，应当遵照长期以来形成的现代刑事诉讼原则，建立合理的刑事诉讼制度。那么什么样的诉讼制度才是合理的刑事诉讼制度呢？针对这一问题存在着形形色色的解释和实践，形成了数量众多的理论和原则。

笔者以为，刑事诉讼法学理论虽然博大精深，但诸多原则和制度不外乎体现出三种总体思路，即对具有行政性质的侦检权（侦查权和起诉权）的控制，对具有司法性质的裁判权（审判权）的扩张和对被告人权利的保障。刑事诉讼中出现的各种原则和制度，无论源自于何种法理，着力于何种角度，其实归根结底都无法离开这三种宏观思路。控权，即控制以侦检权为代表的行政性质公权力；保权，即保障和维护以辩护权为表现形式的被告人[①]刑事诉权和宪法基本权利；扩权，即扩大

[①] 此处被告人包括被告人和犯罪嫌疑人。应当指出，刑事诉讼保障的是被告人和被害人两种当事人的诉讼权利，但由于关注被告人权利保护的理论和原则更多，因此此处将保权思路做以上归纳。其实被害人权利保障问题近年来越来越受到诉讼法学界的关注，只是由于本书论述角度的关系，因此不将其作为本书分析的重点。

司法裁判权以保证追诉活动在审前和审判诸阶段的公正进行。而控权、保权和扩权三者的历史演进，反映的正是刑事诉讼主体的产生、分化和力量对比的此消彼长。

自从国家出现以后，行政权一直是无所不能的第一权（虽然从权威上很多学者认为立法权是三权中的第一权，但从历史和现实的角度来看，行政权一直是实际上的第一权），是国家公权力的主要组成。托马斯·霍布斯用利维坦这种怪兽来比喻国家，他认为国家既是保护人民、维护秩序的善的组织，又是掌握无所不能的公权力、拥有生杀予夺大权的怪兽。如何使国家体现出更多的"善"的一面，而最大限度控制国家"恶"的一面，是古今中外仁人志士一直思考的问题。经过千年的探索，人类似乎大体上找到了一套粗略可行的办法，那就是控制国家公权力，保障公民的私人权利。

启蒙运动法治思想中最重要者莫过于宪政理论，而三权分立理论、权力制衡理论又是宪政理论的基石。所谓三权分立就是将国家公权力分为立法权、行政权和司法权，以改变封建专制主义国家立法、行政、司法三为一体，"朕即国家"的局面。三权分立与权力制衡理论密切相关，1748年由孟德斯鸠在《论法的精神》一书中提出。他认为："为了防止滥用权力和保证人民的自由，必须以权力来约束权力。""司法、立法、行政这三种权力必须分开，而不能，不应该彼此合并。当立法权和行政权集中在一个人或同一个机构的时候，自由就不存在了。如果司法权和行政权合二为一，法官就有压迫的权力，他们就会对公民的生命和自由实行专断。如果立法权和司法权集于一身，法官就是立法者。假如这三种权力集中在一个人和一个机构，那么一切都完了。"① 权力制衡理论的实质就是用权力制衡权力，权力制衡主要针对的对象是行政权，在当时来讲就是封建王权，通过从王权中分割出立法权和司法权，削弱并制衡国王的行政权。具体而言就是用立法权、司法权制衡行政权，用司法权制衡立法权、行政权。1779年美国建立，启蒙思想家的宪政理论、三权分立理论和权力制衡理论最早在美洲的这个新兴国家开花结果。美国建立了以总统为代表的行政权、参众两院为代表的立法权和最高法院为代表的司法权这三权分立的宪政体制，第一次实践了权力制衡理论。在后来的实践中，权力制衡理论被

---

① ［法］孟德斯鸠：《论法的精神》，张雁深译，商务印书馆1961年版，第58页。

证明在刑事诉讼的层面上也是行之有效的。权力制衡理论在宪政领域的表现是三权分立，而在刑事诉讼领域的表现，则是裁判方的司法权对侦检方的行政权的控制。

笔者认为，诉讼主体间关系不是一成不变的，它随着诉讼制度的变化而变化，并对诉讼制度产生反作用。诉讼主体间变化趋势可以从纵向和横向两个方面进行分析，从纵向上来说，控权、保权和扩权三者的历史演进，反映的是刑事诉讼主体的产生、分化和力量对比的此消彼长。从横向上来说，主体间变化趋势可以归纳为几条线索：（1）职能部门间关系的变化；（2）职能部门与诉讼参与人之间关系的变化；（3）审判者与其他职能部门和诉讼参与人之间关系的变化。而审判者与其他职能部门和诉讼参与人之间关系的变化显然是最重要的一条线索。人类司法史中，诉讼主体的产生、分化和力量对比的此消彼长，因历史时期不同而不同，因国家民族不同而不同，因法系不同而不同。就审判者与其他职能部门而言，人类司法史经历了行政权与司法权的分离，审判权与控诉权的分离，警检法等职能部门的分立以及审判权的扩张四个阶段。

下面，我们就从审判者与其他职能部门和诉讼参与人之间关系的角度出发，对刑事诉讼的结构、制度、原则和职权配置的历史演进加以分析。希望在这个纵横多维的立体画卷中能够发现刑事诉讼中某些共通的规律或者相似的趋势。

第一节 纵向分析：刑事诉讼构造、制度、原则和司法职权配置的历史演进

就审判者与其他职能部门的关系而言，人类刑事司法史经历了行政权与司法权的分离，审判权与控诉权的分离，警检法等职能部门的分立以及审判权的扩张四个阶段。

一 前三次变革

（一）行政权与司法权的分离

从圣经上我们可以读到所罗门王断案的故事：所罗门王既是以色列国的最高行政权威也是该国的最高司法官，通过他的伟大智慧，解决了两个

妇人对孩童的争夺①。他的裁判就是终审裁决，具有最高的法律效力。在中国亦然，长期以来县令作为县的行政长官，同样也是本县的司法长官，负责本县刑事案件的追诉和审判。随着社会分工的细化，司法权开始与行政权分离。在中世纪的欧洲，出现了专门的宗教裁判所，与之相对应，专门的世俗裁判机构也开始出现，这些裁判机构最终独立于行政机关。在中国，从皋陶治狱到夏商周三代，中央均有专门的司法官，其后秦汉设置廷尉，齐隋设立大理寺和刑部，中央层面的司法权与行政权基本分离。宋明以降，地方设立提刑按察使司，地方的司法权与行政权的分离也在不断深化。

(二) 审判权与控诉权的分离

审判权与控诉权的分离，简称控审分离，是刑事司法史上的又一次巨大进步。控审分离肇始于法国大革命，波旁王朝的黑狱式司法让法国人民饱尝白色恐怖之苦。所以，一旦革命成功，法国人民便立即着手修改刑事诉讼法。在拿破仑时期颁行的《法兰西刑事诉讼法》，就明确反映了控审分离原则。比如，在法院之内设立单独的检察官职位，由检察官行使对被告人的控诉权，法官不再行使对被告人的控诉权，其权限仅仅局限于案件的审判。而且，所有案件必须也只能由检察官提起，法官无法主动提起诉讼或开启审判，只能在检察官提起公诉后被动地开启审判。法国刑事诉讼法开启了一个新的时代，自她之后，欧洲各国纷纷效仿，控审分离在欧洲大陆逐渐成为潮流。中国的控审分离形成较晚，清末颁行的《法院编制法》规定在各级审判衙门内设立检察官，由检察官负责刑事案件的公诉，法官不再行使追诉职能，其权力仅限于审判。我国控审分离原则的确立虽晚，但是清末民国的立法和实践为其奠定了良好的基础，新中国成立后更是实质性地推进了这一原则的实现。

(三) 警检法三职能机关的分立

司法权在同行政权分离的过程中，刑事诉讼程序逐步成熟，刑事诉讼中的职能机关逐步分立为法警检三机关。

1. 法官和警察

无论是东方还是西方世界，法官和警察这两个履行审判职能和侦查职

---

① 有两女来到所罗门王面前为了谁是婴儿的母亲而争吵。当所罗门建议他们把这个孩子用剑劈成两半时，一个女人说，她宁愿放弃这个孩子，也不愿看到他被杀死。所罗门宣布那个表现出怜悯之心的女人是婴儿真正的母亲，并把婴儿还给了她。

能的主体，在上千年的时间里一直是刑事诉讼中的主角。读过《水浒传》的人都知道武松武都头和雷横雷都头，其实质就是捕头。在县衙之中，虽然司法职能主体并没有严格区分为审判主体和侦查主体，但都会设立"捕头"一职，管理三班衙役捕快。在兵刑合一的体制下，"捕头"及其管辖衙役捕快不但要负责本县的治安，还要负责刑事案件的侦查，而县令更多的时候则倾向于审判权的使用。

在英美法系，英国最早出现了近现代意义上的警察，他们开始时被称为"bow street runners"。在审判主体和侦查主体逐步分立后，在一段时间内并不能区分哪个为主哪个为辅，有点类似于我国刑事诉讼原则所描绘的"分工负责，互相配合，互相制约"。这一状态一直持续到十三世纪英国《自由大宪章》的颁布，《自由大宪章》确立了"令状主义"原则，规定警察机关实施逮捕和搜查措施前，需要获得法官的令状。自此，审判权开始凌驾于侦查权之上，对侦查权实施监督。

在大陆法系，审判权取得对侦查权的优势地位则要再晚一些。法国作为大陆法系的代表国家，是封建集权的大王国，甚至直到大革命之前依然实行"黑狱式"的侦查，即无节制无监督的侦查。直到法国大革命之后，预审法官制度的建立才使得侦查行为置于司法机关的监督之下。

再回过头来看我国，近现代意义上的警察出现得很晚。直到清末民初，袁世凯才建立了中国最早的近现代警察机关。但由于后发优势，民国在立法时引入了欧美的令状制度，直接确立了审判权对侦查权的监督地位。台湾地区一直实践着这样的立法，从对陈水扁的一系列追诉行为中，我们似乎可以管中窥豹。新中国成立后废除了六法全书，在1979年颁布的《刑事诉讼法》中，确立了公检法三机关"分工负责，互相配合，互相制约"的原则。审判机关无权对侦查机关实施监督，检察机关被赋予了对侦查机关某些侦查行为的监督权。在新中国成立后的司法实践中，"侦查中心主义"一直是我国刑事诉讼的典型特征，公安机关的权力和地位均高于法院。十八届四中全会以后，中央提出"推进以审判为中心的诉讼制度改革"的目标，力图提升审判机关在刑事诉讼中的核心地位，堪称我国社会主义民主和法治的重要进步。不过，在可预见的未来，审判主体对侦查主体的监督，可能依然会由检察机关代为行使。

2. 检察官

检察官或公诉人，检察机关或公诉机关，其出现时间要晚于法官和警察。独立的检察官的出现，源于法国大革命，革命中的法国人第一次在法院设置了独立的检察官，拿破仑战争后欧洲大陆各国争相效仿。

在大陆法系国家，检察官拥有强大的权力，不但可以指导或指挥警察，甚至取代警察行使侦查权。检察官制度建立后，检警一体制度随后出现，大陆法系各国普遍将对警察的指导甚至指挥权赋予检察官，并从法律上将侦查权赋予检察机关，警察机关反而成为辅助机关。如果必须对大陆法系国家职权机关的权力和地位进行排序的话，可以认为检察官强于警察，但弱于法官。

在英国一直没有专门的公诉机关，所谓的公诉人，就是警察机关雇佣的律师。近几十年来，才设立专门的检控官。美国的检察官制度要早于英国，也更加正规化和体系化。但无论是英国还是美国的检察官，其权力都无法与大陆法系的检察官相提并论。在英国，检控官的地位既无法与法官相比，也无法与警察机关相比。在美国，检察机关能够与警察机关势均力敌，但无法与审判机关相匹敌。

在我国，检察官制度出现于清末修律，在民国时期得到发展，在新中国趋于成熟。我国的检察机关不仅拥有公诉权，还被赋予了法律监督权。一方面，检察机关是侦查机关某些侦查行为的司法审查机关；另一方面，检察机关甚至是审判机关某些审判行为的法律监督机关。因此，在我国，公检法三机关的权力和地位不相上下，审判机关并不当然地居于检察机关和公安机关之上。

二 第四次变革——审判者权力的扩张

笔者在前文指出，就审判者与其他职能部门而言，人类刑事司法史经历了行政权与司法权的分离，以及审判权与控诉权的分离，警检法等职能部门的分立以及审判权的扩张四个阶段。刑事诉讼领域的第四次变革，其标志就是审判者权力的扩张（以下简称审判权的扩张）。那么审判权为什么要扩张？审判权扩张的领域涉及哪些呢？

（一）审判者权力扩张的第一个转折点——英国的实践

侦查权等权力的滥用和专横，促使侦查监督的出现，法治发达国家一般选择审判者（以司法审查的形式）对侦查机关进行监督，这在客观上促进了审判者权力的扩张。

刑事诉讼法被称为小宪法，在宪政领域可能出现的问题在刑事诉讼领域都可能会出现,最相似的就是国家行政性质公权力的滥用问题。侦查权或侦检权①,在很多国家被归为行政权。侦查、起诉行为,实际上是运用行政性质公权力对犯罪嫌疑人、被告人发起的一场惩罚犯罪、维护社会秩序的行动。我国对侦查权性质的界定并不明确,并未严格地将侦查权界定为行政性质公权力,即便众多学者认为侦查权的性质属于行政性质公权力,也并不一致认为侦查机关实施的侦查行为都属于行政行为。检察机关更被我国宪法界定为司法机关,其审查起诉行为和公诉行为更难以认定为行政行为。

在法治发达国家长期的司法实践中,人们发现,侦检权力固有的行政权性质使其容易滥用。侦检权力的行政专横,远比司法专横更为可怕。刑事诉讼领域的国家公权力滥用,和宪政领域的国家公权力滥用一样,也体现为行政性质公权力的滥用。对公民宪法基本权利和诉讼权利的侵犯往往发生在审前阶段的侦检程序之中。拥有侦检权力的公权力机关与处于被追诉地位的犯罪嫌疑人之间是对抗的关系,因此侦检机关很容易利用国家公权力迫使犯罪嫌疑人承认其罪行,甚至不惜违反程序法的规定达到其追诉目的,对侵犯犯罪嫌疑人的宪法基本权利和诉讼权利往往也是无所顾忌。而犯罪嫌疑人对侦检机关的侵权行为往往无还手之力,甚至鸣冤叫屈都无人理睬。在几千年的时间里犯罪嫌疑人一直是刑事诉讼中的客体,其正当的诉讼权利被肆意侵犯。

在中世纪开始后的上千年时间里,刑事诉讼为行政性质公权力所操纵,或者说为国家行政当局所操纵,审前阶段行政性质公权力的滥用造成审判本身在很多时候只是一种形式、一个过场、一种镇压的仪式。此时的司法审判,程序正义难以寻觅,实体正义能有多少也令人怀疑。也是在这个时期,为了解决审前程序中侦检权力的滥用问题,仁人志士们进行了不懈的探索。1215 年,经过贵族和市民的共同努力,英国颁布《自由大宪章》,规定不经贵族法庭审判或颁发令状,不得剥夺任何人的自由,令状主义原则由此产生。令状主义原则可能是人们尝试对侦检权进行控制的最初探索,它实际是现代事前司法审查制度的雏形。令状主义原则要求侦检机关在采取限制和剥夺公民人身自由的强制性侦查行为前必须首先要获得法官颁发的司法令状。而司法机关在颁发令状前必然会对侦检机关强制性

---

① 由侦查机关和检察机关分别拥有的对犯罪的侦查权和公诉权。

侦查行为的合法性进行审查①，由于这种审查是由非行政性质的第三方司法机关进行的，所以可以在很大程度上制约侦查专横，遏制行政性质公权力对公民人身权、财产权的肆意侵犯，也在客观上促进了审判者权力的扩张。

(二) 审判者权力扩张的第二个转折点——法国和美国的实践

受到美国独立战争的影响，1789年法国大革命爆发，人们捣毁了封建司法象征的巴士底狱，同时也唾弃了纠问式诉讼和法定证据制度。在随后制定的具有近现代意义的法国刑事诉讼法中，针对行政性质侦检权专横的问题，确立了权力制衡原则，并以之为基础建立了极具特色的预审法官制度。美国虽然也意识到了刑事诉讼中行政性质侦检权专横的问题，但其受英国法影响，法官被动而超然，因此代表司法权的法官仅仅是通过令状对行政性质侦检权进行制衡，故而权力制衡在英美法中的表现只是司法权对行政权的简单制约。法国刑事诉讼法的理念则更加大胆而激进，预审法官制度体现的是司法权对行政性质侦检权的指导甚至是指挥，而非简单的制约，权力制衡原则表现为司法权对行政权的全面监督。

法国预审实行两级制，分为初级预审和二级预审。在初级预审阶段，预审工作由（初级）预审法官主持，其职能是指挥侦查活动以及对侦查活动进行事前司法审查。二级预审法官具有的职能有：对羁押的合法性进行审查，包括对初级预审法官做出的临时羁押裁定进行审查；另外，二级预审法官具有确定管辖的权力。法国的预审法官制度，其实质是由代表司法权的法官直接指挥侦查活动，领导检察官和警察的工作。预审法官制度实际上是司法权的扩张，司法权由此堂而皇之地从审判阶段扩张到审前阶段。司法权在刑事诉讼中的扩张是近现代刑事诉讼的一个重要特点，将司法权从审判阶段扩张到审前阶段，从实体法事实裁判领域扩张到程序法事实裁判领域是司法权扩张的总体趋势。英美法系国家通过令状主义和后来的（事后）司法审查制度完成了这种扩张，而法国则是通过预审法官制度完成了这种扩张。法国司法权扩张得更加猛烈，完全控制了审前阶段，使刑事诉讼几乎在各个阶段和各个层面上都实现了司法化和诉讼化。

法国和美国的差异主要源于法国人民对封建时代的侦查专横比美国人民有更深刻更持久的切肤之痛。法国人民对行政性质的侦检权力和侦检机

---

① 即对是否符合法定的或习惯的实施条件进行审查。

关似乎已经失去了信任，他们认为只有中立的司法机关才能公正的对待公民，只有中立的司法机关才能在刑事诉讼中依照法律而不是政府意志追究犯罪嫌疑人的责任，也只有中立的司法机关才能保障公民免受无端追诉和羁押之苦。美国作家房龙这样描述欧洲中世纪刑事追诉的专横："在整整五个多世纪里，世界各地成千上万与世无争的平民仅仅由于多嘴的邻居道听途说而半夜三更被人从床上拖起来，在污秽的地牢里关上几个月或几年，眼巴巴地等待既不知姓名又不知身份的法官的审判。没有人告诉他们罪名和指控的内容，也不准许他们知道证人是谁，不许与亲属联系，更不许请律师。如果他们一味坚持自己无罪，就会饱受折磨直至四肢都被打断。别的异教徒可以揭发控告他们，但要替他们说好话却是没有人听的。最后他们被处死时连遭到如此厄运的原因都不知道。"[①] 这样的场景让法国人触目惊心，心有余悸。因为不确定共和政府是否一定比封建君主更讲道理，因此法国人非常明智地将刑事诉讼，特别是审前阶段刑事诉讼的主导权交给了司法机关。权力制衡理论使他们相信中立的司法机关可以成为刑事诉讼中公民人身权利和财产权利的保障者。在这种理念的支持下，法国裁判权完成了典型的扩张。这种裁判权的扩张影响了整个欧洲乃至整个世界的刑事诉讼构造。大陆法系另一个重要国家德国的刑事诉讼构造就深受法国影响。直到二十世纪晚期，德国才废除了预审法官制度，由检察官直接指挥侦查，但仍然保留了预审法官制度的合理成分，如设置侦查法官，由侦查法官对侦查机关的诉讼行为进行司法审查，在审前阶段对侦查权进行监督。

三　审判者权力扩张的基础——司法审查（原则）

司法审查是审判机关实施侦查监督的主要方式，也是审判者权力扩张的基础，审判者权力扩张的主要方向是审前阶段和程序法事实裁判和证明。

随着大陆法系和英美法系的基本形成，众多的诉讼理论和证明理论不断出现。其中，司法审查原则的正式形成意义比较重大。司法审查原则可以追溯到英国的令状制度和法国的预审法官制度，但现代意义的司法审查原则形成于美国，并在第二次世界大战后逐步为各主要法治国家所接受。

[①] ［美］房龙：《宽容》，生活·读书·新知三联书店1985年版，第136页。

现代意义上的司法审查最初是宪法和行政法意义上的，其实行前提是宪政的确立和稳固。当宪法确立之后，如何保障宪法不是一纸空文，能够被严格遵守是现代国家面临的一个问题。三权分立原则虽然比较好地解决了这一问题，但仍然无法解决行政权专横和立法权滥用使宪法被架空的危险。徒法不足以自治，限制性规范和禁止性规范必须和制裁措施相对应，才能不使其流于形式，成为单纯的宣言。为了解决上述问题，司法机关被赋予了护法机关的角色，宪法授权其可以对行政机关和立法机关的行政行为和立法行为进行审查，并对违宪行为实施制裁。虽然这种制裁一般只是宣告行政行为无效或立法行为无效，但已足够承担护法重任，可以阻止行政机关和立法机关对宪法的违反。行政法意义上的违法审查类似于宪法意义上的违宪审查，只不过是小而化之，但仍然反映了权力制衡理论，即通过司法机关对行政机关违法行政行为的审查，以及宣告违法行政行为无效来规制行政权的滥用。司法审查原则的效果显著，因此很快被引入刑事诉讼领域。刑事诉讼中早已存在的令状制度和预审法官制度，使法官可以对程序法请求事项进行事前审查；而司法审查原则的引入使法院可以对侦检机关的程序性违法行为进行裁判和处罚，即对程序性违法引发的程序法争议事实（项）进行事后审查，这样就使得司法审查的完整体系得以构建。法院既可以对程序法请求事实（项）进行审查，也可以对程序法争议事实（项）进行审查；既可以进行事前司法审查，也可以进行事后司法审查。

司法审查体系的完善使裁判权得以扩张，裁判权一方面从审判阶段扩张到审前阶段，另一方面从实体法事项的裁判扩张到程序法事项的裁判。对程序法事项的裁判（司法审查）被我国学者抽象为程序性裁判和程序性制裁，很好地描述了这种新的司法裁判的特征。源于令状制度（事前司法审查）的建立，程序法请求事实（项）的程序法事实裁判初步出现在审前阶段。随着预审法官制度（事前司法审查）的建立，程序法请求事实（项）的程序法事实裁判更是开始在世界主要法治国家的近代刑事诉讼中确立。而现代意义的司法审查制度被法治发达国家普遍接受，使程序性违法正式进入到程序法事实裁判的视野，由程序性违法引发的程序法争议事实（项）的裁判成为程序法事实裁判的对象，相应的也成为程序性制裁的对象。程序性制裁的对象是每一种存在程序性违法的行为，特别是违反程序法的侦检行为。未经事前司法审查或虽经事前司法审查仍然存在违法的侦检行为会受到制裁，可能会因为存在程序性违法而被宣告无效，通过这种违法行为取得的证据材料可能会因为非法而被排除法庭适用。程序性裁判和程序性制裁相互呼应，从制度上保障了裁判权从实体法事项裁判领域向程序法事项裁判领域的扩张。这也意味着刑事诉讼法不仅仅是保障刑事实体法实施的法律，它第一次成为监督和制裁侦检机关公共侵权行为的法律。程序性裁判和程序性制裁制度的完善，使程序法事实的裁判第一次形成完整的体系，第一次能够和实体法事实的裁判平分秋色。从此以后刑事诉讼法的作用分成了两个——保障实体法实施和阻却违法诉讼行为。同时，由于程序性裁判（程序法事实裁判）以程序法事实证明为基础，程序法事实证明的对象也得以扩大，体系也得以完善，开始以一种独立的证明形态存在。

第二节 横向分析：第四次变革后的两造当事人和证明主体

在前文的论述中，我们谈到了侦查权在缺乏监督的情况下容易被滥用的问题，这一问题不仅是中国的问题，也是世界各国的问题。法学家和政治家们通过不懈的探索，似乎找到了一个相对有效的办法——通过审判主体监督侦查主体，以此抑制侦查专横，这也即所谓刑事诉讼领域的第四次变革。传统的审判权只涉及实体法事项的裁判，即与被告人定罪量刑有关的事实的裁判，并不涉及程序法事项的裁判。而程序法事项正是与诉讼行为，特别是侦查行为有关的事项。因此，要运用审判权监督侦查权，就务必要将审判权从传统的实体法事实领域扩张至程序法事实领域。传统的审判权的边界止于审判阶段，但侦查行为显然发生在侦查阶段。如果想通过审判权对侦查权加以监督，而又不超越审判阶段的范围的话，那么这种监督就显然只能是侦查行为实施后的事后司法监督。如果想在侦查行为发生之前就用审判权对其加以规制，而又拘泥于审判阶段的范围，显然是无法操作的。因此，审判权此时就必须超越审判阶段的范围，扩张至审前阶段，特别是侦查阶段，在审前阶段发挥作用。

第四次变革后的诉讼主体和证明主体，在实体法事实的裁判中和从前并没有什么不同，也就是说在实体法事实裁判和证明中的两造当事人和证明主体并没有什么变化。存在重大变化的显然是审判权扩张的主要领域——审前阶段和程序法事实裁判领域。在前面的章节里，笔者对程序法事实裁判的结构和主体问题已经多有论述，就不再赘述。这里需要讨论的是程序法事实证明主体的若干问题，在本节中笔者将分析证明主体，或者说两造当事人。而在下一节里，笔者拟分析认证主体或者说裁判主体。

一　两个"主体"概念的厘清

在学界一直有关于证明主体的讨论，即作为裁判方的法官是否是证明的主体。如果是，那么在程序法事实证明中就存在着三个证明主体，即控方、辩方和裁判方；如果不是，那么在程序性争议证明中就只存在两个证明主体，即控方和辩方。何家弘老师认为，法官是证明的主体；其他学者（如卞建林老师）则认为作为裁判方的法官不是证明主体，应当称为认证的主体。笔者认为，法官不是证明的主体，而是认证的主体。如上文所述，法官不承担举证责任，既没有提出证据的责任也不承担说服责任，没有证明责任又何谈证明主体？其次，法官对证明无任何利益可言，如果证明不能，自身并不承担证明不能产生的任何后果。因此，法官实在算不得是证明主体。但是，法官负责对控辩双方的证明活动进行审查判断，这种审查判断亦应属于刑事证明活动中不可或缺的一部分，可称之为认证。因此，法官被称为认证主体可能更加合适。

还有一种观点认为，证明主体是指负有举证责任的主体，一般只包括控方和辩方，在某些特殊情况下也会包括裁判方。例如，一审法官在一审判决或裁定中，会将实体法事实裁判或程序法事实裁判的理由在裁判文书中加以说明，有学者认为这实际是一审法官对二审法官的证明。这是一种比较有趣的观点，值得思考，但是必须指出，本书无意对法官是否是证明主体进行深入讨论，因为这与程序法事实的证明问题关系不大。在这里，我们只着眼于厘清两个概念，即"程序法事实的证明主体"和"在程序法事实证明中存在的主体"。

"程序法事实的证明主体"是指程序法事实证明中的证明主体。"在程序法事实证明中存在的主体"，是指在程序法事实证明过程中存在的主体，既包括承担证明责任的证明主体，又包括负责裁判的认证主体。我们前面所说的程序法争议事实证明中的三方主体就是指在程序法争议事实证明过程中存在的三方主体，具体的讲就是承担证明责任的控方、辩方这两个证明主体和负责对控辩双方证明进行裁判的法官这一认证主体。这三个主体都与程序法事实证明休戚相关，但却并非都是程序性法事实证明中的证明主体。同样道理，程序法请求证明中的两方主体也是指在程序法请求证明过程中存在的两方主体，即承担证明责任的控方或辩方这样一个证明主体和负责对该证明主体证明进行司法审查的法官这样一个认证主体。本书中所谓的"三方主体"和"两方主体"都是指上述情况，这种"在程序法事实证明中存在的主体"的概念可以较好地描述程序法事实证明的结构和过程，具有实际意义，在本书中我们将其简称为"程序法事实证明的主体"。

二 不同诉讼阶段的程序法事实证明主体

程序法事实证明的主体，因诉讼阶段的不同而有所不同。

（一）审判阶段

审判阶段，存在着完整的诉讼结构，是最典型的程序法事实裁判模式，在这一阶段，程序法事实证明的主体与实体法事实证明的主体一致。承担证明责任的证明主体是控方与辩方。具体地说，控方是检察院，被害人及其法定代理人、诉讼代理人[①]；辩方是被告人、法定代理人及其辩护人；而认证主体是法官。因为人所共知，所以不在这里赘述。

（二）审查起诉阶段

在我国刑事诉讼中的审查起诉阶段，刑事诉讼的主体演变为检察机关、侦查机关和犯罪嫌疑人。此时侦查机关应将案卷材料移送检察机关，在案卷中侦查机关应当运用证据材料向检察机关证明犯罪嫌疑人的行为符合某一刑事实体法规范的行为模式，应当承担相应的刑事法律后果——即犯罪嫌疑人的行为足以使检察机关提起公诉。犯罪嫌疑人应当运用证据材料向检察机关证明其实施的行为不符合该刑事实体法规范的行为模式，不应当承担相应的刑事法律后果——即犯罪嫌疑人的行为不足以使检察机关提起公诉[②]。检察机关（审查起诉机关）所做的工作则是由检察人员根据侦查人员和犯罪嫌疑人双方提出的证据材料对犯罪嫌疑人的行为是否符合该刑事实体法规范的行为模式（足以使检察机关提起公诉）这一问题加以"认证"（类似于审判阶段法官的认证）。不过，这种审查只局限于实

[①] 在审判阶段的控方还包括自诉人及其法定代理人、诉讼代理人，因本书研究重点是对公权力机关程序法事项或诉讼行为的依法规制，故不将其作为研究论述的重点。

[②] 当然，根据各国认同的刑事诉讼一般原则，犯罪嫌疑人也可保持沉默，不需要证明自己无罪。

体法事项，并不包含对审前程序法事项的审查。

在法治发达国家，审查起诉往往算不上一个独立的诉讼阶段，多被视为侦查的延伸或审判前的准备，或者归入预审程序，或者与侦查统一归入审前程序（甚至侦查程序）。在审查起诉阶段，程序法事实证明的主体与审判阶段的主体有所不同。就证明主体而言，控方不再是检察机关，换成了侦查机关，且不再包括被害人及其法定代理人、诉讼代理人。而辩方则不能称为被告人，而是犯罪嫌疑人及其法定代理人、辩护人。在我国现行法中，认证主体则从法官或审判机关变成了检察官或检察机关。对于这些问题笔者在下文中会进一步分析。

（三）侦查阶段

在侦查阶段，程序法证明的主体与审判阶段的主体也具有很大不同。在程序法争议事实的证明中，证明主体中的辩方主体包括犯罪嫌疑人及其法定代理人、辩护人，而控方主体不再是检察机关，而是侦查机关。在程序法请求事实的证明中，辩方主体和控方主体也有相同变化。那么，为什么在这一阶段的控方主体不是检察机关而是侦查机关了呢？

在实然状态下，我国现行法规定在这一阶段存在一种程序法请求事项的司法审查，即检察机关对侦查机关申请逮捕案件的审查批准逮捕。我们姑且不去争论检察机关是否具有司法机关的性质，也不去讨论现行审查批准逮捕到底是司法审查还是行政审查，我们只关注审查批准逮捕中的证明。审查批准逮捕中的证明问题显然是程序法请求事项的证明，其证明主体自然是程序法事实证明的主体。那么在审查批准逮捕中谁是证明主体呢？答曰侦查机关。侦查机关在审查批准逮捕中负有举证责任，应当举出其所搜集的犯罪嫌疑人有罪的证据以证明其符合逮捕条件，应当予以逮捕。如果其证明达到了批准逮捕对应的证明标准，作为审查主体和认证主体的检察机关就应当批准其逮捕申请，如果侦查机关的证明没有达到证明标准，就要承担逮捕申请被驳回的消极后果。这实际上意味着侦查机关承担了提出证据责任和说服责任。依照谁主张谁举证的原则，侦查机关认为犯罪嫌疑实施了犯罪，符合逮捕的条件应当予以逮捕，那么她就自然应当提出证据证明其主张。侦查机关既承担了提出证据责任又承担了说服责任，应当可以说其承担了证明责任。既然侦查机关承担了证明责任，那么就应当认定其为程序法请求事项证明中的证明主体。如果侦查机关可以成为程序法事项证明中的证明主体，这无疑是对传统证明理论的一种有益补充。

三 认定侦查机关程序法事实证明主体地位的意义

认定侦查机关程序法事实证明主体地位，有利于明确侦查机关证明责任，督促其积极合理履行证明责任，并以此遏制侦查权的滥用。

关于证明主体的讨论实际上主要与证明责任的确定有关，只有具有证明主体资格，才可能承担证明责任，这是从权利或权力的角度说，从义务或职责的角度说，一旦成为证明主体，就必须承担相应的证明责任否则就要承担自身主张不能成立的消极后果，认定侦查机关具有程序法事项证明主体的地位就意味着它要负担起程序法事项证明的责任。在程序法请求事项的证明中，侦查机关作为证明主体应当承担证明责任意味着侦查机关要作为控方证明其程序法请求符合法定条件的证明责任，在程序法争议事项的证明中，侦查机关针对辩方提出的程序法争议要承担对其已经实施的侦查行为或诉讼行为合法性进行证明的责任。

在中国司法实践中存在的一个主要问题就是侦查机关侦查权的滥用。我国对侦查权的法律限制较少，侦查机关几乎可以随意启动侦查行为。

在程序法请求事项中，我国还没有完全采用令状主义，除了提请批准逮捕，需要侦查机关向检察机关提出申请外，无论是取保候审，还是监视居住，无论是搜查还是秘密监听，侦查机关均无须申请任何令状就可自行决定采用或启动。明确侦查机关程序法请求事项证明主体地位后，侦查机关就要承担程序法请求事项中的证明责任，在日后建立的司法审查，侦查机关就不但要提出其程序法请求，而且还要对其程序法请求的依据进行证明，其证明还需达到法定的证明标准。同样，法律虽然规定了某些侦查行为违法，但却没有规定对违法侦查行为如何采取救济措施，一方面使法律变成一页空文，一方面使违法侦查行为屡禁不止，如违法搜查、违法扣押、违法监听、违法拘留、违法逮捕。明确侦查机关在程序法争议事项中的证明主体地位后，侦查机关就要承担程序法争议事项中的证明责任，在未来建立了预审听证程序（司法审查）后，针对辩方提出的某一侦查行为程序性违法的证明，侦查机关要进行反证，证明其所实施的侦查行为不存在程序性违法。在由程序性违法引发的程序法争议事项的证明中，一般还会出现证明责任转移。在存在证明责任转移的情况下，侦查机关承担的证明责任就更大，就必须要更加详尽严密地证明其已实施侦查行为及过程的合法性，而这无疑又会对规范侦查机关侦查行为、提高侦查机关程序意识起到积极的推进作用。

另外，认定侦查机关程序法事实证明主体地位，是建立程序法裁判制度后，赋予侦查机关程序法事实证明的证明责任的理论基础，只有确立了侦查机关程序法事实证明的证明主体地位，才能在未来的程序法裁判中赋予其应当承担的证明责任。

四 检察官认证主体地位的讨论

（一）我国现行的司法职权配置

在我国现行法中，检察机关的司法职权配置存在着一些与世界主流司法职能配置明显不同之处。首先，检察机关行使司法监督权，有权对公安机关、法院在刑事诉讼中的违法行为进行监督。同时，检察机关还行使司法审查权，有权对逮捕和羁押必要性进行审查，以决定批准与否。在审前阶段，检察机关在某些情况下成为裁判主体，如提请批准逮捕中，检察机关负责审查批准公安机关的逮捕请求。此时的检察机关是裁判者而非请求者，是认证主体而非证明主体。而不论在英美法系国家还是大陆法系国家的审前司法审查中，程序法裁判的裁判主体和认证主体都是具有预审职能的法官。在大陆法系国家中，由于检察官指导警察侦查，在审前司法审查中更是程序法请求的申请主体和证明主体。其二，在审前阶段，我国有侦查阶段和审查起诉两个阶段，没有正式的法院预审阶段，而英美和大陆法系国家审前阶段一般都由侦查和预审两大阶段组成，我国检察机关的审查起诉工作实际上履行了国外法院的一部分庭前预审职能，如前文提到的代替法院对公安机关提请批准逮捕进行审查。除此之外，审查起诉甚至代替了预审中法院对案件的实体审查职能。即，如果检察机关审查起诉后决定提起公诉，那么法院只有权对检察机关决定提起公诉的案件进行形式审，如果法律要求的案卷材料都具备，就必须受理，而不能对案件实体法内容进行预审以决定是否受理。这样，其他国家由法院预审（实体审加形式审）决定是否受理刑事案件的权力，就被检察机关决定提起公诉权力所取代。检察机关的审查起诉决定权使以前一分为二的检察机关提起公诉决定权和法院案件受理决定权合二为一。

（二）存在的问题

1. 检察机关行使司法监督权，主体不适格。司法监督权是由中立的审判机关行使的对追诉方即侦查、检察机关等代表国家行使公权力之机关的诉讼行为进行监督，发现并纠正程序违法问题，据以限制公权力滥用，保障刑事诉讼公正合理进行的一种司法职权。由检察机关行使这一职权是受苏联大检察主义的影响，在实践中存在下列问题：（1）和公安机关一样，检察机关是追诉机关，不具有中立性，由其对同是追诉机关的公安机关的程序违法问题进行监督，实践中效果不大。一般情况下，只要不出现刑讯逼供致使犯罪嫌疑人伤亡等情况或严重的超期羁押，检察机关并没有太大兴趣对公安机关在侦查活动中其他程序违法问题进行监督。（2）检察机关对自身诉讼行为中的程序违法问题的监督是内部监督，不具有说服力，其他机关不能介入，当事人很难寻求救济。（3）检察机关对法院的监督，虽然在客观上起到了监督法院认真履行审判职能的作用，但在角色上却相当于运动员对裁判员发号施令，监督职能与公诉职能冲突，在实践中影响了法院审判权的独立行使。而且，在这种体制下，律师很难与检察机关抗衡，辩护职能因此大打折扣。

2. 同样道理，对强制措施及限制公民人身权和财产权的强制性措施的决定和批准，不由法院负责而由承担公诉职能的检察机关和承担侦查职能的公安机关负责也犯了让运动员兼作裁判员的错误。对强制措施及强制性措施的决定和批准，包括对拘传、监视居住、取保候审、拘留、逮捕的决定和批准，对搜查、扣押物证书证的决定和批准，对扣押、冻结涉案财物的决定和批准，以及对强制措施的变更和延长，等等。国际通行的做法是进行司法审查，通过法院签发令状控制上述强制措施和强制性措施。目前，我国只有逮捕需由检察机关再履行一次批准手续，其他强制措施和强制性措施都由侦查机关或检察机关单独决定，既无外部司法审查，又无令状规制，随意性极大。这也正是公民权利在审前特别是侦查阶段屡受侵犯的深层原因所在。

3. 检察机关审查起诉是负责对是否将该案提交法院审判进行审查，却从某种程度上取代了法院对是否受理该案件的预审。检察机关认为应当提起公诉的案件，应当最终由法院决定是否受理。而在现行制度下，法院只对案件进行形式审，而将真正之预审权的大部分交给检察机关，这就造成诉前审（预审）的缺失或形同虚设。凡是检察机关决定起诉的案件，只要材料齐全法院就统统受理。其实，法治发达国家的法庭在开庭前一般需要对案件是否可能构成犯罪，案件是否应追究法律责任，案件材料是否齐备等情况进行审查，视情况做出是否受理的决定。决定受理后还需进行以下工作：证据的保全、展示、交换和非法证据排除，整理和明确讼争要点，案件的提前处理与分流，为正式庭审做准备。这些繁杂的准备工作，我国检察机关的审查起诉不能做，合议庭目前的形式审也做不到。

（三）检察机关应然的职权配置

上述职权配置和运行机制存在着一系列的结构性问题，在实践中难以解决，现行司法职权配置赋予检察机关的角色是不合理的。检察机关不应当成为某些程序法裁判的裁判者和认证者，在应然状态下，在未来我国建立的审前程序法裁判中，检察机关最合理的角色应当是证明主体和控方主体。不过，检察机关只能对审查起诉阶段那些由自己的诉讼行为引发的程序法请求事项或程序法争议事项，以证明主体的身份履行证明责任，而不必牵扯进侦查机关的各种诉讼行为。例如，在辩方对检察机关违法不起诉决定提出的程序法争议审查中，检察机关才是当然的证明主体。由于我国并未实行大陆法系国家的检警一体制度，检察机关不可能缘于领导和指挥公安机关而成为一个侦查主体或对侦查机关的侦查行为负责。因此，在未来建立的审前程序法裁判中，检察机关没有必要也不能在侦查机关（公安机关）将要实施的程序法请求事项或已经实施的程序法争议事项中作为证明主体，承担证明责任，由于侦查机关具有证明主体资格，只能由侦查机关对其自身诉讼行为的合法性承担证明责任。

第三节　横向分析：第四次变革后的裁判主体和认证主体

在前面一节里，笔者对程序法事实的证明主体（两造当事人）进行了分析，在本节里笔者拟对程序法事实的认证主体进行分析。程序法事实的认证主体同时也是程序法事实裁判的裁判主体，对裁判主体和认证主体的分析主要涉及司法职权配置的问题。

一　我国现行司法职权配置存在的问题

我国的司法职权配置存在着一定问题。这种问题表现为法院本应具有的广泛的司法职权被分割缩小。某些司法职权，被具有一定行政性质的公安机关、检察机关所行使，造成了司法职权行政化。这种司法职权配置形成的初衷可能是为了保障诉讼效率，加强对刑事犯罪的追诉力度，确保国家对司法系统的监督、控制。但在实践中却会使司法职权行政化,公权力膨胀泛滥,侦检机关监督缺乏;在诉讼过程中造成当事人及其他诉讼参与人救济手段阙如,公民人身权、财产权保障不力,这些问题与现代民主与法制是不相称的。比如,在我国,由侦查机关和检察机关行使对强制措施及限制公民人身权和财产权的强制性措施的决定或批准权;由检察机关行使对侦查机关刑事诉讼中违法行为的司法监督权。

这些结构性问题,在实践中难以解决。本应配置给法院的司法职权,即司法审查权和司法监督权,却为公安机关和检察机关所行使。而在英美法系国家和大陆法系国家,这些司法职权都被赋予法院。

二 法治发达国家的司法职权配置情况

让我们来看一下其他国家是怎样配置司法职权的。在法治发达国家,审判职权以外的其他司法职权往往被赋予治安法官、预审法官或侦查法官。在英国和其他英联邦国家,治安法官制度比较典型,由治安法官履行司法审查权和司法监督权。美国存在双轨制的邦州两套审判机构,由州法院和联邦法院各级法官分别负责管辖案件的司法审查,对强制措施及限制公民人身权和财产权的强制性措施加以决定或批准。大陆法系国家没有英联邦国家那样独立的治安法庭(院),但也一样有专门的法官履行治安法官的上述职责。法国由一级预审法官负责司法审查,对强制措施及限制公民人身权和财产权的强制性措施加以决定或批准;由二级预审法官对程序性违法问题进行程序法事实裁判。德国由侦查法官负责司法审查,对强制措施及限制公民人身权和财产权的强制性措施加以决定或批准,对程序性问题进行程序法事实裁判。

英美法系和大陆法系国家在司法职权的配置上虽然各有特色,但是有一点是相同的,那就是都将审判以外的若干司法职权交给法院行使,而不是警察或检察机关行使。为了方便分析,笔者将在英美法系国家和大陆法系国家履行上述职能的法官统称为"司法审查法官",并将其职权概括性地描述为:在刑事诉讼的审前阶段,针对侦查机关和公诉机关的诉讼行为实施司法审查和司法监督。下面,我们就来分析一下法治发达国家为什么要进行这样的司法职权配置呢?

英美法系国家和大陆法系国家将这些司法职权赋予司法审查法官行使是基于如下原因:

强制措施及限制公民人身权和财产权的强制性措施必须经法院决定或批准后方可实施，是世界通行的做法。由于上述措施涉及对公民人身权和财产权进行审前限制，当今世界各国均对此高度重视。为防范司法专横和公权力滥用，一般均由法院对这些强制性侦查措施进行司法审查，通过签发令状最终决定或批准强制措施及限制公民人身权和财产权的强制性措施。在英联邦国家这一职能也被赋予治安法庭，而在大陆法系国家则被赋予预审法官或侦察法官。

防范司法专横和公权力滥用是国际社会的一个共识。概括的思路是通过中立的司法机关对追诉机关的诉讼行为加以规制，以达到防范出入人罪和保障人权的目的。即由法院对侦查和检察机关的诉讼行为以程序法事实裁判的形式进行司法监督，达到遏制程序违法，保障程序公正，最终保障实体公正的效果。由于审判法庭本身不堪重负，且从程序上难以在正式开庭审判前对警察机关、检察机关的程序性违法问题进行裁判，英联邦各国往往都将司法监督权赋予治安法庭，由其对审前程序违法问题进行程序法事实裁判。而大陆法系国家则将这项权力赋予预审法官或侦查法官处理，目的和效果同英美法系基本一样。

三　司法审查法官制度的可借鉴性

前面我们分析了为什么现代法治国家都将司法审查权和司法监督权等司法职能赋予法院行使，了解了这种司法职权配置的意义所在。我们可以从上述分析中发现，司法审查法官制度体现了一系列近现代法治原则，如司法裁判原则、司法审查原则和令状主义原则，很好的规制了审前程序，是英美法系和大陆法系法治发达国家的法治成果，是经实践证明行之有效的法律制度。并且，司法审查法官制度与我国现行司法职权配置容易接轨，因此对我国司法职权优化配置具有巨大的借鉴意义。我国现行司法职权配置存在的结构性问题，在实践中难以解决，直接影响着中国司法制度的完善与发展。随着公民权利意识的提高和国家对人权的重视，建立司法审查和程序法事实裁判机制以严格贯彻程序法、充分保障公民人身权的呼声也日益高涨。建立中国的司法审查法官制度既可以引入司法审查机制，又可以建立我国的程序法事实裁判机制，这必将对优化我国司法职权配置起到决定性作用，必将极大地推进我国社会主义民主与法治建设。

四 我国司法审查法官应当配置的司法职权

作为程序法事实裁判和认证主体的司法审查法官应当配置以下司法职权：司法审查权和司法监督权。

（一）司法审查职权

法院应对强制性侦查措施进行司法审查，对强制措施及限制公民人身权和财产权的强制性措施加以决定或批准。

目前，法治发达国家均采取司法审查及签发令状的方法规制追诉方拟采取的强制措施及限制公民人身权和财产权的强制性措施。具体做法是：无论拘传、取保候审、监视居住、拘留、逮捕，还是搜查、扣押物证书证、查封扣押涉案财物，或是电话监听、信件检查、窃听等措施，只有在侦查机关向法院申请，经法院司法审查获得批准后方可实施，任何机关不得擅自实施。

侦查机关、检察机关在侦查和审查起诉过程中，如遇需实施强制措施、强制性措施或秘密侦查措施的情况，不能像以前一样只经过公安机关负责人或同级检察机关批准，而必须提出申请并说明理由，统一由同级法院司法审查法官进行司法审查。通过司法审查法官的司法审查，可以有效地规范侦查、检察机关的审前诉讼程序，实现司法权对行政权的有效规制；对遏制擅用强制措施、强制性措施和秘密侦查手段侵犯公民人身权利、财产权利，避免报复陷害、出入人罪具有重大意义。

由司法机关（审判机关）对侦、检机关追诉过程中采取的强制措施、强制性措施、秘密侦查措施进行监督审查是人类法制文明和进步的体现。它解决了侦、检机关自我监督"刀难削把"的尴尬处境和检察机关对侦查机关监督存在的问题和局限，是对公民权利的有力保障，也是对司法专横的有效预防。

（二）司法监督职权

法院应当对刑事诉讼中的程序问题进行司法监督。司法监督是由法院对刑事诉讼中出现的程序性问题，主要是侦查、检察机关的程序性违法问题进行审查与纠正。它是法院监督刑事诉讼合法进行的重要权力。目前在我国却是一项空白，或者说被不太合适地赋予了检察机关。上级法院仅能通过上诉审对下级法院实施的诉讼行为进行司法监督，而无权对侦查、检察机关实施的刑事诉讼行为进行司法监督。前文对检察机关行使司法监督权存在的问题已经进行了分析,笔者认为在不久的将来法院应当担负起司法监督的职责。即对侦查、检察机关在刑事诉讼中的工作以程序性裁判的形式进行司法监督审查。由于法院固有的中立性和消极性,要求其积极主动地对诉讼行为进行监督是不合理的,因此必须赋予诉讼参与人以相应权利。即犯罪嫌疑人、被害人、法定代理人、委托代理人和其他诉讼参与人有权对侦查机关、检察机关在刑事诉讼中违反程序法的行为向法院提出程序性违法的审查申请,而法院应当受理。受理后法院对被申请行为进行程序性裁判,如该行为程序违法,则宣告该行为无效。同时,法院有权要求侦查、检察机关重新实施该诉讼行为或采取其他补救措施,并有权对出现程序违法的侦查、检察机关或其上级机关发出司法意见,有权对直接责任人进行惩戒。

第九章

展望——程序法事实裁判和证明的建构

第一节 程序法事实裁判和证明的制度设计

一 程序法事实裁判制度的完善

建构程序法事实裁判和证明制度，拓展审判中心主义的第二路径，必须存在一个审前或审中的程序性裁判组织。审判中的程序性裁判组织可以由实体性裁判组织担任，由审判实体性刑事案件的法官一体担当。但审前程序性裁判组织在我国却尚属空白，《非法证据排除规定》以及新修订的《刑事诉讼法》规定对非法证据的程序性审查一般应在正式审判前进行，这不能不说是我国程序性裁判的重大进步。但应当指出其并不是真正的审前程序中的司法裁判，而且目前仅限于非法证据排除，其他程序性违法引发的程序法争议事实（项）和非程序性违法引发的程序法争议事实（项）还不能纳入其中，就更别说为数众多的程序法请求事实（项）了。而且程序性裁判组织与实体性裁判组织重合，由同样的法官对非法证据先排除再进行实体性刑事审判，怎么可能不受已经接触到的非法证据影响而对案情产生预断？这些都是需要进一步解决的问题。

笔者认为，应当建立针对程序性裁判的独立的审前组织，效仿大陆法系的二级预审法官、侦查法官和英美法系的地方法官、治安法官制度，建立司法审查法官制度。由司法审查法官这一独立的程序性裁判组织（主体）对审前发生的程序法争议事实（项）和程序法请求事实（项）进行司法审查，依据证据调查程序进行程序性裁判。司法审查法官不能担任同一案件的实体性刑事审判法官，以避免对案情产生预断。通过独立的审前程序性裁判组织可以有效地解决程序法争议事实（项）和程序法请求事实（项）的证明与裁判问题，建立真正的程序性裁判制度，使程序法事实证明在程序性裁判机制中能够真实地运行。具体思路如下：

设立独立的司法审查法庭，由司法审查法官专门负责对审前程序，即侦查、审查起诉中的程序性违法行为引发的程序法争议事实（项）进行司法审查。除了程序性违法行为外，审查内容还应包括非程序性违法行为引发的程序法争议事实（项）和程序法请求事实（项）。司法审查法庭或司法审查法官是独立的程序性裁判组织，对程序法争议事实（项）和程序法请求事实（项）进行独立的程序性裁判。在对程序法争议事实（项）的司法审查中，控辩双方遵循证据调查程序举证、质证，进行程序法事实证明，司法审查法官依证据裁判原则对程序法争议事实（项）进行裁决。在对控方提出的程序法请求事实（项）的司法审查中，控方向司法审查法官提出程序性请求，如申请采取某种强制措施或某种强制性措施，并提出该程序性请求所依据的事实和理由，同时向司法审查法官举出证据证明该事实和理由的存在。司法审查法官在审查控方提出的程序性请求所依据的事实和理由后，着重审查控方证明该事实和理由存在的证据。如果控方的程序法事实证明达到了其应达到的证明标准，如"相当理由"或"合理根据"，则司法审查法官可以裁决同意控方程序性请求，允许控方实施某一个诉讼行为，向控方颁发某种令状，如逮捕令、搜查令、扣押令等。对辩方提出的程序法请求事实（项）的司法审查与控方的相似，由司法审查法官对辩方程序性请求进行司法审查，在辩方程序法事实证明的基础上，对其程序性请求进行裁判。如辩方申请法院调取某份证据材料或对某一证据材料采取证据保全，司法审查法官可以充分发挥司法职权，在同意辩方程序性请求后，由法院实施辩方申请实施的诉讼行为，调取某一证据或对某一证据进行证据保全。

以司法审查法庭或司法审查法官为代表的独立的审前裁判组织，将司法职权扩展到审前阶段，能够发现审前程序中的程序性违法，能够解决审前控辩双方的程序性争议；对控方的程序性请求进行司法审查并以此规制侦查权，防止公权力对公民宪法权利的肆意侵犯，对辩方的程序性请求进行审查，运用司法职权帮助处于弱势的辩方行使其诉讼权利。这样的程序性裁判制度，将极大地改变我国现行刑事诉讼构造，推动其向民主化、合理化方向发展，并使程序法事实证明真正成为可能。

二 程序法事实证明的模式选择

（一）程序法争议事实（项）的证明模式

程序法争议事实（项）的证明程序，实际上就是针对程序法争议事实（项）进行司法审查的程序。针对程序性违法引发的程序法争议事实（项）的司法审查，英美法系国家典型制度是证据禁止动议引发的听证。首先，由辩方针对控方的某一证据材料向法院提起证据禁止的动议，由法院对该程序性争议举行听证。听证在实体性审判前进行，控辩双方都需参加听证。听证时，在法官的主持下，控辩双方举证、质证，对某一证据材料的合法性分别进行证明。听证过程遵循一定的证据调查程序，但不必像实体法事实证明中那样，严格遵守各种证据规则，如传闻证据规则就可以不必遵循。笔者认为，程序法争议事实（项）的证明应当以听证的形式进行。由于程序法争议事实（项）的证明中存在着程序性争议和控辩双方的对抗，因此以直接言词和对席辩论形式的听证方式，更易于发现程序法争议事实（项）的真相，更容易对控辩双方的程序性主张加以判断。能够真正地体现出程序参与原则、公正审判原则和正当程序原则，更好的解决控辩双方的程序性争议。同时，听证不同于实体法事实的审判，不需遵循严格的证据调查程序和全部证据规则，实际上允许控辩双方运用自由证明的方法。因此，这种程序符合程序法事实证明的自身特点，也有利于化繁为简，提高诉讼效率。

（二）程序法请求事实（项）的证明模式

笔者认为，程序法请求事实（项）的证明模式可以书面审查为主，出庭说明为辅。由于程序法请求事实（项）的证明只存在两方主体，不存在控辩双方的对抗，故而不必以直接言词和对席辩论的形式进行听证。控方或辩方只需在书面程序性请求中详细证明其程序法请求事实（项）的合法性，即准备启动诉讼行为的合法性即可。在必要时，法庭也可要求提出程序性请求的控方或辩方到庭说明情况，甚至要求证人到庭作证。特别是控方请求采取强制措施（或强制性措施）时，为尊重公民的宪法基本权利，法庭一般应要求其出庭说明情况。此处的"出庭"可作广义理解，不一定是出席正式的庭审程序，控方在法官办公室向法官说明情况，亦可视为"出庭"，而且控方在程序法请求事实（项）的证明中的"出庭说明"主要应当是这种形式。书面审查一方面要求提出程序性请求的控方或辩方，特别是控方在提出程序性请求时必须进行程序法事实证明，同时又将其证明方法简化到自由证明的程度。要求控方在采取强制措施或强制性措施前必须向裁判方提出程序性请求，并对程序性请求进行证明，其目的是规范侦检机关的审前诉讼行为，防止侦检机关滥用公权力侵犯公民宪法基本权利和刑事诉讼权利。书面审查为主、出庭说明为辅的模式既可以保证这一目的的实现，又不会过分降低侦查、检察工作的效率，可以很好地平衡人权保障价值和侦查效率价值。

第二节　程序法事实证明建构的现实与理想

一　程序法事实证明建构的困难

在前面的章节中，我们论述了程序法事实证明的各种要素，从程序法事实证明的主体到证明对象，从程序法事实证明的证明责任到证明标准和证明方法，详细地阐释了这些程序法事实证明要素的内涵和外延。我们分析了程序法事实证明与各种诉讼理论的密切关系，并阐释了程序法事实证明重大的理论和现实意义。在理论分析之余，探讨如何在实然状态下建构实现程序法事实证明的刑事诉讼制度就成为下一个需要解决的问题。

程序法事实证明和刑事诉讼制度存在着极为密切的关系，用皮之不存毛将焉附来形容二者的关系非常贴切。刑事诉讼制度是一切刑事证明的基础，无论是实体法事项的证明还是程序法事项的证明都是以刑事诉讼制度作为载体。刑事诉讼制度相当于自然科学中的"场"，程序法事实证明在刑事诉讼制度的"场"中运动或发挥作用。因此，建构程序法事实证明只能通过建立健全刑事诉讼制度的方法达成。

但是，程序法事实证明的建构绝非易事，我们应当清楚地意识到建构程序法事实证明存在着一系列障碍和困难。程序法事实证明实现的主要障碍并不是与程序法事实证明自身有关的一些问题，而主要是建立程序法事实证明赖以运行的那些外在制度所面临的障碍和困难。

笔者曾在前文分析，程序法事实证明与分别体现控权、扩权和保权思路的司法审查、程序性裁判和程序性制裁，以及程序性辩护存在着密切的关系。程序法事实证明是这些制度运行的基础，这些制度是程序法事实证明存在的充分条件。没有这些制度的存在，就很难有程序法事实证明的存在。但恰恰就是这些制度，建立起来困难重重。绝大部分制度仍然是应然状态的，只存在于学者们的论文和专著之中，每一种制度的建构之路都充满了困难和阻碍。在上述制度没有建立之前，讨论程序法事实证明的构建问题显得不合时宜，颇有建构空中楼阁之感。因此，笔者不准备把程序法事实证明的程序设计和制度构建作为本书论述的重点，只做一般讨论，而集中笔墨于程序法事实证明要素的阐述和程序法事实证明理论体系的构建。构建司法审查、程序性裁判、程序性制裁、程序性辩护的困难已有很多学者进行过论述，笔者就不再班门弄斧。只是再次指出，建构这些制度的障碍和困难正是建构程序法事实证明的障碍和困难。在上述制度克服种种障碍和困难得以建立之后，程序法事实证明自然得以实现。这也正是笔者认为这些制度是程序法事实证明存在的充分条件的原因。因此，实现程序法事实证明的主要途径不是程序法事实证明本身的制度建构，而是努力实现程序法事实证明赖以存在的前置制度的建构。

二　程序法事实证明实现的另一种思路

《非法证据排除规定》以及新修订的《刑事诉讼法》的颁布，对程序法事实证明而言具有划时代的意义。它第一次使侦检机关审前程序性违法行为（获取言辞证据的违法取证行为）成为法院司法审查的对象，第一次使公民可以对侦检机关的违法诉讼行为提起司法审查之诉，使法院司法审查对象的范畴第一次扩张到审前阶段的程序法事项。因此，最起码在非法证据排除问题上，使得司法审查、程序性裁判、程序性制裁和程序性辩护第一次得以实现。因而，也就第一次使程序法事实证明有了用武之地。

虽然说实现程序法事实证明的主要途径是努力实现程序法事实证明赖以存在的前置制度的建构。但这并不意味着，在上述前置制度建立之前，程序法事实证明在我国现行刑事诉讼制度中就完全没有发挥作用的空间。从某种意义上讲，这些前置制度的全面构建是程序法事实证明实现的充分条件，却并非程序法事实证明实现的必要条件。

对为数众多的控方程序法请求事实（项）的司法审查虽然还遥遥无期，但在检察机关的审查批准逮捕中，侦查机关对搜查、秘密监听等强制性侦查行为的内部审查中，程序法事实证明仍然可以发挥一定作用。与其坐等司法审查制度的建立和法院司法职权的扩张，不如对现有的制度进行规范和健全。比如，推动检察机关和侦查机关在提请批准逮捕和申请批准其他强制措施或强制性措施时适用程序法事实证明，哪怕只是适用程序法事实证明的某些要素，也是非常有益的尝试。

在不修改现行刑事诉讼法和宪法有关司法职权配置规定的前提下，以检察机关的侦查监督部门或侦查机关的法制部门（或上一级侦查机关）为审前阶段事前司法审查中的主体，在证明对象、证明责任、证明标准、证明方法上制定严格而具有可操作性的制度，在实然状态下实现某种意义上的程序法事实裁判和程序法事实证明，也是一种可行的思路。

在检察机关的审查批准逮捕中，可以推动侦查机关在提请批准逮捕时承担证明责任，要求其证明必须达到一定的证明标准，同时由检察机关加以"程序性裁判（司法审查）"，在程序法事实证明中负责认证。只是适用程序法事实证明的某些要素，例如证明责任和证明标准。

针对逮捕以外的其他强制性侦查行为，如搜查、技术侦查等，在侦查机关的内部审查中，可以改变目前提出请求却不必说明理由提供根据的内部行政审批方式，代之以办案部门提出申请（程序性请求）并加以证明，由法制部门进行"程序性裁判（司法审查）"和"认证"的方式（或者下级部门提出申请并加以证明，由上级部门进行"程序性裁判"和"认证"的方式）。促进搜查、技术侦查措施法定适用条件的设立，使程序法事实裁判和证明针对的具体对象得以明确，提高程序法事实裁判和证明的可操作性和实用性，使之更易于为司法实践部门所接受。

三　程序法事实证明建构的展望

《非法证据排除规定》以及新修订的《刑事诉讼法》使建立中国的程序性裁判制度第一次成为可能，中国的刑事司法第一次出现了对审前阶段程序性违法行为的司法审查。法官在这种司法审查程序中听取控辩双方对证据是否具有合法性、是否应当排除的举证，通过证据调查，对证据合法与否、排除与否这一程序法争议事实（项）进行裁判。这种审查既是对证据合法性的审查，也是对取证行为合法性的审查。而在这一程序性裁判过程中发挥实质作用的，就是实然状态下的程序法事实证明。这种里程碑式的进步着实让人兴奋，但是在兴奋之余，我们必须看到我国的程序性裁判和程序法事实证明也只是初见端倪。除了非法证据排除这一程序法争议事实（项）可以使用程序性裁判和程序法事实证明外，其他的程序法争议事实（项）仍被排除于程序性裁判之外。根据大陆法系国家的做法，凡是侦查、起诉、审判阶段公权力机关的程序性违法行为都具有可诉性，都可以在程序性裁判中诉诸中立的司法官进行裁判。相应地，自然有对该程序性违法事实的证明和证伪。但目前在我国，大部分程序法争议事实（项）的裁判还只是学者们脑海中的蓝图，更不用说大量的程序法请求事实（项），就更谈不到程序法事实证明了。因此，扩大法院庭前审职能，建立和完善程序性裁判机制，特别是审前程序性裁判机制就显得非常重要。而将程序法请求事实（项）纳入程序性裁判，对程序性请求依据的事实和理由进行程序法事实证明更是迫切需要讨论的课题。

建构程序法事实证明的总体思路则是完善和扩大审判阶段以非法证据排除为代表的事后司法审查制度，在建立程序法事实裁判（程序性裁判）制度和程序性制裁制度以及程序性辩护制度的基础上，首先在审判阶段实现程序法事实的证明。继而，扩大法院的司法职权，建构庭前预审制度，建立审前阶段的事前司法审查制度，努力在审前阶段推进程序法事实证明的实现。

在遵守宪法和刑事诉讼法现行规定的前提下，以检察机关为审前程序中的司法审查主体，在证明对象、证明责任、证明标准、证明方法上制定严格而具有可操作性的制度，在实然状态下实现程序法事实证明，也是一种可行的思路。

四　小结

在十八届四中全会上，习近平同志强调，"司法体制改革是政治体制改革的重要组成部分，对推进国家治理体系和治理能力现代化具有十分重要的意义"。

我国已经建立了完整的社会主义法律体系，如何在开辟审判中心主义的第一路径，推动我国刑事诉讼从侦查中心主义向审判中心主义过渡的同时，开辟审判中心主义的第二路径，建立健全有中国特色的程序法事实裁判和证明制度，以此规范侦检机关的诉讼行为，推进司法体制改革，就成为我们必须要关注的新的问题。

习近平同志指出，"促进社会公平正义是政法工作的核心价值追求"，"要信仰法治、坚守法治，做知法、懂法、守法、护法的执法者"，"要加强领导、协力推动、务求实效,加快建设公正高效权威的社会主义司法制度,更好坚持党的领导、更好发挥我国司法制度的特色、更好促进社会公平正义"。① 我们应当努力践行习近平同志关于公正司法问题的指示,克服现实司法环境中的困难,推进司法体制改革,建立有中国特色的程序法事实裁判和证明制度,以全面推进依法治国,加快法治中国建设。

---

① 人民网北京1月8日电(2014年):《习近平出席中央政法工作会议并发表重要讲话》,最后一次访问时间2015年6月17日,http://cpc.people.com.cn/n/2014/0109/c64094-24065903.html。

结　语

十八届四中全会通过的《中共中央关于全面推进依法治国若干重大问题的决定》中明确提出了"推进以审判为中心的诉讼制度改革",对我国司法改革和刑事诉讼制度的完善具有重要的指导意义。审判中心主义意味着整个诉讼制度和活动围绕审判而建构和展开,侦查、起诉、执行都是为了使审判能够进行或者落实审判结果,审判是整个诉讼活动的中心环节和核心活动。

如果说审判中心主义的第一路径,是推动我国刑事诉讼从侦查中心主义向审判中心主义过渡;那么审判中心主义的第二路径,则是推动司法裁判权向程序法事项领域和审前阶段这两个方向的扩张和延伸。审判中心主义的第一路径,主要着眼于实体法事实的裁判和证明,审判中心主义的第二路径,则主要着眼于程序法事实的裁判和证明。

程序法事实裁判,即程序性裁判,在程序性辩护、程序性裁判、程序性后果、程序性制裁和程序性上诉等一系列理论中,居于理论枢纽地位。程序法事实裁判的理论基石是司法审查原则,程序法事实裁判与司法审查互为表里,刑事诉讼中的程序性裁判(司法审查)堪称刑事诉讼中的"行政诉讼"。程序性裁判是程序法事实证明的前提,程序法事实证明是程序性裁判的基础。

程序法事实证明是对实体法事实证明的扩展,为司法审查之诉提供了新的证明基础,可以促进司法裁判权的延伸,有利于规制侦检权力的运用,有利于维护犯罪嫌疑人、被告人的正当权益。同时,其提供了程序法事项裁决的理论依据,也有利于限制法官过大的自由裁量权。

程序法事实证明自成体系,由程序法争议事实的证明和程序法请求事实的证明构成,程序法争议事实的证明又分为程序性违法引发的程序法争议事实的证明和非程序性违法引发的程序法争议事实的证明两种,而程序法请求事实的证明又分为控方提出的程序法请求事实的证明和辩方提出的程序法请求事实的证明两种。这四种程序法事实的证明在证明责任、证明标准和证明方法上各有特点,又具有共性,共同构成了程序法事实证明的完整体系。

实体法事实证明责任和程序法事实证明责任的不同,前者多遵循"谁主张谁举证"的原则,而后者的证明责任经常会发生转移。在拘留、逮捕和搜查等程序性请求事项中控方需承担证明责任。我国非法证据排除规则在司法实践中存在着错误理解并具有严重的现实危害,具体表现在我国非法证据排除中证明责任的裁判转移问题和辩方证明标准问题。

程序法事实证明标准具有显著的特点——层次性。相当理由(合理根据)、优势证据、明晰而可信的证据和证据确实充分(排除合理怀疑)可用于构建程序法事实证明标准体系,分别适用于两类四种程序法事项。应当合理设定我国的搜查条件和搜查证明标准。拘留、搜查等控方程序性请求事项的证明标准可以设定为相当理由(合理根据);回避、管辖异议等辩方程序性请求事项的证明标准可以设定为优势证据;逮捕和未决羁押应当分离,逮捕的证明标准应当降低为相当理由(合理根据),未决羁押的证明标准可以设定为明晰而可信的证据;非法证据排除中控方证明标准可以设定为证据确实充分(排除合理怀疑)。

程序法事实一般而言应运用自由证明的方法加以证明,自由证明可分为相对的自由证明和完全的自由证明。在非法证据排除事项的证明中,控方应适用相对的自由证明,而辩方应适用完全的自由证明;在成熟的法治国家,控方适用的证明方法应较辩方严格,我国却存在与此相反的不平等情况。应当设定羁押措施的条件、证明责任、证明标准和证明方法。

程序法事实裁判与程序法事实证明具有重要意义,不可缺少,不能忽略。完善程序法事实裁判(程序性裁判)制度与建构程序法事实证明制度,存在着很多现实的困难和障碍。但是,为了推动我国刑事法制现代化建设,推动诉讼理论和证明理论研究,确有必要为程序法事实裁判的完善与程序法事实证明的实现而努力。

致　　谢

庄子云：人生天地之间，若白驹之过隙，忽然而已。现在的每一年似乎都比儿时过得要快，心理学将其解释为一种对时间的主观感受。这些年一直在求学和工作间转换，一路从本科读到博士、博士后，又一路从律师、法官做到法学研究人员。从托儿所开始，接受了我国几乎所有的正规教育，这使我变成了一个不折不扣的理想主义者，对法的精神、价值和原则怀有难舍的执着。而从律师到法官，从见习警官到法学研究人员的工作经历，又使我有机会了解司法实践的真实情况和基层司法环境的恶劣。

坦率地讲，对法治环境的迅速改善，我并不抱盲目乐观的态度，但长期以来的理想主义教育却使我在内心深处对美好未来始终抱有一份低调但顽固的期盼。

我们这个时代的研究者有幸见证了1996年和2012年刑事诉讼法的修改以及十八大以来的一系列司法改革，能够见证检察机关和审判机关部分职能部门的分离调整和一系列冤假错案的平反昭雪。能够见证司法职权趋于合理的配置，是这个时代的我们之幸运所在，所以我们似乎应当对未来司法环境的改善持有更多的信心。我的博士导师崔敏教授70高龄仍然笔耕不辍针砭时弊，博士后导师王敏远研究员则战斗在司法改革的第一线。有鉴于此，如果我在这个年纪就持有采菊东篱下悠然见南山的恬淡和放达，似乎对不起我们这一代研究人员应当承担的时代使命。因此，我把我对刑事诉讼和司法改革的想法和看法记录下来，形成了这本专著。这本书是对"推进以审判为中心"的司法改革的一种别样思考，希望能够对法学研究者和法律工作者有所启发，起到抛砖引玉的作用。

无论是这本书的撰写还是法学之路上的懵懂前行，我都由衷地感谢我的指路者们。从初中的张润润老师到高中的马宗保老师。从大学的刘尔明教授到硕士导师赵可研究员,从博士导师崔敏教授到博士后导师王敏远研究员,需要感谢的人实在太多。感谢中国人民公安大学法律系的刘万奇主任和周欣副主任在我迷茫时给了我赞赏和鼓励,这份支持犹如雪中送炭令我坚定了治学的信心和勇气。感谢中国人民大学陈卫东教授、西南政法大学孙长永教授、吉林大学闵春雷教授和中国社会科学院冀祥德研究员的著作给我的重要启发。感谢政法大学卞建林教授、北京师范大学宋英辉教授和刘广三教授提供的宝贵意见。感谢北京大学的陈瑞华教授给我的写作灵感和对初稿的高度评价——"你的书描绘的是共产主义社会里人们的生活准则"(虽然更可能是调侃,但我仍一厢情愿地将其视为赞扬)。在此,我还要感谢我的领导熊秋红主任和徐卉副主任的大力支持,这几年一直被她们推荐考核优秀实在是非常惭愧。

最后,还必须把我的谢意送给我的学生们,感谢他们所做的辅助性工作。没有他们为我分忧,这本专著就可能无法及时完成,他们是最可爱的人,军功章上有他们一半的功劳。

参考文献

中文著作

[1] 卞建林、刘玫：《外国刑事诉讼法》，人民法院出版社，中国社会科学出版社 2002 年版。

[2] 蔡敦铭：《刑事诉讼法论》（修订版），台湾五南图书出版公司 1992 年版。

[3] 蔡彦敏、洪浩：《正当程序法律分析》，中国政法大学出版社 2000 年版。

[4] 陈朴生：《刑事证据法》，三民书局 1979 年版。

[5] 陈瑞华：《程序性制裁理论》，中国法制出版社 2010 年版。

[6] 陈卫东主编：《模范刑事诉讼法典》，中国人民大学出版社 2005 年版。

[7] 陈新民：《宪法基本权利之基本理论》（上），元照出版公司 1999 年版。

[8] 崔敏主编：《刑事诉讼法教程》，中国人民公安大学出版社 2002 年版。

[9] 李学灯：《证据法比较研究》，台湾五南图书出版公司 1992 年版。

[10] 李学军主编：《美国刑事诉讼规则》，中国检察出版社 2003 年版。

[11] 李义冠：《美国刑事审判制度》，法律出版社 1999 年版。

[12] 林钰雄：《刑事诉讼法》（上），中国人民大学出版社 2005 年版。

[13] 刘全德主编：《西方法律思想史》，中国政法大学出版社 1996 年版。

[14] 闵春雷、杨波、徐阳等：《刑事诉讼基本范畴研究》，法律出版社 2011 年版。

[15] 申君贵：《刑事诉讼理念与程序完善研究》，中国法制出版社

2006年版。

[16] 宋英辉：《刑事诉讼原理》，法律出版社2003年版。

[17] 孙长永、黄维智、赖早兴：《刑事证明责任制度研究》，中国法制出版社2009年版。

[18] 孙长永：《日本刑事诉讼法导论》，重庆大学出版社1993年版。

[19] 台湾行政法学会主编：《行政法争议问题研究》（上），台湾五南图书出版有限公司2000年版。

[20] 田文昌：《刑事辩护学》，群众出版社2001年版。

[21] 汪建成、黄伟明：《欧盟成员国刑事刑诉概论》，中国人民大学出版社2000年版。

[22] 汪建成等：《非法证据证明责任论》，《证据学论坛（第五卷）》，中国检察出版社2002年版。

[23] 魏定仁、甘超英、付思明：《宪法学》，北京大学出版社2001年版。

[24] 谢佑平：《刑事诉讼国际准则研究》，法律出版社2002年版。

[25] 熊秋红：《刑事辩护论》，法律出版社1998年版。

[26] 徐静村主编：《中国刑事诉讼法（第二修正案）学者拟制稿及立法理由》，法律出版社2003年版。

[27] 薛刚凌：《行政诉权研究》，华文出版社1999年版。

[28] 王兆鹏：《刑事诉讼讲义》，元照出版公司2003年版。

[29] 张千帆：《西方宪政体系》，中国政法大学出版社2004年版。

[30] 周宝峰：《刑事被告人权利宪法化研究》，内蒙古大学出版社2007年版。

[31] 周叔厚：《证据法论》，国际文化事业有限公司1989年版。

中文论文

[32] 卞建林：《我国非法证据排除的若干重要问题》，《国家检察官学院学报》2007年第1期。

[33] 陈瑞华：《刑诉中非法证据排除问题研究》，《法学》2003年第6期。

[34] 陈瑞华：《程序性辩护之初步研究》，《现代法学》2005年第2期。

［35］陈瑞华：《程序正义论》，《中外法学》1997年第2期。

［36］陈兴良：《为辩护权辩护——刑事法治视野中的辩护权》，《法学》2004年第1期。

［37］陈运财：《刑事诉讼之举证责任与推定》，载黄东熊主编《刑事证据法则之新发展》，学林文化事业有限公司2003年版。

［38］崔敏、郭玺：《论搜查程序》，《中国刑事法杂志》2004年第5期。

［39］黄朝义：《严格证明与自由证明》，载黄东熊主编《刑事证据法则之新发展》，学林文化事业有限公司2003年版。

［40］康怀宇、康玉：《刑事程序法事实的证明方法——自由证明及其具体运用的比较法研究》，《社会科学研究》2009年第3期。

［41］刘蕾：《美国合理根据证明标准及对我国证据法的启示》，《北京理工大学学报》（社会科学版）2006年第3期。

［42］林钰雄、杨云骅、赖浩敏：《严格证明的映射：自由证明法则及其运用》，《国家检察官学院学报》2007年第5期。

［43］龙宗智：《庭审实质化的路径和方法》，《法学研究》2015年第5期。

［44］龙宗智：《"以审判为中心"的改革及其限度》，《中外法学》2015年第4期。

［45］马进保：《刑事诉讼权利宪法保护的理性选择》，《中国刑事法杂志》2009年第5期。

［46］孙记：《程序法事实证明——一个证据法学不可缺失的概念》，《北方法学》2007年第5期。

［47］孙谦：《论逮捕的证明要求》，《人民检察》2000年第5期。

［48］谭世贵：《论刑事诉讼模式及其中国转型》，《法制与社会发展》2016年第3期。

［49］汪建成、祁建建：《论诉权理论在刑事诉讼中的导入》，《中国法学》2002年第6期。

［50］吴景芳：《量刑与余罪》，载黄东熊主编《刑事证据法则之新发展》，学林文化事业有限公司2003年版。

［51］熊秋红：《对刑事证明标准的思考——以刑事证明中的可能性和主观内心确信程度为视角》，《法商研究》2003年第5期。

[52] 谢佑平、吴羽：《程序法的价值分析——从宪政、法制品质与司法正义三重意义上》，《东北大学学报》（社会科学版）2011 年第 5 期。

[53] 徐静村、谢佑平：《刑事诉讼中的诉权初探》，《现代法学》1992 年第 1 期。

[54] 姚莉、邵劭：《论捕后羁押必要性审查——以新〈刑事诉讼法〉第 93 条为出发点》，《法律科学（西北政法大学学报）》2013 年第 5 期。

[55] 叶青：《以审判为中心的诉讼制度改革之若干思考》，《法学》2013 年第 7 期。

[56] 尹丽华：《角色转换：俄罗斯刑事诉讼中检察机关的地位与权限》，《法商研究》2007 年第 2 期。

[57] 岳礼玲：《德国刑事证据制度中的若干问题》，载樊崇义主编《诉讼法学新探——陈光中教授七十华诞祝贺文集》，中国法制出版社 2000 年版。

[58] 左卫民、王戬：《论宪法基本权利与刑事诉讼》，《铁道警官高等专科学校学报》2003 年第 13 期。

[59] 张建伟：《审判中心主义的实质内涵与实现途径》，《中外法学》2015 年第 4 期。

[60] 竺常赟：《刑事诉讼严格证明与自由证明规则的构建》，《华东政法大学学报》2009 年第 4 期。

外文译著

[61] [德] 克劳思·罗科信：《德国刑事诉讼法》，吴丽琪译，法律出版社 2003 年版。

[62] [俄]《俄罗斯联邦刑事诉讼法典》，黄道秀译，中国政法大学出版社 2003 年版。

[63] [法]《法国刑事诉讼法典》，谢朝华、余叔通译，中国政法大学出版社 1997 年版。

[64] [法] 孟德斯鸠：《论法的精神》上册，张雁深译，商务印书馆 1961 年版。

[65] [美] 潘恩：《常识》，商务印书馆 1965 年版。

[66] [美] 房龙：《宽容》，生活·读书·新知三联书店 1985 年版。

[67] [美] 理查德·A. 波斯纳：《证据法的经济分析》，徐昕等译，中国法制出版社 2001 年版。

[68][美]爱伦·豪切斯、泰勒·斯黛丽、南希·弗兰克:《美国刑事法院诉讼程序》,陈卫东、徐美君译,中国人民大学出版社2002年版。

[69][美]罗纳尔多·V.戴尔卡门:《美国刑事诉讼法——法律和实践》,张鸿巍等译,莫洪宪审校,武汉大学出版社2006年版。

[70][美]米尔建·R.达马斯卡:《漂移的证据法》,李学军等译,中国政法大学出版社2003年版。

[71][美]阿克希尔·瑞德·艾玛:《第四修正案的基本原则:禁止"无理"搜查、扣押和逮捕》,载江礼华、杨诚《美国刑事诉讼中的辩护》,法律出版社2001年版。

[72]《日本刑事诉讼法》,宋英辉译,中国政法大学出版社2000年版。

[73][日]村上博巳:《证明责任的研究》,有斐阁1995年版。

[74][日]田口守一:《刑事诉讼法》,刘迪等译,法律出版社2000年版。

[75][日]松尾浩也:《日本刑事诉讼法》上卷,丁相顺译,金光旭校,中国人民大学出版社2005年版。

[76][日]松尾浩也:《日本刑事诉讼法》下卷,丁相顺译,中国人民大学出版社2005年版。

[77][英]塞西尔·特纳:《肯尼刑法原理》,王国庆等译,华夏出版社1989年版。

[78][英]詹妮·麦克埃文:《现代证据法与对抗式程序》,蔡巍译,法律出版社2006年版。

[79][英]《英国刑事诉讼法(选编)》,中国政法大学刑事法律研究中心组织编译,中国政法大学出版社2001年版。

外文文章

[80] Erin Murphy, "License, Registration, Cheek Swab: DNA Testing and The Divided Court", *Harvard Law Review*, Vol. 127, 2013.

[81] Emily Hughes, "Investigating Gideon's Legacy in the U.S Courts of Appeals", *Yale Law Journal*, Vol. 122, 2013.

[82] Findlay Stark, "The Demise of the Private Prosecution?", *Cambridge Law Journal*, Vol. 72 (1), 2013.

［83］Francesca Lessa, Leigh A. Payne, "Amnesty in the Age of Human Rights Accountability: Comparative and International Perspectives", *European Human Rights Law Review*, Vol. 1, 2013.

［84］Gabriel J. Chin, "Race and The Disappointing Right to Counsel", *Yale Law Journal*, Vol. 122, 2013.

［85］J. R. Spencer, "Extradition, the European arrest warrant and human rights", *Cambridge Law Journal*, Vol. 72 (2), 2013.

［86］Jenny Roberts, "Effective Plea Bargaining Counsel", *Yale Law Journal*, Vol. 122, 2013.

［87］Jerold H. Israel, Yale Kamisar, Wayne R. LaFave and Nancy J. King, "Criminal Procedure and the Constitution, Leading Supreme Court Cases and Introductory Text", *West Law School*, 2013.

［88］Joshua Dressler, Alan C. Michaels, "Understanding Criminal Procedure", Volume One, *Investigation*, lexisnexis, 2013.

［89］Kermit L. Hall (ed.), *The Oxford Companion to the Supreme Court of the United States*, New York: Oxford University Press, 1992.

［90］Kirkland & Ellis, "Toward a General Good Faith Exception", *Harvard Law Review*, Vol. 127, 2013.

［91］Leif Dahlberg, "A Modern Trial: A Study of the Use of Video-recorded Testimonies in the Swedish Court of Appeal", *Studies in Law, Politics and Society*, Vol. 61, 2013.

［92］Nancy Leon, "Gideon's Law-Protective Function", *Yale Law Journal*, Vol. 122, 2013.

［93］Rolando V. del Carmen, "Criminal Procedure: Law and Practice", *Cengage Learning*, 2013.

［94］Stephen Seabrooke and John Sprack, *Criminal Evidence and Procedure: the Essential Framewok*, 2nd, Blackstone, 1999.

［95］Tara Leigh Grove, "The Exceptions Clause As a Structural Safeguard", *Columbia Law Review*, Vol. 113, 2013.

［96］Yale Kamisar, Wayne R. Lafave & Jerold H., *Isterd: Modern Criminal Procedure*, 7th, 1990, west Pub. co.